DOMITILA

PAULO REZZUTTI

DOMITILA

A verdadeira história da marquesa de Santos

PREFÁCIO DE

MARY DEL PRIORE

2ª EDIÇÃO

GERAÇÃO

2ª Edição — Agosto de 2017

Grafia atualizada segundo o Acordo Ortográfico da Língua Portuguesa de 1990, que entrou em vigor no Brasil em 2009

Editor e Publisher
Luiz Fernando Emediato

Diretora Editorial
Fernanda Emediato

Assistente Editorial
Adriana Carvalho

Projeto Gráfico
Alan Maia

Capa
Alan Maia / Sérgio Salgado

Diagramação
Kauan Sales

Preparação de Texto
Márcia Benjamim

Revisão
Valquíria Della Pozza

DADOS INTERNACIONAIS DE CATALOGAÇÃO NA PUBLICAÇÃO (CIP)
(Câmara Brasileira do Livro, SP, Brasil)

Rezzutti, Paulo
Domitila : a verdadeira história da marquesa de Santos / Paulo Rezzutti ; prefácio de Mary Del Priore. – 2. ed. – São Paulo : Geração Editorial, 2017.

Bibliografia.
ISBN: 978-85-8130-384-0

1. Brasil - História - Império, 1822-1889 2. Pedro I, Imperador do Brasil, 1798-1834 3. Santos, Domitilia de Castro Canto e Melo, Marquesa de, 1797-1867 I. Priore, Mary Del. II. Título.

17-06179 CDD: 920.72

Índices para catálogo sistemático

1. Mulheres : Biografia 920.72

GERAÇÃO EDITORIAL

Rua João Pereira, 81 – Lapa
CEP: 05074-070 – São Paulo – SP
Telefone: (+ 55 11) 3256-4444
E-mail: geracaoeditorial@geracaoeditorial.com.br
www.geracaoeditorial.com.br

Impresso no Brasil
Printed in Brazil

Para Adriana

— A marquesa de Santos era na verdade bonita, como diziam?

— Estava na ruína, mas ainda assim bem se via ter sido um pancadão de respeito...

E a testemunha atardava-se nos gabos da beleza moribunda:

— Toda a gente muito a considerava.

— Tinha o ar de soberana de todos nós, trazido dos hábitos da corte de d. Pedro I...

— No tempo do brigadeiro dava sota e ás em São Paulo (...)

Teria nascido daí a preocupação que faria do menino, trinta e tantos anos mais tarde, o primeiro historiador dessa mulher, aproveitada, vilipendiada e ignorada, cortesã em chinelas e fitão de Santa Isabel, que o Brasil, exagerado e inclinado a imitações francesas, pretendeu transformar numa pródiga Pompadour...

ALBERTO RANGEL, *Águas reversas*

SUMÁRIO

PARTE III
SÃO PAULO 1829-67

PREFÁCIO

Tudo o que você queria saber sobre Domitila de Castro e tinha vergonha de perguntar

É UMA BEM APAIXONANTE história essa que nos conta Paulo Rezzutti. Pois assim como há encontros pela vida, também entre autores e personagens, entre pesquisadores e seus objetos de pesquisa, eles ocorrem. Pois o historiador descobriu um personagem histórico sobre o qual se debruçou, com rigor e ternura, ao longo de anos de pesquisa em arquivos diversos e centenas de documentos. Ninguém conhece melhor Domitila de Castro do que ele... Portanto, ninguém melhor do que Paulo Rezzutti para desconstruir o mito e nos apresentar a sua história, tendo como pano de fundo as transformações políticas, sociais e econômicas do nascente Império do Brasil.

Apoiado numa escrita eficaz, num estilo vivo, sem efeitos de retórica, texto, portanto, que se lê com curiosidade e emoção, Rezzutti remonta às origens da bela nascida "na formosa sem dote", a pequena São Paulo, decifrando seu passado: bodas infelizes, encontro com um jovem príncipe quase encantado e ida para a corte do Rio de Janeiro, a consolidação no papel de favorita, seu poder e fascínio. E, no outro lado da moeda, as inconstâncias de d. Pedro, a triste existência da imperatriz Leopoldina, assim como sua morte com diagnóstico inédito, as outras concorrentes, o exílio que rompeu o encanto e ocaso de uma trajetória: a da Pompadour tropical.

Absolutamente inéditos são os capítulos sobre o retorno de Domitila a São Paulo. Seu casamento com uma das figuras mais emblemáticas da sociedade, a prole aumentada, a relação com a cidade, "a benfeitora" e o destino de sua família. O tríptico é tão mais interessante e intenso quanto seus capítulos, que se percorrem com leveza, e se baseiam em exaustiva e consistente pesquisa. Graças a ela, Domitila de Castro nos aparece inteira, como se acabasse de virar a esquina.

Tão fascinante quanto necessário, o livro de Paulo Rezzutti atravessa o enigma do mito, escuta, interroga e corrobora as vozes do passado, encaixa peças de um *puzzle* que açodava os historiadores há muito tempo. Ele nos restitui um retrato nítido da marquesa de Santos e a sua versão de uma verdadeira história, dentre tantas histórias que ainda estão por construir sobre o Primeiro Reinado.

Mary Del Priore
Historiadora

INTRODUÇÃO

Marquesa dos Santos ou dos Demônios?

NUM FINAL DE TARDE, no alto da colina do Ipiranga, os últimos raios entravam pelos altos arcos da fachada do museu. Um senhor de idade avançada caminhava pelo velho edifício que administrara por quase três décadas. Afonso Taunay, aposentado compulsoriamente ao completar setenta anos, era acompanhado por Sérgio Buarque de Holanda, seu sucessor na diretoria do Museu Paulista desde 1946.

Em determinada sala, Taunay parou abruptamente. Desafiadores olhos escuros observavam-no. Surpreso, apontou sua bengala em direção ao quadro:[1]

— Mas então penduraram o retrato dessa tipa! Não ofenderão os melindres das famílias de São Paulo?[2]

---

[1] A cópia do quadro da marquesa de Santos foi executada por Maximiliano Scholze e doada ao Museu Paulista em novembro de 1926, por Washington Luís, que o recebeu de Arthur Azevedo. Washington Luís era casado com Sofia Pais de Barros, filha do segundo barão de Piracicaba, Rafael Tobias de Aguiar Pais de Barros, sobrinho do brigadeiro Tobias de Aguiar e da marquesa de Santos.

[2] LINS, Ivan. *Discurso de posse na Academia Brasileira de Letras.*

A "tipa" em questão era Domitila de Castro Canto e Melo, a marquesa de Santos. Taunay, católico praticante, havia condenado Titília ao "inferno" de qualquer museu: um canto escuro no porão, longe dos olhos dos visitantes. Ela só veio alcançar a redenção graças ao novo diretor, que a trouxe à luz. Desde então encontra-se exposta, geralmente com vista para o local onde repousam os restos mortais de seu imperial amante e das duas esposas dele.

Parte do choque de Taunay era compreensível: haviam posto a tela diante de um retrato do padre Feijó e, entre os dois, a cama que pertencera a ela. O espanto do antigo diretor perante a cena inusitada, causada por uma curadoria desastrada, ilustra como, setenta anos após a morte da marquesa, os paulistas não sabiam bem — como ainda não sabem — o que fazer com a memória de Domitila.

Existe um tabu histórico envolvendo a marquesa de Santos na cidade onde nasceu. As duas principais obras sobre a história de São Paulo e das famílias paulistas no século XIX, *A província de São Paulo* (1879), de Manuel Eufrásio de Azevedo Marques, e a *Genealogia paulistana* (1903), de Luís Gonzaga da Silva Leme, não trazem qualquer menção às filhas que ela teve com o imperador. Só mencionam Domitila como a esposa do brigadeiro Tobias de Aguiar, informando os filhos que teve com ele e, no caso da *Genealogia*, listando as crianças do primeiro casamento com o alferes Felício Pinto Coelho de Mendonça.

Com o passar do tempo, após a morte de Domitila, seus conterrâneos buscaram supervalorizar aspectos e qualidades pouco conhecidos da marquesa fora de São Paulo, relegando para segundo plano o seu concubinato com o imperador, causa primeira de sua ascensão social e consequente independência financeira.

Domitila, sem ter sido amante de d. Pedro, sem ter usufruído as benesses do poder, riquezas e glórias, viveria, provavelmente, uma vida obscura. Separada do primeiro marido, talvez se amancebasse com algum outro homem de condição igual ou inferior ao primeiro. Dificilmente se destacaria, como não se destacou nenhuma outra mulher paulista de sua época. A célebre cafeicultora Veridiana Valéria da Silva Prado, igualmente divorciada e filha natural[3] do barão de Iguape, ocuparia lugar na crônica social paulista gerações depois do caminho desbastado por Titília.

Ao contrário dos primeiros paulistas, que se aventuravam pelo sertão atrás de riquezas ou defendendo as fronteiras do império lusitano, os homens de meados do século XIX fixaram-se na terra, vivendo entre a capital e as fazendas, para onde podiam levar as famílias. Assim, a mulher paulista do período colonial, que tinha de se virar sozinha sem a presença do companheiro, passava a contar com a figura masculina mais presente. Essa mudança levou as paulistas da sociedade a se readequarem ao padrão estabelecido para as mulheres de sua época, que não deveriam chamar atenção sobre si.

Seus trabalhos restringiam-se ao âmbito familiar e beneficente. Não por acaso, o mito criado ao redor da marquesa em São Paulo tenta impingir-lhe, devido à dimensão de sua figura, benemerências maiores do que realmente praticou. Entretanto, a aura de boa samaritana entra em contraste com o que a família paulista tradicional considerava adequado na época. Damas que se destacassem nesses afazeres a ponto de terem a atenção pública voltada para si não eram modelos a ser seguidos, afinal, como dizem as escrituras, "não saiba a tua mão esquerda o que faz a tua direita":

> *Lendo, porém, nos jornais os nomes de várias senhoras que se dedicavam a tal mister* [preparar bandagens para os soldados feridos na Guerra do Paraguai], *acompanhados de grandes elogios, o comendador fez cessar esse trabalho em sua casa, avesso como era aos aplausos e a toda espécie de publicidade.*[4]

---

[3] Dona Veridiana divorciou-se de seu marido, e tio, em 1877, dez anos após a morte de Domitila. Seu pai, o barão de Iguape, menciona em seu testamento que tanto ela quanto seu irmão nasceram antes de seu casamento com a mãe deles.

[4] Barros, Maria Paes de. *No tempo de dantes*, p. 133.

O que as famílias paulistas da época teriam pensado da idosa marquesa, que, usando a condecoração de Santa Isabel, distribuiu publicamente dinheiro aos soldados que partiam para a Guerra do Paraguai em 1865, pouco tem a ver com a ideia de benemerência que seus conterrâneos atualmente lhe conferem. E, talvez, independente como era, Domitila não se importaria com nenhum dos dois.

Alguns paulistas, quando o título dela é pronunciado, tomam a peito a sua defesa. Logo surge alguém que a chame de "santa". Afirmam erroneamente que ela doou terras para a construção do cemitério da Consolação[5] e que trouxe a primeira faculdade para São Paulo. Ao mesmo tempo em que tratam de coroar a idosa marquesa com folhas de louro, puxam as cortinas para cobrir a face jovem e atrevida de seu retrato. Parecem querer ignorar o passado anterior ao seu retorno à Pauliceia. Não lhes agradam as cartas dos amantes de São Cristóvão, só a "força da mulher paulista". Os cariocas, por outro lado, não raro tratam-na de "alpinista social".

Em São Paulo, onde se iniciou o romance com d. Pedro, e no Rio de Janeiro, onde ele se desenvolveu, existem distinções a respeito da figura de Domitila. Enquanto na Pauliceia a marquesa desponta como santa, matrona, ou ainda a "desviada" que se tornou "honesta", a maioria dos cariocas vê nela a manipuladora, a mulher que se aproveitou de d. Pedro para enriquecer, a responsável pela morte da imperatriz d. Leopoldina e pela queda do próprio Primeiro Reinado.

Para quase todos os brasileiros, principalmente os de fora do cenário desse caso amoroso, a imagem de Domitila é a da "amante de d. Pedro I", a que tomou banho nua com ele no morro de São Paulo, na Bahia. A marquesa não tem muito passado e nem futuro

---

[5] Apesar da placa existente em seu túmulo informando a respeito da doação, isso nunca ocorreu. As terras do cemitério foram adquiridas pela municipalidade, nenhuma delas pertencia a Domitila, e ela não doou dinheiro para comprá-las. O que liga a marquesa de Santos ao cemitério, além do fato de lá estar enterrada, são as doações para a construção da capela e das alfaias litúrgicas, como detalhado adiante.

após sua expulsão da corte. Essa figura é a mesma utilizada pelo escritor Paulo Setúbal no seu romance *A marquesa de Santos*: só importa o escândalo, num primeiro momento.

Com o tempo, para um grupo de pessoas, a imagem de Domitila amalgamou-se ao ideal do amor romântico, passando a representar no imaginário popular do brasileiro o mesmo que outros amores impossíveis, como os de Tristão e Isolda, Paola e Francesca da Rimini, Abelardo e Heloísa. Ela foi a mulher escolhida para ser amada pelo imperador, ao contrário de d. Leopoldina, a esposa imposta. Sentimentos nascidos da afeição *versus* interesses de estado sacramentados pela Igreja: AMOR *versus* ROMA.

Quando, pelas convenções, d. Pedro foi obrigado a se casar novamente, listou todas as qualidades que a noiva deveria ter, como uma espécie de prêmio de consolação por não poder ter a mulher que amava. É essa a imagem que vem à mente para grande parte dos brasileiros: o amor sem um final feliz, comprometido por razões sociais e políticas.

Claro que isso é para os românticos. Outros culpam Domitila pela corrupção e pelo início dos "cabides de emprego" do funcionalismo estatal.

Diante do Solar da Marquesa de Santos, reinaugurado pela prefeitura de São Paulo em novembro de 2011, uma mulher impediu seu companheiro de entrar para conhecer o museu. Imagine, entrar na casa de uma mulher que foi amante! A marquesa sofre preconceito até nos dias de hoje. As pessoas que conseguem ver além do estereótipo vislumbram as diversas facetas de uma mulher forte, corajosa e decidida a tomar o destino nas próprias mãos, em vez de se deixar dominar.

Quem foi realmente essa mulher que, quase duzentos anos depois do início de seu relacionamento com d. Pedro, ainda é capaz de dividir o Brasil em marquesistas e antimarquesitas? É o que convido o leitor a descobrir comigo.

Paulo Rezzutti

1. São Paulo no fim do séc. XVIII

PARTE I

SÃO PAULO
1797-1822

2. Planta de São Paulo, 1810

I

A FORMOSA SEM DOTE[6]

(...) essa terra é devassa como uma cidade, insípida como uma vila e pobre como uma aldeia.

Álvares de Azevedo, *Macário*, 1839

Quando Domitila nasceu, em 1797, São Paulo jazia sonolenta no topo da colina do Colégio fundado pelos jesuítas no século XVI, embalada pelo gemer característico do carro de boi. A outrora vila que abrigara a "raça de gigantes", os bandeirantes, havia se transformado em uma cidade caipira, passagem de bens, sobrevivendo à custa de impostos sobre os gêneros que transitavam pelo seu entroncamento em direção a Rio, Santos, Minas e sul do Brasil.

Apesar de centro administrativo da capitania, estava longe de parecer que se transformaria na metrópole atual. A região mais densamente povoada, que conhecemos hoje como bairro da Sé, tinha pouco mais de cinco mil habitantes. Se somados aos das demais

[6] Apelido dado a São Paulo, atribuído ao governador Gomes Freire de Andrade (1685-1763).

freguesias que compunham a cidade, como São Bernardo, Guarulhos, Cotia, entre outras, chegariam a, aproximadamente, 20 mil pessoas, o suficiente para ocupar um quarto do estádio do Maracanã.

A área urbana era confinada entre os rios Tamanduateí, de um lado da colina, e Anhangabaú, do outro. As construções que delimitavam a região central e o início das chácaras eram os conventos do Carmo, São Francisco e São Bento. Ao longe, além dos rios, era possível avistar trechos de mata nativa, de onde sobressaíam araucárias e palmeiras.

O término das obras da Calçada do Lorena, nova via moderna, pavimentada, que ligava a vila de São Paulo e o porto de Santos, tinha apenas cinco anos em 1797. O caminho sofria, do mesmo modo como os anteriores, com as fortes chuvas da serra do Mar e com deslizamentos; porém era mais rápido e eficiente que o antigo Caminho do Padre José de Anchieta.[7] Por essa estrada desciam os principais produtos de exportação da capitania: açúcar, carne-seca, aguardente, entre outros — a riqueza que viria com o café ainda estava distante —; serra acima subiam os produtos importados para abastecer a cidade, como sal, vinho português, vidros, ferragens e tecidos. As cargas eram transportadas no lombo de mulas conduzidas pelos tropeiros, homens rudes cobertos por ponchos e chapéus de couro de abas largas e desabadas sobre o rosto. Possuíam, em sua maioria, pouco além da roupa do corpo.

São Paulo, nessa ocasião, além de trilhas, travessas e becos, contava com poucas ruas mal calçadas por pedra bruta, como Direita, São Bento, Carmo, Quitanda, Cadeia, das Casinhas, Boa Vista, São Gonçalo, Pelourinho, Rosário e da Freira. O calçamento bruto acabou adestrando a mulher paulista a um andar faceiro, registrado pelos viajantes. Na verdade, o passo leve e seguro era para evitar que torcessem os delicados tornozelos nas pedras.

[7] O nome era uma referência ao missionário, porém não se tratava do caminho original usado pelos jesuítas no início da colonização.

3. Modo de vestir dos tropeiros da Capitania de São Paulo. Circa 1800

Os raros viajantes que por essas ruas transitaram puderam admirar a limpeza que imperava na cidade. O paulista utilizava fossas negras, não se servia dos "tigres" — escravos que esvaziavam barris de excrementos no mar, como no Rio de Janeiro e em Santos. Os escravos eram pouco mais de 24% da população,[8] número

[8] MARCÍLIO, Maria Luiza. *A população paulistana ao longo dos 450 anos da cidade*, p. 254.

baixo se comparado ao de cidades grandes da época, como Rio e Bahia. Os viajantes, se estrangeiros, eram recebidos por crianças em algazarra, interessadas em saber se eles tinham o mesmo número de dedos que os habitantes da terra.

Raras eram as casas de pedras ou tijolos. Os prédios eram construídos pelo método de taipa de pilão, onde o barro e outros elementos eram socados dentro de moldes de madeira com a espessura que a parede deveria ter.

As construções, habitualmente de dois andares, eram dotadas de balcões, por onde o paulista "tomava a fresca" protegido dos olhares curiosos por detrás das rótulas e dos muxarabis, peças treliçadas que permitiam preservar a intimidade da residência. As casas eram pintadas geralmente de branco, rosa ou amarelo.

Por dentro, a casa do paulista era severa, sem a elegância que o viajante poderia encontrar em regiões do Rio, Minas, Bahia, Pernambuco ou Maranhão. Vetustas cadeiras coloniais eram colocadas em uma fileira, geralmente ocupada pelos homens, enquanto as mulheres, sentadas em sofás de palhinha, faziam trabalhos de agulha à luz de candeeiros de latão abastecido com óleo de rícino, mas somente se não houvesse visitas, pois, normalmente, elas não frequentavam a mesa diante de hóspedes, ou a sala na ocasião em que forasteiros pediam pouso.

Era comum encontrar à mesa paulista feijão, toucinho, farinha e carne de porco, além de linguiça defumada e a onipresente couve, que seria bastante amaldiçoada pelo poeta Álvares de Azevedo anos mais tarde ao vê-la até no café da manhã. Esses ingredientes eram tão comuns que são os principais de um prato conhecido até hoje como Virado à Paulista. As frutas, como a laranja, eram acrescentadas aos pratos salgados, como o próprio virado. A mistura agridoce era uma constante na mesa de São Paulo, onde a abóbora acompanhava a carne de porco e a polivalente banana, frita com canela e açúcar, virava sobremesa; crua, misturavam com o feijão.

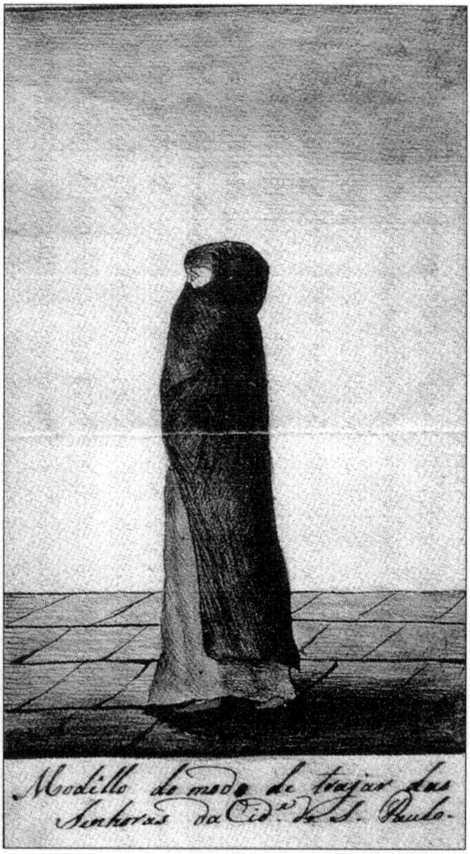

4. Modo de trajar das senhoras da Cidade de São Paulo. Circa 1800

As paulistas de classe mais elevada geralmente só eram vistas nas ruas acompanhadas pelo chefe da família e usualmente para fins religiosos, quando saíam trajadas com sarja de Málaga preta e a mantilha de casimira debruada de renda que tudo escondia. As imagens representando as paulistas dessa época nos recordam as burcas usadas pelas mulheres em alguns países islâmicos. As mulheres mais pobres usavam roupas de chita e baeta e cobriam-se com xale preto. A vestimenta mudava totalmente em dia de festa, quando elas apareciam com vestidos coloridos e decotados, cobertas de colares de ouro e com os cabelos enfeitados com flores.

O respeito à Igreja, aos maridos, pais e irmãos estava longe de colocar a mulher paulista como ser indefeso e totalmente obediente. Durante anos, as mulheres de São Paulo acostumaram-se a tomar decisões e resolver a vida sem seus companheiros. Primeiro os homens partiam com as monções e as bandeiras — expedições que alargaram os limites brasileiros atrás de índios, ouro e pedras preciosas —, depois houve a fase da corrida do ouro nas Minas Gerais. Com a vocação de São Paulo guardar as fronteiras do sul, enquanto os homens iam para as guerras, as mulheres viravam-se. Algumas eram tidas por bruxas, pois faziam o impossível para lidar com as necessidades básicas diárias. Delas dependiam muitas vezes o sustento dos filhos e a cura de enfermidades, com suas ervas e rezas. Mulher paulista era sinônimo de mulher brava e independente; afinal, não haviam elas incitado os maridos durante a Guerra dos Emboabas? Do sul de Minas veio o ditado: "Quem casa com paulista nunca mais levanta a crista".

A religião não só marcava os limites, por intermédio de seus conventos, igrejas e cemitérios, mas também ditava o dia a dia da vila. Nos oratórios públicos, um deles nos "quatro cantos" — nome da antiga encruzilhada formada pela rua Direita e rua São Bento —, era possível encontrar boa parte da população paulistana ajoelhada na rua às 18 horas, rezando por cerca de vinte e cinco minutos.

Religião e moral, apesar das tentativas de se aliar uma à outra, raramente andaram juntas, ainda mais na São Paulo daquela época. Alguns paulistas preferiam as igrejas cujo latinório era dito mais rapidamente para se verem livres da obrigação religiosa, ou ainda escolhiam aquela em que sabiam que o padre exagerava no vinho da missa, para hilaridade dos fiéis. O "crescei e multiplicai" era levado a sério pelos próprios sacerdotes, que tinham filhos. Ao se analisar o censo de 1798, é possível ver que estava longe de ser rara a família cuja chefe era uma mulher solteira e com mais de três filhos.

Claro que ter dinheiro ajudava a mulher a ser livre e dona de seu destino, como o caso de Teresa Braseiro. Viúva diversas vezes, essa espanhola alta, loura e de olhos azuis, abastada proprietária das terras onde hoje fica o Largo do Paissandu, nas quais seus escravos plantavam café, enamorou-se do militar açoriano João de Castro, noivou e teve dele uma filha, Maria Eufrásia de Castro, a quem criou sozinha devido ao término do compromisso. De condição financeira inferior, João de Castro do Canto e Melo, pai da futura marquesa de Santos, chegou a acumular diversas dívidas, inclusive de aluguéis. Casar em São Paulo era caro, como veremos.

João de Castro tinha o apelido de "Quebra-Vinténs", querem uns pela sua força física, pois seria capaz de dobrar moedas com os dedos, querem outros pela fama de desvirginar donzelas.

Segundo a viajante inglesa Maria Graham, o pai de Domitila:

> *...posto que português de boa família, mantinha o que se chama, tecnicamente, uma loja em São Paulo (...). Foi nessa venda que Dom Pedro se hospedou quando fez sua excursão política às capitanias do sul. As quatro filhas solteiras do hospedeiro foram chamadas para entreter o Real visitante com música e dança. Alguém observou que a pérola da família, ou antes, da cidade, estava ausente e se chamava Madame de Castro. Seu marido era oficial da milícia local. O pai foi polidamente solicitado a mandar buscar a pérola. Veio e foi julgada irresistível!*

João de Castro estava bem longe de ser um estalajadeiro que colocava suas filhas para dançar sobre as mesas para deleite do futuro imperador do Brasil. Da fofoca recolhida por Lady Graham, amiga íntima da imperatriz Leopoldina, a única verdade é que o pai de Domitila era um português de boa família.

Nascido em Angra do Heroísmo, na Ilha Terceira, Açores, em 1740, podia não ser rico, porém descendia da antiga nobreza lusitana e espanhola. Entre seus antepassados contavam-se vice-reis da Índia, altos funcionários administrativos e nobres cavaleiros.

5. Paulistas. Início do século XIX

Segundo alguns genealogistas, a sua família vinha da região de Vila Nova de Cerveira, perto da Galícia, e poderia ser aparentada com Inês de Castro. Inês era uma aia de d. Constança, mulher do futuro d. Pedro I de Portugal. Pedro e Inês apaixonaram-se e tiveram alguns filhos. Por motivos políticos, Inês de Castro foi assassinada a mando do pai do amante, o rei Afonso IV. Quando da subida de Pedro I ao trono, este, já viúvo de d. Constança, entronizou a ex-amante como rainha de Portugal e celebrou um macabro beija-mão, no qual os cortesãos tiveram de beijar a mão do cadáver. Outro Castro famoso cuja família veio da mesma região é o líder cubano Fidel Castro.

João de Castro ingressou bastante jovem no exército português e veio servir no Brasil, onde participou de uma campanha contra os espanhóis no sul do país. Instalou-se em São Paulo em 1779. Na época em que Domitila nasceu, tinha chegado ao posto de comandante do 4º Esquadrão da Legião de São Paulo, sendo transferido para a milícia com a patente de sargento-mor. Sob o comando do engenheiro militar Daniel Pedro Müller, João de Castro se dedicaria posteriormente aos serviços públicos de viação, supervisionando a construção de pontes, estradas e aterros.

Após o término de seu relacionamento com Teresa Braseiro, casou-se em 1784 com Escolástica Bonifácia de Oliveira Toledo Ribas, de vinte e dois anos; o noivo tinha quarenta e quatro. Numa época em que as mulheres se casavam entre os treze e os quinze anos, dona Escolástica teve sorte em não ficar solteira.

Ela não ficava atrás do marido quanto a descender de família ilustre. Natural de São Sebastião, litoral norte de São Paulo, era filha de um tabelião. Entre seus antepassados contavam-se os irmãos Bartolomeu[9]

[9] Sacerdote e cientista (1685-1724) que inventou o primeiro aeróstato operacional e é considerado um dos precursores da aeronáutica.

e Alexandre de Gusmão,[10] o cacique Piquerobi,[11] irmão do cacique Tibiriçá,[12] e a esposa do bandeirante Fernão Dias, Maria Garcia Betim. Sua genealogia chegava até a um irmão de Pedro Álvares Cabral.

João de Castro, à época do casamento, tinha seis escravos e recebia, como tenente, o soldo de 10 mil-réis. Bastante para comprar um cavalo, mas não muito para criar quatro casais de filhos. O primogênito herdou o nome do pai, João. Tanto ele quanto os irmãos, José, Pedro e Francisco, foram inscritos na cavalaria com cinco anos de idade, em média. Em 1822, no ano da Independência, já contavam com uma longa lista de serviços prestados, que incluíam a primeira campanha contra Artigas e a tomada da Cisplatina.[13]

Se os quatro rapazes foram encaminhados para a carreira mais aristocrática que estava ao seu alcance, o exército, as garotas não eram solteiras quando d. Pedro aqui esteve em 1822, segundo a imaginação de Maria Graham. Todas já haviam se casado com oficiais militares.

Domitila de Castro Canto e Melo, a caçula das meninas, nasceu em 27 de dezembro de 1797. Foi batizada em 7 de março de 1798 na Sé de São Paulo.[14] Devido a uma enfermidade de d. Escolástica,

---

[10] Diplomata (1695-1753). Foi secretário particular do rei português d. João V e teve papel crucial nas negociações do Tratado de Madri, que definiu as fronteiras entre os domínios portugueses e espanhóis na América do Sul, em 1750.

[11] Irmão do cacique Tibiriçá, líder de uma aldeia localizada na região onde hoje está o bairro paulistano de São Miguel Paulista, é tido como um dos patriarcas indígenas do povo paulista. Era tido como inimigo dos jesuítas.

[12] Chefe dos índios que habitavam a região onde foi fundada São Paulo, entre os rios Tamanduateí e Anhangabaú. É tido como o primeiro índio a ser catequizado pelo padre José de Anchieta. Uma de suas filhas casou-se com o português João Ramalho, fundador de diversas povoações do estado de São Paulo.

[13] Atual Uruguai.

[14] A antiga Sé se localizava aproximadamente onde hoje se ergue a estátua do padre José de Anchieta, próximo à rua de Santa Teresa, na atual praça da Sé.

sua ama de leite foi uma prima de sua mãe, d. Catarina Angélica da Purificação Taques Alvim, filha do genealogista dos bandeirantes, Pedro Taques.

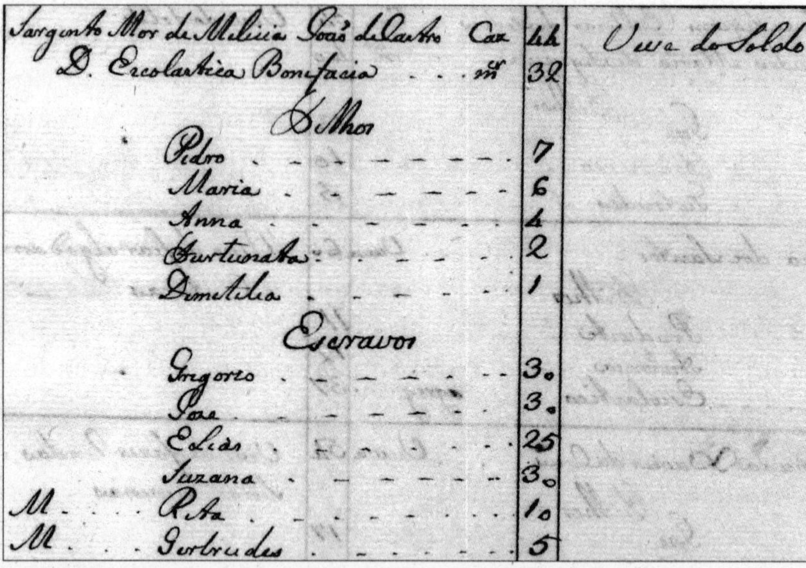
Sargento Mor de Milicia João de Castro Cas. 44 Viuva do Soldo
D. Escolastica Bonifacia . . . m.er 32
Filhos
Pedro 7
Maria 6
Anna 4
Furtunata 2
Domitilia 1
Escravos
Gregorio 30
José 30
Elias 25
Suzana 30
M. . . . Rita 10
M. . . . Gertrudes 5

6. Domitila com um ano de idade no censo de 1798

Além de ser chamada de diversas formas, publicáveis ou não, a confusão com seu nome de batismo era causada até por ela mesma. Chegou a assinar como Dimitília e Dometília, de onde se originou o apelido, Titília, que ninguém errava e seria amplamente utilizado por d. Pedro em suas cartas a ela. José Bonifácio chamava-a de Domitila, como a real intenção de seus pais de lhe darem o nome da mártir romana, santa Flávia Domitila, mesmo nome de uma tia-avó materna.

O acesso feminino à cultura, a ler e a escrever era bastante limitado. Um dito popular do período resume bem o que se pensava a respeito da educação da mulher: "Menina que sabe muito é mulher atrapalhada. Para ser mãe de família, saiba pouco ou saiba nada". Quarenta anos após o nascimento de Domitila, as coisas não eram tão diferentes. Um inspetor, ao visitar um orfanato paulista, reclamou ao presidente da Província que a professora ensinava literatura em vez de costura e bordado.

Se por um lado não podemos culpar Domitila por não saber escrever direito o próprio nome, o mesmo não pode ser dito dos diplomatas estrangeiros, que chegaram a chamá-la, entre outros disparates, de Matilda, Desmetilde e Mectildes.

As quatro irmãs, Maria Benedita, Ana Cândida, Fortunata e Domitila, passaram toda a infância e parte da adolescência em São Paulo. Isoladas e distantes das modas europeias, pouco restava às garotas além de divertir-se com jogos de salão, aprender a fazer rendas, bordados e doces, a tocar violão e cantar.

Segundo relatos deixados por viajantes europeus, as moças paulistas de boa família eram bem-educadas, polidas e espontâneas. Um costume observado pelo mineralogista inglês John Mawe, em 1808, era o hábito das jovens de São Paulo de ornar seus penteados com flores. Quando apresentadas a algum visitante masculino, retiravam dos cabelos uma delas para lhe ofertar. O cavaleiro, durante a visita, retribuiria a gentileza dando à dama uma flor tirada do jardim da residência.

Podemos supor que, na infância, Domitila participasse das brincadeiras das meninas de sua idade, em que as crianças brancas eram as sinhás e as crianças negras as escravas. Num reflexo do mundo adulto, cada uma delas aprendia desde cedo os papéis que iriam desempenhar. Jogos ancestrais, vindos com os marinheiros portugueses trezentos anos antes, eram bastante apreciados ainda, como as cinco-marias, no qual pedras eram jogadas ao ar com uma mão enquanto a outra tinha de recolher rapidamente as demais no solo antes que a lançada caísse. Também as bonecas de trapos, feitas em casa, eram populares em São Paulo.

Pelos retratos a óleo de Domitila, e pelas gravuras e miniaturas de sua filha com d. Pedro, a duquesa de Goiás, podemos imaginar que Titília deveria chamar bastante atenção quando garota, com sua pele clara, cabelos castanhos e olhos verde-escuros enormes e vivos. Seria ela uma das crianças que, em algazarra, correram atrás de Mawe para contar se o estrangeiro tinha a mesma quantidade de dedos que a garotinha de dez anos?

2

BODAS DE SANGUE

Mãe, que cousa é casar? Filha, fiar, parir e chorar.

ANTÔNIO DELICADO, *Adágios portugueses* (1651)

EM ÚLTIMA INSTÂNCIA, podemos culpar Napoleão pelo casamento desastroso de Domitila com o alferes mineiro Felício Pinto Coelho de Mendonça.

O Corso, que pôs em xeque o sistema das monarquias absolutistas europeias e causou a vinda da família real portuguesa para o Brasil em 1808, também deixou as coisas na Espanha bastante bagunçadas. Ao aprisionar a família real espanhola e colocar José Bonaparte, seu irmão, no trono, Napoleão desbaratou o intrincado sistema governamental do país, que por séculos manteve as colônias americanas sob seu domínio. Com um governo praticamente acéfalo, o Vice-Reino do Rio da Prata, constituído por Argentina, Uruguai, Paraguai e Bolívia, acabou se esfacelando. O príncipe regente português d. João, por receio do interesse britânico na região do Prata, aliou-se primeiramente aos espanhóis para manter o Uruguai e depois acabou por invadi-lo, anexando-o ao Brasil. Assim, garantia acesso ao estratégico Rio da Prata.

Por conta de toda essa movimentação militar na fronteira do Sul, em junho de 1812 chegou a São Paulo o Primeiro Esquadrão do Corpo de Dragões de Vila Rica, sob o comando de João Carlos de Oyenhausen, que viria a ser o último capitão-general de São Paulo.

Segundo o sueco Gustavo Beyer, que viu os Dragões de Minas em São Paulo na época, o regimento era:

> *...provavelmente um dos mais brilhantes do mundo (...). Todo o metal nos arreios era de prata maciça e, como eles pertenciam a famílias mineiras naquela rica província, estavam equipados em correspondência. Contaram-me que no regimento nenhum homem havia que não tivesse a soma de mil coroas na algibeira. O seu comportamento também era o melhor possível.*

Desse garboso regimento fazia parte o alferes Felício Pinto Coelho de Mendonça, de vinte e quatro anos, fidalgo da Casa Real, moço rico. Felício era filho do capitão-mor Felício Pinto Muniz Coelho da Cunha, dono de lavras de ouro na fralda da serra de Cocais, onde a família estabeleceu um feudo que originaria a cidade de Barão de Cocais.

O inglês John Mawe, que se hospedou na Fazenda Cachoeirinha, de propriedade do futuro sogro de Domitila, comentou que, apesar de bastante rica, a lavra que este possuía era "trabalhada por *apenas* duzentos negros". Às vésperas do casamento de Titília, o pai dela possuía somente três escravos.

Em São Paulo, o esquadrão de Felício aquartelou-se primeiramente na antiga fazenda Santa Ana, que pertencera aos jesuítas.[15] Com a chegada dos demais esquadrões, foi transferido para o Convento de São Francisco.[16]

---

[15] No local onde a sede se erguia, hoje está o CPOR do Exército, no bairro de Santana.

[16] Onde hoje se ergue a Faculdade de Direito da USP, no centro de São Paulo.

7. Lavagem de ouro

João de Castro e sua família moravam, nessa época, em uma casa na rua do Ouvidor, hoje José Bonifácio, vizinhos de parede-meia da filha Ana Cândida e do genro, o tenente português Carlos Maria de Oliva. Os fundos comunicavam-se com a rua do Jogo da Bola, atual Benjamin Constant, perto do prédio onde o jovem Felício se alojava.

Titília havia completado quinze anos em 27 de dezembro; duas semanas depois, em 13 de janeiro de 1813, ela e Felício casaram-se na casa de João de Castro, seis meses desde a chegada do mineiro a São Paulo.

No dia 11 de janeiro, João de Castro assinara um termo de fiança, no qual se responsabilizava pela apresentação, dentro de alguns meses, da certidão de batismo de Felício. Não havia tempo de a certidão vir de Minas, nem de correr os proclamas corretamente. Seria a pressa motivada pelo medo de se perder o ótimo noivo, cuja fortuna as línguas paulistas já multiplicavam? É possível, pois Felício poderia partir para o Sul a qualquer instante.

O casamento, nessa época, constituía um grande negócio. Os homens discutiam os arranjos matrimoniais; política, dinheiro e casta social eram determinantes para a união. Afeição, ou até mesmo afinidade sexual, não eram levadas em conta. Felício tinha fortuna, posição social, perspectiva de uma carreira brilhante no exército. Domitila não tinha muito dinheiro, mas vinha de uma excelente família; era jovem, podemos acreditar que era bonita ou que seus dotes chamavam a atenção, era prendada e, a julgar pela fecundidade da mãe e das irmãs casadas, podia-se intuir que seria uma boa parideira, como de fato foi. Enfim, era tão bom partido quanto o noivo.

Casar-se em São Paulo custava caro, reclamação feita até pelo governador e pela Câmara. Em carta para d. João VI, o bispo de São Paulo defendia-se, afirmando ter de pagar pelo trabalho que os casamentos davam e que, caso parasse de cobrar, a Coroa teria que ressarci-lo dos custos para prover o seu sustento. Nada foi feito e os paulistas mais pobres simplesmente amancebavam-se. O casamento de Domitila custou, só em taxas para a Igreja, mais de 3 mil-réis. O bispo poderia ter aproveitado a baixa na cotação de café e comprar com esse valor quarenta e cinco quilos do produto. Mas quem estava contando tostões? Após a morte de Fortunata, ainda na infância, João de Castro casava bem a última filha que morava sob o seu teto.

O padrinho de Domitila foi seu cunhado, Boaventura Delfim Pereira, casado com Maria Benedita. O futuro barão de Sorocaba devia ser, até então, o melhor genro que João de Castro havia conseguido: tinha foros de nobreza e recebera antes de casar, em 1812, o hábito da Ordem de Cristo, uma importante condecoração portuguesa.

A festa do casamento deve ter tido início por volta das três da tarde. Carnes cozidas e assadas devem ter aparecido em abundância, principalmente o papo de peru com farofa. A famosa aguardente da Freguesia do Ó dividiria a mesa com o vinho português, e a mostarda produzida pelos monges beneditinos em sua fazenda em São Bernardo não podia faltar. E os doces, então? A pamonha, o curau, bolinhos fritos, leite com farinha, canjica, frutas da terra e a famosa compota de figo disputavam espaço com os deliciosos doces de ovos portugueses. Depois da oficialização do casamento, às nove horas da noite, a festa e as danças devem ter continuado.

Ainda longe do romantismo da era vitoriana, a consumação carnal do casamento não possuía qualquer sofisticação, nem muita higiene. O ato deve ter sido rápido, sem muitas preliminares além de algumas apalpadelas nos seios. Podemos até supor que a primeira noite de Domitila e Felício ocorreu em pé, no chão, na rede ou em um catre,[17] afinal, a cama como conhecemos, móvel comum em qualquer moradia de hoje, era objeto de luxo na época.

A estada do novo casal em São Paulo não durou muito. Com as negociações para o tratado de paz em Buenos Aires, o regimento de

[17] Leito de madeira e lona, rústico e com pouco conforto.

8. Casa de Câmara e Cadeia de Vila Rica, atual Ouro Preto

Felício retornou a Minas. Titília, acompanhando o marido, iria ver com os próprios olhos não só a fortuna que diziam que a família dele possuía, como uma cidade bem maior e mais próspera. Vila Rica, onde se estabeleceram em junho de 1813, tinha mais habitantes que São Paulo e uma infraestrutura melhor: quatorze chafarizes, contra dois na Pauliceia, que nem sempre tinham muita água.

A primeira filha do casal, Francisca Pinto Coelho de Mendonça e Castro, nasceu no final de 1813 e foi batizada em 13 de dezembro, diante do avô paterno, na igreja São João Batista do Morro Grande, em Cocais. Essa igreja havia sido mandada erguer pela família de Felício, toda em pedra. Aleijadinho, que faleceria no ano seguinte, tomou parte em sua construção.

Em 20 de novembro de 1816 nasceu o segundo filho, Felício Pinto de Mendonça e Castro. A criança recebeu o mesmo nome do pai e do avô. Ao longo destas páginas, poderá parecer ao leitor que a criatividade passava longe na hora de se escolher o nome dos bebês. Porém, diferentemente dos dias atuais, o nome não era influenciado pela moda. Geralmente o primogênito recebia o nome do pai ou do avô; também se homenageavam pessoas próximas ou ainda o santo de devoção.

Existe um ditado português que diz: "Quem longe vai casar, ou vai enganado, ou vai enganar". De qualquer maneira, a coisa não termina bem, como foi o caso do relacionamento entre Domitila e Felício.

O arquiteto José Tobias de Aguiar,[18] bisneto de Domitila, conta que Felício a maltratava muito, era um "cavalo". No afã de tirar seu ar aristocrático, obrigava-a a servir à mesa como uma serviçal qualquer, isso em pleno regime escravocrata. Domitila, pelas respostas atravessadas que daria dez anos mais tarde ao imperador do Brasil, não era submissa a ponto de engolir desaforos. Hoje existem direitos iguais para homens e mulheres; naquela época, não. A mulher era tratada como uma extensão do marido. Surras

---

[18] OLIVEIRA JR., Dimas (dir.); HARAZIM, Luis Felipe (dir.). *A marquesa de Santos, uma história real.* DVD.

e açoites corretivos eram normais. O homem só não podia exagerar a ponto de atentar contra a vida da esposa; se isso acontecesse, ela poderia pedir a separação à Igreja.

Um documento guardado na Biblioteca Nacional,[19] no Rio de Janeiro, pode dar uma amostra dos transtornos ocorridos entre o casal. Trata-se de um requerimento de 1820 solicitando a intervenção de d. João VI no caso da separação de Domitila e Felício. Nele, são relatados os abusos cometidos pelo marido. Podemos observar como o comportamento de Felício mudou depois de chegar a Minas com a esposa:

> (...) *chegando a sua casa e pátria, pondo em execução o seu péssimo gênio e depravados costumes, tentando até contra a vida da Suplicante, viu-se esta na circunstância de sair da sua casa, e procurar a companhia e abrigo de sua avó D. Ana Maria de Toledo, residente em Vila Rica, e escrevendo a seus pais à cidade de São Paulo, estes a mandaram buscar, onde a Suplicante até hoje reside* (...)

Em 1816, Domitila retornava a São Paulo por ordem dos pais, trazendo os filhos consigo. No ano seguinte, Felício chegava à cidade atrás da mulher. Trocou de posto com o tio materno de Domitila e assim conseguiu ser transferido do Regimento de Cavalaria de Vila Rica para o de Caçadores de Santos. Mais próximo dela, convenceu-a, e a seus pais, de que havia mudado, e o lar foi refeito. Em meio a essas idas e vindas, rompimentos e reconciliações, nasceria em 1818 o terceiro e último filho do casal, João, falecido ainda criança.

Mas a paz pouco durou, ainda segundo o requerimento:

> *Então seus pais e o público conheceram que a Suplicante* [Domitila] *não tinha uma camisa que este* [Felício] *lhe desse, nem para seus filhos*

[19] Biblioteca Nacional, Fundo Coleção Documentos Biográficos. Localização: C-0458,038.

(...). Não há uma pessoa nesta cidade a quem [ele] *não pedisse dinheiro, dizendo ser para sustentar a sua família, porém mal dela se não fosse o amparo dos pais da Suplicante. Ele procurava amizades que pudessem desfrutar, e logo que assim não acontecia, tratava de baixo de pretexto de honra culpando a Suplicante a fim de encobrir a sua conduta, chegando a ponto de pedir a seus próprios camaradas trastes emprestados e vendê-los. Ficou sem uniformes, tudo consumiu, e até fingindo procurações falsas tentou arrecadar dinheiro da Pagadoria das Tropas, e com firmas falsas da Suplicante mandou dar consumo nos bens que tinha em Vila Rica, que lhe tocaram por falecimento de sua mãe, que não podiam ser vendidos sem outorga da Suplicante, deixando-a sem coisa alguma. Tudo acabou com más companhias, pelas casas de jogos, chegando até a levar os seus filhos pequenos para casas indecentes.*

Com a morte da sogra de Domitila, o casal havia herdado terras em Minas, que Felício queria vender para obter dinheiro. Com a recusa da esposa em assinar a venda, o marido teria falsificado a sua assinatura.

Oyenhausen, capitão-general de São Paulo na época, havia sido o comandante dos Dragões de Minas, regimento de Felício em 1813. John Mawe, o viajante inglês, foi apresentado a Oyenhausen na casa do pai de Felício, na Fazenda Cachoeirinha, no início do século XIX. O comandante posicionou-se publicamente a favor de Domitila e da família Castro, pedindo a intervenção do rei no caso. Um militar, íntimo da família de Felício, tomando o partido da paulista? Como se não bastasse, ainda concordava em deixar os filhos de Domitila e Felício com os avós maternos, como solicitava a mãe:

À vista do exposto, ainda que o pai do Suplicado tenha mais posses, e seja mais abastado em bens, não se segue que a riqueza seja consequência de uma boa educação, por isso a Suplicante roga a Vossa Majestade, com toda a submissão, se digne atendê-la, mandando que seus filhos sejam conservados na companhia da Suplicante debaixo da tutela de seus pais, e avós.

Talvez o motivo de Oyenhausen ter se voltado contra Felício pai e filho e tomar a defesa de Domitila tenha sido a tentativa do marido em assassiná-la.

Por volta das seis horas da manhã de 6 de março de 1819, Felício esfaqueou Domitila duas vezes, na coxa e na barriga. O atentado ocorreu próximo da bica de Santa Luzia, entre a propriedade dos pais de Titília, onde hoje fica o bairro da Liberdade, e a chácara onde morava d. Francisco de Assis de Lorena, jovem oficial alto, loiro, de olhos azuis. Ainda com a arma ensanguentada, Felício procurou refúgio em casa de parentes, que lhe recusaram o abrigo. No mesmo dia, foi preso e enviado para a sede de seu regimento, em Santos.

Domitila sobreviveu graças aos cuidados de Tomás Gonçalves Gomide, cirurgião-mor da Legião das Tropas Ligeiras de São Paulo. A cura dos ferimentos demoraria mais de um mês: ela só se restabeleceu completamente em 26 de abril.

Na sua defesa, Titília contaria que estava indo à casa de uma prima e que Felício a surpreendeu no caminho. Alguns outros disseram que ela tinha ido lá pegar água, mas bicas e fontes eram frequentadas por escravos; somente os muito pobres iam pegar água pessoalmente, não era lugar para moça de família. Felício alegaria, ao atentar contra a vida da esposa, que só estava buscando reparar a sua honra. Segundo ele, o culpado de tudo seria d. Francisco. O oficial e Titília estariam tendo um caso.

Os motivos do mineiro, aparentemente, não encontravam respaldo. As leis do Reino previam que o marido poderia acusar a mulher de adultério — o inverso era impossível. Caso Felício tivesse matado Domitila por conta da infidelidade dela, provada a traição, o alferes não sofreria punição alguma pelo assassinato. Entretanto, parece que ele não tinha o que provar. Oyenhausen informou a d. João VI que os problemas familiares eram bem anteriores à chegada de d. Francisco a São Paulo. As desavenças do casal começaram antes de Domitila abandonar Vila Rica e ter qualquer contato com d. Francisco de Lorena.

Felício conseguiu se livrar da prisão e partiu para o Rio de Janeiro, procurando falar diretamente com d. João VI. Graças à influência do sogro de Domitila, o rei ordenou que os filhos fossem entregues para um procurador, que os levaria para Minas. Oyenhausen fincou o pé e continuou do lado da família Castro, tergiversando com a corte a entrega das crianças. O impasse sobre quem ficaria com elas só seria resolvido com o divórcio definitivo, em 1824. Nesse processo, as testemunhas[20] reafirmariam os despachos de Oyenhausen para a corte e acrescentariam novos detalhes sobre o dia a dia do casal, como o hábito de Felício ameaçar constantemente Domitila, chegando a dormir com uma faca na cabeceira da cama.

Os futuros detratores de Domitila iriam aumentar o acontecido, não raro dando razão a Felício. Afinal, se ela havia se tornado amante do imperador, devia ter feito isso antes, segundo eles. Tinha assim início a fama de Domitila, adúltera e esfaqueada pelo marido com razão!

---

[20] Na época em que o divórcio foi homologado, ela já era amante do imperador e só esse fato poderia colocar em dúvida o relato das testemunhas; porém, o relatório de Oyenhausen para d. João VI é anterior ao primeiro encontro entre d. Pedro e Domitila e já fazia menção aos maus-tratos praticados por Felício.

3

O PRÍNCIPE ENCANTADO

O homem é fogo, mulher, estopa:
vem o diabo e assopra.

ANTÔNIO DELICADO, *ADÁGIOS PORTUGUESES*, 1650

"MEU DEUS! COMO É FEIO! Meu Deus! Como é feia! Meu Deus! Como são todos feios! Não há um único rosto gracioso entre eles, exceto o do príncipe real." Com essas exclamações, segundo a marquesa de Abranches, o embaixador francês Junot descrevia a família real portuguesa, a quem foi apresentado em 1805.

O príncipe real a que Junot se referia era o futuro d. Pedro I do Brasil e IV de Portugal. D. Pedro entrou na linha de sucessão após a maldição dos Braganças fazer mais uma vítima: seu irmão mais velho, d. Antônio, morreu aos seis anos, em 1801. A praga que assombrava a família real portuguesa, e depois a brasileira, teria tido início após d. João IV, fundador da casa de Bragança, no século XVII, chutar um franciscano que lhe pedia esmolas. O religioso teria lançado a maldição de que nenhum primogênito da família real permaneceria vivo para herdar o trono. O que de fato ocorreu, até a proclamação da República nos dois países.

D. Pedro estava às vésperas de completar vinte e quatro anos quando conheceu Domitila em São Paulo. Tinha ele entre 1,66 m e 1,73 m de altura,[21] pouco mais que a média dos homens de sua época. Possuía tórax e ombros largos, braços fortes e mãos grandes. Contrário ao costume europeu do pai, d. João VI, de banhar-se o mínimo possível, Pedro adorava água. Banhava-se constantemente, às vezes mais de uma vez por dia. Gostava de nadar nu na praia do Flamengo, e, mais velho, na do Botafogo, pouco se importando com o que os moradores do local achavam.

Era vaidoso. Seguindo a moda masculina, usava costeleta e bigode, ocultando assim a pele do rosto, que ficara um pouco marcada por conta de uma doença. Seus cabelos, densos e ondulados, eram castanho-escuros. Tinha pele clara. A prática de escaladas nos morros cariocas e as cavalgadas diárias deixaram suas maçãs do rosto bastante rosadas. Grandes olhos negros, lábios bem-feitos, dentes alvos, porém tortos, e um nariz aquilino completavam sua bela aparência máscula. A postura ereta e altiva dava-lhe um porte marcial. Sofria de epilepsia, cujos ataques despontavam geralmente quando passava por grandes emoções. A doença poderia ser a causa de sua impulsividade. Era muito simpático, tinha uma personalidade encantadora, porém um gênio um pouco instável. Ia da ira a uma sonora gargalhada em segundos. Se algo lhe parecia engraçado, ria daquilo; ao perceber que magoava alguém ao fazê-lo, desculpava-se sinceramente pela brincadeira. Não tinha paciência alguma com bajuladores nem com os intrigantes membros da corte.

Sua esposa, a imperatriz d. Leopoldina, em carta à irmã, traçou um pouco do caráter de d. Pedro:

> *...meu esposo é um verdadeiro amigo e um ser nobre; em poucas palavras quero descrevê-lo com toda a franqueza, convicta de que esta carta*

---

[21] Segundo medição dos restos mortais de d. Pedro realizada pela arqueóloga Valdirene do Carmo Ambiel, em maio de 2012.

9. D. Pedro I

nunca cairá em outras mãos que não as tuas (...). *Ele me diz tudo o que pensa com franqueza e mesmo com certa rudeza; acostumado a que se lhe faça sempre sua vontade, tudo tem que se adaptar a ele, e até tenho que aturar algumas grosserias, porém vê que me magoam e assim chora comigo; além disso estou convicta de que, com toda sua impetuosidade e maneira de pensar, me ama sinceramente, embora seja* (...) *muito reservado e teimoso; conheço cada um de seus pensamentos para mim, contudo, o que o torna querido e digno de proteção é o fato de continuar sendo amigo de seus amigos, mesmo que caiam em desgraça, e não poupar sacrifício por eles, ao passo que é implacável com seus inimigos; além disso, se comporta impecavelmente para com seus pais.*[22]

Interessava-se realmente pelos problemas e pela saúde de todos à sua volta. Chegou a passar a noite em claro ao lado de Vicentinho, irmão de leite de um de seus filhos. Seu filho d. Pedro II disse, numa frase que ficou famosa, que, se não fosse imperador, seria professor. D. Pedro I, se não fosse monarca, provavelmente seria médico ou veterinário.

Sem ter muito com o que se ocupar — afinal seu pai, d. João VI, manteve-o longe dos negócios de estado até 1821 —, d. Pedro fazia o que qualquer rapaz que não precisa trabalhar faz até hoje: diverte-se. Não era amante de bebidas; bebia muito pouco, geralmente em algum brinde protocolar. O que ele gostava mesmo era de mulheres. Chegou a ser proibido por zelosos pais de família de entrar em algumas casas cariocas. Não raro, era possível ver o príncipe herdeiro, montado a cavalo, cercar alguma cadeirinha[23] com a cortina fechada, afastá-la e ver se quem ia dentro era moça e bonita. Se fosse, cortejava-a, se não, um pedido de desculpas, um toque de cumprimento no chapéu, e partia a galope.

D. Pedro nunca primou pela discrição amorosa. Seu primeiro caso mais longo, com a bailarina francesa Noemi Thierry, era comentado abertamente no Rio de Janeiro. Noemi acabou sendo casada com um oficial português, recebeu uma boa quantia

---

[22] KANN, Bettina; LIMA, Patrícia Souza. *Cartas de uma imperatriz*, p. 332.

[23] A cadeirinha era um meio de transporte da época. Existiam dois modelos: a serpentina, mais simples, fechada por cortinas em toda a volta, ocultando o passageiro, e a cadeirinha de arruar, mais elaborada, com paredes de madeira, janelas envidraçadas e uma abertura lateral para o passageiro entrar e sentar-se. Essa abertura poderia ser fechada com uma cortina ou uma portinhola com vigia. Seus varais, traseiros e dianteiros, eram sustentados por escravos robustos, sobre os ombros no primeiro caso e nas mãos no segundo, como uma padiola.

de d. João VI e foi despachada para Pernambuco, aos cuidados do governador local. O filho que ela teve de d. Pedro seria o primeiro primogênito do imperador a ser levado pela maldição dos Bragança.

O príncipe encontrou-se pela primeira vez com Domitila em agosto de 1822, em São Paulo. Estava casado com d. Leopoldina desde 1817. O jovem regente, no cargo desde o retorno da família real portuguesa para a Europa um ano antes, viera à cidade por causa da Bernarda de Francisco Inácio.

No início de 1822, chegaram ordens das Cortes de Lisboa (espécie de assembleia constituinte) que exigiam o retorno de d. Pedro à Europa e decretavam o fim da Regência. Minas, São Paulo e Rio de Janeiro apoiaram o jovem príncipe, o que o fez contrariar as ordens recebidas e continuar no cargo e no Brasil. Ele anunciou a decisão em 9 de janeiro de 1822, que ficou conhecido como Dia do Fico.

Quem não gostou muito da escolha do príncipe foi o exército português no Rio. Comandado pelo general Jorge de Avilez, tentou fazer cumprir as ordens de Lisboa, mas foi obrigado a recuar devido à resistência da milícia e da população carioca. Por conta dos distúrbios no Rio, d. Pedro escreveu para Minas e São Paulo enviarem soldados fiéis a ele. Também mandou sua família para a Fazenda de Santa Cruz, a fim de protegê-la.

São Paulo, atendendo à solicitação, armou e despachou a tropa dos Leais Paulistanos, cerca de 1.100 homens, entre eles o jovem cadete Francisco de Castro do Canto e Melo, irmão caçula de Domitila.

Logo após a tropa, seguiu José Bonifácio, então membro do governo provisório paulista, que, assim que chegou ao Rio, foi nomeado por d. Pedro para o cargo de ministro do Reino e Assuntos Estrangeiros. Seu irmão Martim Francisco continuou em São Paulo, no seu cargo de secretário das Finanças e do Interior do governo provincial.

Oyenhausen, que defendera Domitila anos antes, havia sido eleito presidente do governo provisório paulista, e, por desentendimento com os irmãos Andradas, foi chamado ao Rio de Janeiro. Quem deveria assumir o cargo era Martim Francisco, mas seus inimigos políticos, capitaneados por Francisco Inácio de Souza Queirós, impediram a posse, fazendo com que Oyenhausen descumprisse as ordens de sair do posto. Martim Francisco foi preso e deportado para o Rio de Janeiro, onde acabou se tornando ministro das Finanças.

D. Pedro obrigou o governo revoltoso a se dissolver e viajou a São Paulo para convocar novas eleições. Partiu em 14 de agosto do Rio, acompanhado de uma pequena escolta formada por um secretário, dois criados, o jovem Francisco de Castro Canto e Melo e Francisco Gomes da Silva, seu amigo e futuro secretário, que tinha o apelido de Chalaça. Durante a viagem, a comitiva foi engrossada com a adesão de cidadãos notáveis da região do Vale do Paraíba. No dia 24, já no subúrbio paulista, d. Pedro pernoitou na Penha, de onde despachou o Chalaça e Francisco de Castro, promovido por ele a alferes três dias antes, para verificarem o "espírito" dos moradores da cidade. Segundo recordaria Francisco de Castro em 1864:

> *A 24, 10º dia da jornada, passou o príncipe na povoação da Penha. À noite, por ordem do mesmo, eu e Francisco Gomes viemos à cidade, a fim de observarmos o estado em que ela se achava, e podermos prestar exatas informações a respeito; regressamos à meia-noite, dando notícias da perfeita quietação em que a tínhamos encontrado.*[24]

---

[24] A memória escrita por Francisco de Castro Canto e Melo foi publicada inicialmente na *Revista Comercial*, de Santos, em 29 de dezembro de 1864, depois em diversas outras publicações, inclusive na *Revista do IHGB*, tomo 41, segunda parte, de 1878, e na *História do Brasil Reino e do Brasil Império*, de Melo Morais.

10. Vista noturna da cidade de São Paulo, primeira metade do século XIX

O príncipe e sua comitiva entraram em São Paulo pelo melhor caminho existente à época para apreciar devidamente a cidade. Depois de passar a colina da Penha, uma outra, mais ao longe, ostentava as torres das oito igrejas, dois conventos e três mosteiros que dominavam o horizonte. Passando pela Várzea do Carmo,[25] então um verdadeiro pântano, d. Pedro subiu a Ladeira do Carmo[26] em direção ao então núcleo urbano.

A escrava Lucrécia Cananeia Galvão, de nove anos de idade, viu quando d. Pedro entrou em São Paulo. Cento e doze anos depois,

[25] Atual parque D. Pedro II.

[26] Atual av. Rangel Pestana.

11. Esboço de Pedro Alexandrino recriando a antiga Chácara dos Ingleses

em 23 de dezembro de 1934, completamente lúcida, recordava: "(...) ele chegou a cavalo, acompanhado de muitos moços e trazia a sua roupa com um pouco de barro da estrada. (...) [ele era] um moço bonito, de olhar alegre e de barbas 'suíças'. Quando apeou do cavalo, então, causava admiração. Alto, elegante e sem luxo".[27]

Outra testemunha da entrada de d. Pedro foi Francisco de Assis Vieira Bueno. Tinha pouco mais de seis anos quando viu o príncipe entrar na cidade, na manhã de 25 de agosto.[28]

---

[27] *Correio Paulistano*, 23/12/1934, p. 2.

[28] Bueno, Francisco de Assis Vieira Bueno. *Recordações evocadas da memória.*

Ele se lembraria da chegada de d. Pedro, dos fogos, do canhoneio e da festa. Viu o futuro imperador atravessar a galope a ponte do Carmo e parar no meio da ladeira, onde foi recepcionado pelo bispo d. Mateus Pereira e por representantes políticos. Vieira Bueno registrou um boato interessante em suas memórias: d. Pedro teria estado na cidade na véspera, na calada da noite, incógnito, junto com "Xico" de Castro. Teria aí, então, conhecido a irmã divorciada do alferes, Domitila?

É fato que o jovem Francisco, além de guia da viagem, se tornou amigo de d. Pedro durante a jornada. Fazia parte do gênio do príncipe distinguir as pessoas que o serviam bem, principalmente se tivessem problemas, o que a família do alferes mais tinha.

Nessa época, João de Castro e seus dependentes, incluindo Titília e os netos, haviam deixado a casa da rua do Ouvidor e se mudado para um casarão no bairro da Liberdade, que acabou tendo o apelido de Chácara dos Ingleses.[29] Local ermo, próximo ao Cemitério dos Aflitos, afastado do centro, onde, às altas horas, nenhum vizinho notaria qualquer visita.

Apesar de ter solicitado a sua reforma no exército, em abril de 1822, na patente de tenente-coronel, João de Castro estava, assim como a grande maioria dos militares portugueses no Brasil, sem receber o soldo já fazia meses. Vivia do aluguel de mulas para descida e subida de mercadorias pela serra do Mar, próximo a um local denominado Moinhos.

A vinda de d. Pedro, em companhia do filho Francisco, poderia ser uma ótima oportunidade para resolver não só a questão de sua aposentadoria, mas também duas outras. A pendência do divórcio de Domitila e a guarda dos filhos dela com Felício era a primeira; a segunda era interceder pelo genro, Antônio Bernardo Quartim,

[29] O local da residência não existe mais, desapareceu com a abertura da Radial Leste, ficava próximo da atual praça Almeida Júnior. A mesma casa serviria, anos mais tarde, de república estudantil onde morou Álvares de Azevedo.

casado com a filha que João tivera com Teresa Braseiro, Maria Eufrásia de Castro. Quartim, por ter participado da bernarda contra os Andradas, fora deportado para Jundiaí. A crônica familiar dos Quartim de Moraes dá como certo que foi Domitila quem conseguiu do príncipe a libertação do cunhado.

Antônio José de Oliveira,[30] casado com uma prima de Domitila e ajudante de ordens do imperador, deixou um relato curioso sobre um dos primeiros encontros entre ela e d. Pedro em São Paulo, antes do dia 7 de setembro. O príncipe regente, encantado em vê-la chegando numa cadeirinha transportada por escravos, teria dispensado um carregador e assumido ele próprio um dos varais, afirmando querer ver o peso da ocupante. Titília, entre risos encabulados, admirava-se:

— Como Vossa Alteza é forte! Como Vossa Alteza é forte!

Entre risadas e flertes, os escravos teriam sido por fim substituídos por homens da guarda de honra, com d. Pedro brincando que jamais Domitila teria negrinhos como aqueles.

Levando-se em conta o gênio indomável de d. Pedro I, que havia de levar uma bofetada de uma bonita escrava em Santos, às vésperas da Independência, por tê-la agarrado no meio da rua e lhe dado um beijo, bem poderia ser verdade a história relatada.

A fama da beleza das paulistas daquela época pode ser exemplificada pelo dito popular coletado pelos naturalistas Spix e Martius: "Na Bahia, merecem gabo eles, e não elas; em Pernambuco, elas, e não eles; em São Paulo, elas e elas".

Domitila, quando d. Pedro a conheceu, estava com vinte e quatro anos, nove meses a mais que ele. Podemos descrevê-la como atraente, simpática, espirituosa e muito divertida. A pele dela, clara e bem cuidada, e seus olhos, de um tom profundo de verde, devem ter chamado a atenção de d. Pedro. O nariz, delicado, era levemente curvo, a boca, bem feita, com dentes brancos. Por ser

[30] Rangel, Alberto. *D. Pedro I e a marquesa de Santos*, p. 98 et seq.

alta, seus quadris e seios grandes não eram desproporcionais no conjunto. Era "cheinha", sem músculos nem ossos aparentes.

Sabemos, pois d. Pedro deixou diversas vezes registrado em cartas para Titília, que ele passou a ter *amizade* com ela em 29 de agosto de 1822. A *amizade* a que o imperador se refere é bem menos inocente do que a palavra leva a imaginar: eles passaram a ser íntimos nessa data e, provavelmente, o primeiro filho que tiveram foi concebido entre o dia 29 de agosto e 14 de setembro.

Outra lenda a respeito dos primeiros dias de d. Pedro e Domitila em São Paulo diz respeito ao título que ela ganharia futuramente, com referência à cidade de Santos.

Titília teria seguido na garupa de d. Pedro até a cidade costeira paulista. O príncipe e sua comitiva desceram a serra em 5 de setembro, retornando no dia 7. Ele queria ver as fortificações da cidade e prestar homenagens aos parentes de José Bonifácio que moravam lá.

D. Pedro viajou cercado por padre, secretário, políticos, fazendeiros, ajudantes de ordem e soldados. Não faltaram cronistas da Independência. Ao menos quatro deixaram relatos, alguns puxando a brasa para a sua sardinha, explicando como aconselharam o príncipe a proclamar a independência do Brasil às margens do Ipiranga... Entretanto, nenhum deles viu, ou, se viu, não registrou a presença de Domitila junto à comitiva ou mesmo fora dela. A crônica chegou a indiscrições como a diarreia do príncipe e a bofetada da escrava santista, mas não a presença da amante.

A parte curiosa do 7 de Setembro ficou na parada feita por d. Pedro no local onde acabaria proclamando a Independência, às quatro e meia daquela tarde. Segundo registrado por membros da comitiva, ele afastou-se do grupo, pois estaria com desarranjo intestinal. O lugar escolhido da parada ficava a 300 metros da propriedade que João de Castro possuía, onde guardava suas mulas de aluguel. Foi próximo desse local que d. Pedro recebeu os correios vindos da capital com as notícias de que as Cortes de Lisboa retiravam boa parte do poder do príncipe regente, reduzindo-o a mero representante das autoridades portuguesas. A nomeação dos ministros no Brasil passaria a ser designada por Portugal, não mais pelo príncipe, suas resoluções estavam anuladas e sua soberania passou a se restringir ao Rio de Janeiro e região; todas as demais províncias deveriam se reportar diretamente a Lisboa. Além das decisões das Cortes, seguiam cartas com conselhos de d. Leopoldina e José Bonifácio. D. Pedro resolveu dar um basta final na tentativa de Portugal recolonizar o Brasil, declarando a dissolução dos laços políticos entre os dois países.

Domitila certamente estava com a família no Teatro da Ópera, no Pátio do Colégio, naquela noite.

O local era pequeno, baixo, estreito e tinha somente um andar. Externamente, o edifício era pintado de vermelho e possuía três portas negras. A plateia, com 350 lugares, era ocupada pelos homens. Os camarotes eram vinte e oito; no de número 11, o do governador, esperava-se o aparecimento do príncipe regente a qualquer momento. Era o único camarote mobiliado. As famílias iam ao teatro acompanhadas por escravos que levavam cadeiras de casa, além de cestas de comida com frango assado, empanadas e cuscuz. Afinal, o paulista jantava cedo, era normal sentir fome nas apresentações.

Francisco de Castro, às nove e meia da noite, abriu as cortinas do camarote, onde acabava de chegar d. Pedro. Nesse momento, o futuro imperador foi aclamado pelo povo paulista como o "primeiro rei brasileiro", brado levantado na plateia pelo padre Ildefonso Xavier, em conjunto com Antônio Leite Pereira Lobo e João de Castro Canto e Melo, segundo recorda o coronel Manuel Marcondes de Oliveira Melo, uma testemunha ocular.

Nessa noite histórica, todos ouviram no teatro, pela primeira vez, o Hino da Independência. D. Pedro compusera-o no final da tarde e início daquela noite.

HYMNO

NACIONAL BRASILIENSE.

JA' podeis da Patria Filhos
Ver contente a Mãi gentil:
Já raiou a Liberdade
No Horisonte do Brasil.

Brava Gente Brasileira
Longe vá temor servil:
Ou ficar à Patria livre
Ou morrer pelo Brasil.

Não, não cancem vosssos braços
Rexaçando o Luso ardil
Gratas são á Divindade
As pertenções do Brasil.

Brava Gente Brasileira
Longe vá temor servil:
Ou ficar a Patria livre
Ou morrer pelo Brasil.

Derribastes o Colosso
Que armara a perfidia vil
Já sois homens, já sois livres
Viva PEDRO, e o Brasil.

Brava Gente Brasileira
Longe vá temor servil:
Ou ficar a Patria livre
Ou morrer pelo Brasil.

Torça Lisia os turvos olhos
Respirando raiva hostil:
Tendes nobres vingadores
Na Assembléa do Brasil.

Brava Gente Brasileira
Longe vá temor servil:
Ou ficar a Patria livre
Ou morrer pelo Brasil.

RIO DE JANEIRO. 1822. NA OFF. DE SILVA PORTO, E C.

12. Primeira versão do Hino Nacional, hoje conhecido como Hino da Independência

Francisco de Castro, em relato escrito sobre o evento, conta: “Fez-se, afinal, ouvir o hino, no qual tomaram parte o príncipe, d. Maria Alvim, d. Rita e outras senhoras”.

Estaria Domitila entre as paulistas que cantaram pela primeira vez a música que se tornaria o hino nacional do Primeiro Reinado? É bem provável.

No fim do espetáculo, o príncipe poderia ter observado no chão as cascas de queijo, os ossos de galinha e os caroços de azeitona, restos das refeições que mataram a fome dos paulistanos naquela noite, mas d. Pedro saiu antes do término da peça *O convidado de pedra.* As aventuras de d. Juan ele já conhecia; queria viver as próprias.

Como o príncipe se deixava demorar em São Paulo, d. Leopoldina escreveu a ele em 13 de setembro:

> *Meu querido esposo.*
>
> *Ontem à noite recebi a carta na qual me diz que responde aos ofícios do* [dia] *20; ela me zangou muito vendo que ainda não toma a resolução de vir, que é mais necessária do que nunca (...).*
>
> *Receba mil abraços e saúdes de nós todos que estamos bons*
>
> *Desta sua amante esposa*
>
> *Leopoldina*[31]

Entretido com a política paulista e com Domitila, d. Pedro ficaria em São Paulo mais uma semana antes de voltar para o Rio de Janeiro em companhia de Francisco de Castro, do pai dele, João, e do cunhado Boaventura Delfim Pereira. Este tomaria parte no cerimonial da coroação do imperador, sendo um dos responsáveis pela entrega do pálio sob o qual ficaria d. Pedro I.

Em novembro, finalmente, o príncipe teria um tempo, no meio do turbilhão político dos arranjos e acertos da Independência,

31 KANN, Bettina e LIMA, Patrícia Souza. *D. Leopoldina. Cartas de uma imperatriz*, p. 412.

para escrever à amante paulista que reclamava sua atenção, afinal já havia enviado a ele duas cartas:

Santa Cruz, 17 de novembro de 1822

Cara Titília

Foi inexplicável o prazer que tive com as suas duas cartas. Tive arte de fazer saber a seu pai que estava pejada de mim (mas não lhe fale nisto) e assim persuadi-lo que a fosse buscar e a sua família, que não já de cá morrer de fome, muito especialmente o meu amor, por que estou pronto a fazer sacrifícios.

Aceite abraços e beijos e fo...

Deste seu amante que suspira pela ver cá o quanto antes,

O Demonão[32]

Em maio de 1823, o pai de Domitila, já reformado no posto de tenente-coronel do Estado-Maior do Exército, passaria a receber sua aposentadoria, de 80 mil-réis, na intendência da Corte, no Rio de Janeiro. Por volta dessa época, deve ter ocorrido a mudança da família para a capital do recém-fundado Império do Brasil. E, conforme prometido por d. Pedro, não iriam mesmo passar fome por lá.

---

[32] Rangel, Alberto. *Cartas de d. Pedro I à marquesa de Santos*, p. 53.

13. Vista do local do palácio

PARTE 2

RIO DE JANEIRO
1823-29

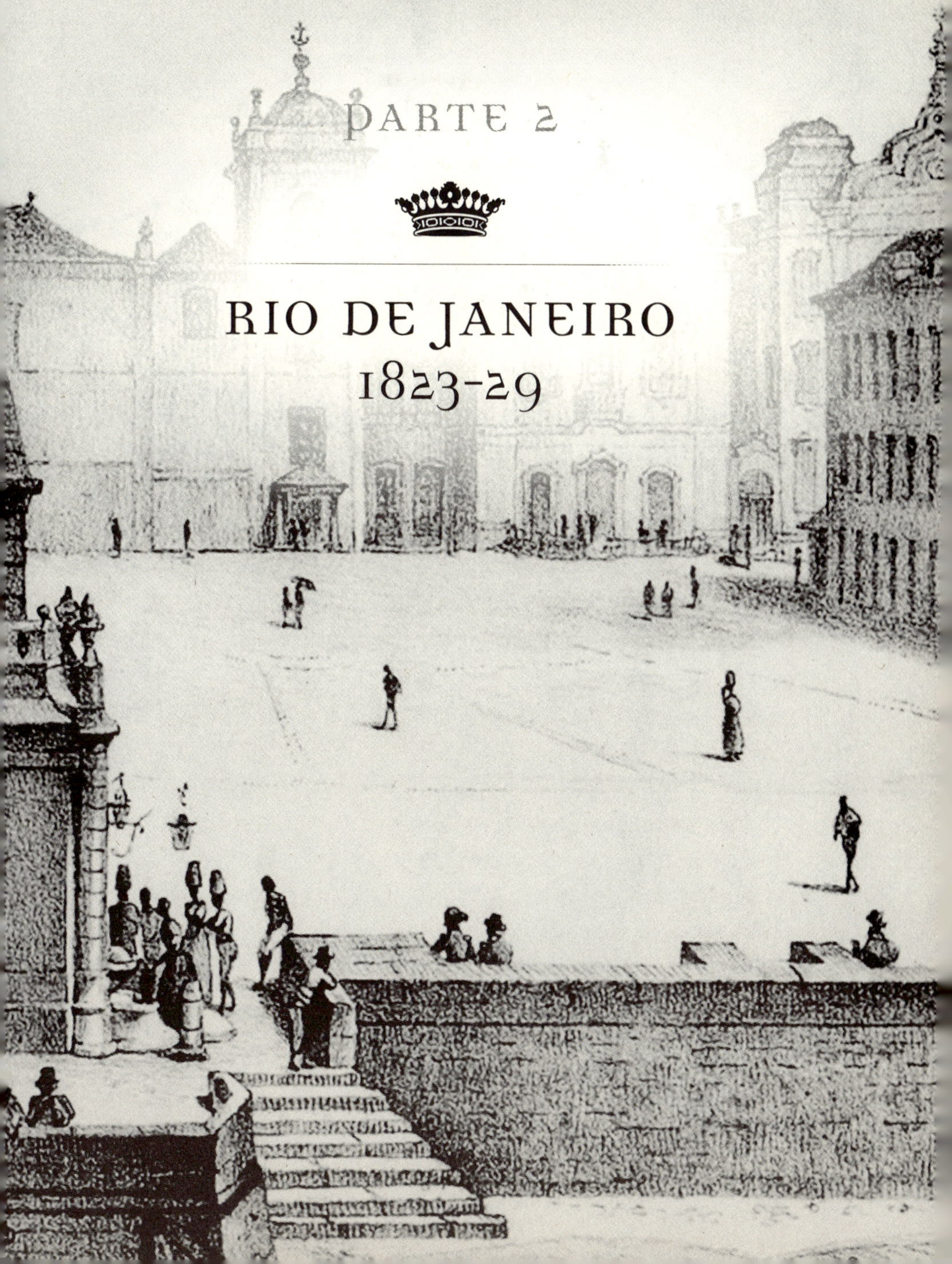

14. Planta do Rio de Janeiro

I

VERSALHES TROPICAL

Nesta corte é necessário um espírito
de sacrifício, sob todos os pontos de vista.

D. Leopoldina, em carta para a irmã Maria Luísa

Primeiro Domitila abandonou a pacata São Paulo pela movimentada Vila Rica. Agora saía novamente da província para conhecer a efervescente capital do novo império.

Chegando pelo mar, Titília deve ter se encantado com a cidade do Rio de Janeiro. Encravada entre o oceano Atlântico e as belas montanhas cobertas de vegetação luxuriante, era possível ver a baía da Guanabara espraiar-se em anfiteatro até os contrafortes da serra. As sombras das palmeiras brincavam nas paredes caiadas, embaladas pela brisa suave, e não era difícil nuvens de borboletas coloridas entreterem os passageiros que esperavam seu navio atracar no porto. Acima da cidade, mosteiros e conventos plantados a cavaleiro nos topos dos morros observavam sonolentos a cidade fervilhante.

As pessoas ricas e os embaixadores preferiam morar em grandes chácaras no Botafogo, onde colibris brilhantes, azuis, dourados e púrpura cruzavam o ar. À noite, assim que o sol escaldante começava a se pôr, vaga-lumes surgiam cintilando sobre a vegetação. A trilha sonora ficava entre o murmúrio dos regatos que desciam a serra e o barulho do mar quebrando na praia. O local era razoavelmente distante do movimento do centro e mais fresco. O caminho aprazível desse bairro terminava na cidade propriamente dita.

15. Vista do Rio de Janeiro, primeira metade do séc. XIX

Domitila teria sorte se houvesse desembarcado nesse retiro, mas é provável que, ao colocar seus pés no cais do porto, no centro da cidade, tenha tomado um choque. A imagem idílica vista do mar desfazia-se ao pisar em terra.

O Rio, em 1823, contava com cerca de 80 mil habitantes. Pelas ruas viam-se mais negros do que brancos. Afinal, os escravos, quase metade da população, eram quem fazia a cidade funcionar.

Um viajante estrangeiro chegou a descrever o trabalho dos africanos no porto:

> *Mal se podem figurar os fardos enormes que os infelizes são obrigados a carregar, sendo-lhes necessário para isso um longo hábito. Os fardos são suspensos a uma barra de madeira, cujas extremidades pousam sobre seus ombros. Marcham cantando uma de suas árias nacionais, monótona e triste, servindo de cadência para regular o passo. Percebe-se muitas vezes por um acento que estão prestes a sucumbir sob a carga; mas então o chicote arranca-lhes novos esforços...*[33]

Domitila deve ter se surpreendido com uma inovação: podia-se sair de noite na rua sem ter que carregar archotes ou lampiões. Alimentados com óleo de baleia, os lampiões de rua, a bem da verdade, forneciam uma luz avermelhada e mortiça. Cobriam todo o perímetro urbano. Só na rua do Ouvidor existiam mais de treze! Em São Paulo, eles só apareceriam em 1830.

Os lampiões não ficavam em postes, mas em armações presas às paredes das casas. A iluminação estava a cargo de escravos, em sua maioria maltrapilhos e de péssima categoria. Era fácil reconhecê-los: viviam besuntados de óleo de peixe e embriagados. Dormiam pelas ruas para mais fácil apagar os lampiões conforme clareava o dia. O esgoto também era "tratado" pelos escravos. Os barris com os dejetos da casa e de seus ocupantes eram transportados pelos "tigres", que os jogavam ao mar. Segundo alguns, os escravos tinham esse apelido devido às queimaduras de pele provocadas pelas imundícies que caíam no seu corpo e secavam ao calor escaldante. Se tudo que vai uma hora volta, imaginem o que ocorria com o que era jogado na água em uma cidade construída à base de aterros no nível do mar...

Às vezes os escravos cansavam-se e, ao sair da vista dos donos e feitores, acabavam jogando o lixo na esquina. Assim, grandes

---

[33] GARCIA, Rodolfo. *O Rio de Janeiro em 1823...*, p. 519.

monturos podiam ser vistos em praças e ruas. A água também acabava sendo contaminada. A rua da Vala, por exemplo, tinha uma calha que dava escoamento às águas do chafariz da Carioca até a Prainha. Geralmente a calha estava cheia de animais mortos e lixo, e sua água transbordava, levando restos podres até o mar.

As casas, como a maior parte das construções portuguesas na Colônia, eram fortes e não muito bonitas, excetuando-se as vilas estrangeiras do Botafogo e uma ou outra construção mais aristocrática, que chamava a atenção pelo tamanho e localização. As moradias, em geral, ocupavam todo o lote, edifício colado em edifício, sem recuo. Via de regra, alcançavam três ou quatro andares e tinham três janelas na fachada. Como as janelas eram compridas, a desproporção entre a altura e a largura das casas chamava atenção.

Domitila deve ter notado que as construções não tinham muxarabis ou rótulas, ao contrário de São Paulo. D. João VI proibiu seu uso assim que chegou ao Rio de Janeiro. Uns acreditam que a medida visava tirar o ar de vila mourisca da cidade. Segundo outros, d. João teria, na verdade, medo de ser emboscado por algum atirador escondido.

Não era apenas na estética que a construção diferia, mas também no método. Em São Paulo usava-se o barro para levantar as paredes; no Rio, usavam-se tijolos e pedras.

Se era fácil se livrar dos muxarabis e das rótulas, mais complicadas eram as estreitas ruas e vielas mal calçadas por onde o esgoto corria a céu aberto. Varíola e outras doenças grassavam na capital, mas nem tudo eram mazelas aos olhos de uma recém-chegada como Titília.

Tecidos de Manchester, queijos, manteiga, cerveja, talheres, porcelanas, joias, roupas, chapéus. Tudo exposto em vitrines elegantemente arrumadas e decoradas com espelhos e panos coloridos às vistas dos transeuntes. E os cabeleireiros, as modistas e os mestres perfumistas? O que falar então dos confeiteiros, padeiros e licoreiros? Domitila deve ter ficado extasiada ao entrar nesse mundo novo.

Mas nem sempre o Rio de Janeiro tinha sido assim. A grande transformação dessa cidade havia ocorrido com a vinda da família real portuguesa para o Brasil, até então colônia de Portugal, em 1808.

O príncipe d. João, em 1807, estava literalmente entre a cruz e a espada. De um lado, Napoleão, que queria invadir Portugal; do outro, a Inglaterra, que ameaçava afundar os navios portugueses caso isso ocorresse. No meio, Portugal, que o príncipe sabia não ter condições suficientes para combater nenhum dos dois países. D. João era regente de Portugal desde 1799, quando assumiu as funções no lugar de sua mãe, a rainha d. Maria I, em cujo governo ocorreram a Inconfidência Mineira e a execução de Tiradentes. Após a morte do marido e do filho mais velho, os problemas mentais da rainha agravaram-se, tornando-a incapaz de governar. Com os acontecimentos advindos da Revolução Francesa, ela enfiou na cabeça que estava para morrer nas mãos do povo e que iria para o inferno, onde via seu pai transformado em carvão por ter expulsado os jesuítas de Portugal.

Desprestigiado por diversos pesquisadores, estudiosos e até pelo nosso cinema nacional, d. João VI já foi chamado de tudo: glutão, porco, burro, preguiçoso e Deus sabe mais o quê. No entanto, poucas decisões seriam tão acertadas quanto a transferência da corte para o Brasil. Diferentemente da cena de "fuga em massa" ou "salve-se quem puder", a vinda da corte foi uma operação orquestrada com antecedência. Navios portugueses começaram a ser convocados para retornar a Portugal meses antes. Ou alguém realmente acredita que é possível "fugir" levando uma biblioteca consigo?

Temendo uma iminente invasão francesa a Portugal, após ver falhar todas as suas tratativas diplomáticas, até mesmo de casar o futuro d. Pedro I com uma sobrinha de Napoleão, d. João decidiu mudar-se para o Brasil. Ideia melhor que a da família real espanhola, que, na esperança de tomar Portugal para si, se aliou ao Corso, acabou aprisionada por este e viu todas as suas principais colônias na América declararem a independência. D. João não só salvou a coroa como a família. Napoleão, pelo Tratado de Fontainebleau, de 1807, entre a França e a Espanha, iria dividir Portugal entre os dois países, acabando, praticamente, com a dinastia de Bragança. Mas não conseguiu. No seu exílio em Santa Helena, o decaído imperador francês reclamaria, em suas memórias, que o

16. Rainha d. Maria I

rei português foi o único a conseguir enganá-lo. E assim d. João garantiu que seus descendentes viessem a ocupar os tronos do Brasil e de Portugal por mais de oitenta anos.

Com a derrota francesa na Batalha de Trafalgar, em 1805, Napoleão havia perdido definitivamente o controle do Atlântico para a Inglaterra. Como Portugal era aliado inglês e a Inglaterra estava sofrendo com o bloqueio continental imposto pelos franceses, d. João, assim que aportou no Brasil, escoltado pelos navios de guerra britânicos, abriu os portos para as nações amigas, especificamente aos ingleses, que gozavam de taxas privilegiadas.

17. Alegoria representando os vitoriosos d. João VI e Jorge III da Inglaterra e o derrotado Napoleão

Num primeiro momento, as grandes cidades costeiras do Brasil viram-se inundadas de produtos importados da Inglaterra — claro que a Corte era a que mais consumia. Além da grande quantidade de portugueses, desde nobres refinados até comerciantes, os estrangeiros também acorreram para a nova capital do império lusitano. Diversos foram os viajantes que aportaram em terras brasileiras depois da vinda da família real e da subsequente abertura dos portos. Alguns vinham para conhecer o Brasil, seu povo, suas plantas, suas riquezas naturais. Outros eram membros do alto funcionalismo europeu que vieram compor as embaixadas estrangeiras. Isso contribuiu para um colorido novo ao local, por isso o Rio de Janeiro prontamente tomou ares cosmopolitas. Em 1815, com a derrota definitiva de Napoleão, os comerciantes franceses também chegaram e com eles vieram, um ano depois, os artistas da Missão Francesa para dar alguma graça à pobre corte europeia encravada nos trópicos.

A corte portuguesa, que seguiu o destino de seus soberanos, alojava-se em casas cedidas, de boa vontade ou à força, pelos cariocas. Não raro, os nobres alugavam o andar de baixo para os proprietários legais.

A família real, ao desembarcar, ficou toda no conjunto preparado pelo vice-rei, o conde dos Arcos. O edifício da antiga residência dos governadores do Rio de Janeiro foi ligado à cadeia e ao mosteiro carmelita por passadiços. Os presos e os monges foram remanejados para outros locais, e suas celas, apesar da tentativa de reforma, continuavam parecendo celas e não agradaram muito aos Braganças, que, pela primeira vez, estavam todos reunidos sob o mesmo teto.

D. João e a esposa, a princesa espanhola Carlota Joaquina, não se davam bem. Já em Portugal moravam em locais separados, ele em Mafra e ela, com sua corte espanhola, na Quinta do Ramalhão. Enquanto isso, d. Pedro ficava com a avó louca no Palácio de Queluz.

No Rio de Janeiro, a vida em comum da família desfez-se rapidamente. D. João VI recebeu de presente a quinta de Antônio Elias Lopes, um rico comerciante português. Era uma propriedade afastada e em local elevado, de onde era possível avistar o porto e a cidade, e que, por isso, recebeu o nome de Quinta da Boa Vista. Quando d. João não estava lá com seus filhos d. Pedro e d. Miguel, estava despachando no Paço da Cidade ou descansando na Ilha do Governador ou na Fazenda de Santa Cruz, uma de suas propriedades favoritas. Enquanto isso, a esposa, acompanhada das infantas, morava em uma casa na praia de Botafogo. A rainha ficou no Convento do Carmo.

Após a morte de d. Maria, d. João foi aclamado rei[34] no Rio de Janeiro, com o nome de d. João VI. Depois das melhorias implantadas

[34] Desde o desaparecimento de d. Sebastião, o último rei português coroado, todos os demais foram declarados reis por aclamação dos seus súditos.

18. Carlota Joaquina, esposa de d. João

na cidade, como teatros, biblioteca, imprensa, o Banco do Brasil e diversas outras providências indispensáveis para o funcionamento do governo, ele pretendia continuar por aqui.

O Brasil passou de colônia a sede do governo com a vinda da família real portuguesa para cá, tendo sido elevado, juntamente com Portugal e Algarves, a Reino Unido. Além disso, Portugal fora libertado dos franceses em 1811, e nada de d. João VI querer voltar. Isso começou a causar grande insatisfação por lá. Com a saída do exército francês, foi criada uma regência, e os ingleses ajudaram a administrar o velho país. Depois de anos como metrópole, agora eles é que virariam colônia do Brasil?

Com a tempestade que Napoleão provocou na Europa, o vento do liberalismo alastrara-se. A alegação de que o rei detinha "direitos divinos" para exercer o seu poder ficou comprometida com a Revolução Francesa. Algumas casas europeias perceberam que, para sua dinastia sobreviver, seria necessário fazer concessões; assim, abriram mão do absolutismo e adotaram uma carta constitucional. Era isso, entre outras coisas, que a Revolução do Porto, deflagrada em Portugal a 1820, exigia. Outra exigência era o retorno do rei e a saída definitiva dos ingleses.

Por algum tempo, d. João pensou em enviar o príncipe herdeiro, ou mesmo a pequena d. Maria, sua neta, para Portugal, mas as coisas acabaram sendo resolvidas de maneira diferente. D. Pedro foi deixado no Brasil, como príncipe regente, e a corte portuguesa retornou à Europa.

Um dos primeiros problemas enfrentados por d. Pedro foi financeiro. Com a partida da corte, o tesouro do reino foi junto, e o Banco do Brasil ficou à beira da insolvência. Mas, como português não é conhecido por ser esbanjador, d. Pedro agiu como legítimo representante da raça. Passou a morar definitivamente no Palácio de São Cristóvão, na Quinta da Boa Vista, e ajeitou as repartições públicas no Paço da Cidade, terminando com o costume de se alugar casas e prédios para instalar os serviços públicos. Até as roupas passaram a ser lavadas em casa, pelas mucamas do palácio: nada de mandar lavar fora.

D. Pedro, na época, já era casado com a arquiduquesa austríaca d. Leopoldina.

Casar-se com uma Habsburgo era ter ao lado de si a melhor mulher que um governante poderia ter. A máxima instituída pela imperatriz Maria Teresa da Áustria "os outros que façam guerra; tu, Áustria feliz, casa-te" era o meio pacífico de o império dos Habsburgos garantir seu poder e, para isso, a família criava as melhores princesas da Europa. Todas as filhas de Francisco I, pai de

19. D. João VI

Leopoldina, eram tão educadas quanto ela. Sabiam ciências naturais, desenho, pintura, línguas e eram versadas em política internacional, assunto debatido em família.

A corte de Viena era uma das mais fulgurantes da Europa. Após a queda de Napoleão, foi nessa cidade, sob o comando do primeiro-ministro Metternich, que a maior parte das cabeças coroadas europeias se reuniu para o Congresso de Viena, onde foram redefinidas as fronteiras e dinastias depois da barafunda promovida pelo Corso. Nessa ocasião, d. Leopoldina conheceu todos os reis e os mais importantes políticos europeus, enquanto sua irmã

Maria Luísa, mulher de Napoleão, ficou com o filho escondida, bem longe das vistas da sociedade.

D. Leopoldina nasceu em 22 de janeiro de 1797, no mesmo ano que Domitila. Seu nome era Carolina Josefa Leopoldina. Chegando ao Brasil, assumiu "Maria" como primeiro nome, passando a assinar "Maria Leopoldina". Como no contrato de casamento veio especificado que o primeiro nome da futura esposa de d. Pedro era "Carolina", foram confeccionados diversos objetos comemorativos das núpcias com as letras "C" e "P", o que causa confusão na identificação de peças em museus até hoje.

Tinha ela entre 1,54 m e 1,60 m de altura,[35] traços finos, olhos azuis acinzentados e cabelos louros. A pele era bastante clara e delicada.

Acostumada com a temperatura baixa e o tempo seco da Áustria, a umidade e os quase trinta graus que enfrentou no Rio de Janeiro deixaram uma impressão profunda na primeira imperatriz brasileira. Em carta para a tia, ela desabafava:

> (...) *deve-se dizer que a América portuguesa seria um paraíso terrestre se não fosse um calor insuportável* (...) *e muitos mosquitos que são um verdadeiro tormento* (...)[36]

O clima, seu hábito de cavalgar sozinha e com o marido — tomando o único cuidado que existia na época: usar um chapéu —, bem como o fato de ter ficado grávida quase todos os anos desde que se casou com d. Pedro, contribuíram muito para lhe prejudicar a pele e a silhueta. Todas as imagens, pinturas ou gravuras em que é retratada no Brasil mostram-na inchada, por causa da gravidez em decurso ou da anterior.

Ela era muito mais culta e preparada para o seu papel, moral e intelectualmente, do que Pedro. Certa vez, d. Leopoldina deu de presente

---

[35] Segundo medição dos restos mortais de d. Leopoldina executada pela arqueóloga Valdirene do Carmo Ambiel, em maio de 2012.

[36] KANN, Bettina; LIMA, Patrícia Souza. *Cartas de uma imperatriz*, p. 327.

20. Retrato de Leopoldina jovem, ainda na Áustria

ao marido um cavalo árabe. Ele ficou extasiado, dizia que aquele deveria ser o cavalo mais lindo do mundo. Complacente, Leopoldina explicou que realmente era um belo cavalo, mas que existiam outros bem mais bonitos. Ela possuía uma vivência cultural maior que a do esposo, e isso, em algum momento, pesou sobre o orgulhoso d. Pedro.

O casamento entre o príncipe e d. Leopoldina foi, como a totalidade dos casamentos reais até então, arranjado para garantir uma aliança entre dois estados. Eventualmente, essas uniões estatais provocavam anomalias: um dos dois cônjuges apaixonava-se pelo outro.

Esse foi o caso dela. Aos poucos, a imperatriz foi descobrindo que d. Pedro era incapaz de lhe retribuir o amor romântico pelo qual ela ansiava. Eles eram companheiros, ela o respeitava, dava-lhe filhos, acompanhava-o em suas excursões e aconselhava-o politicamente. D. Pedro não deixava de ter afeto pela esposa; amava-a do modo dele, confiava na companheira a ponto de nomeá-la por duas vezes regente do império, mas as paixões estavam guardadas para fora do lar, como bem demonstra este trecho de uma carta dele para Domitila:

> *Ontem mesmo fiz amor de matrimônio para que hoje, se mecê estiver melhor e com disposição, fazer o nosso amor por devoção.*[37]

A desilusão da romântica d. Leopoldina não tardou. Em carta para a irmã Maria Luísa, ela desabafava, em 7 de abril de 1820:

> (...) *se hoje fosse livre, nunca mais casaria, pois* (...) *o santo matrimônio traz consigo muitos desgostos e aborrecimentos e o sacrifício da própria individualidade* (...)[38]

Um ano depois, em 24 de maio de 1821, novas queixas:

> *Começo a crer que se é muito mais feliz quando solteiro, pois agora só tenho preocupações e dissabores, que engulo em segredo, pois reclamar é ainda pior; infelizmente vejo que não sou amada.*[39]

Um dos grandes problemas na adaptação da princesa era a corte portuguesa. Suas reclamações à irmã eram várias. Um dos poucos consolos era o seu sogro, d. João VI, que a tratava como a uma filha. D. João chegou a ter a delicadeza de mandar um escultor fazer

---

[37] Rezzutti, Paulo. *Titília e o Demonão*, p. 105.

[38] Oberacker Jr., Carlos H. *A imperatriz Leopoldina*, p. 182.

[39] Kann, Bettina; Lima, Patrícia Souza. *Cartas de uma imperatriz*, p. 379.

o busto do pai de d. Leopoldina, Francisco I, para colocar no quarto que seria destinado a ela.

Mas, a despeito das atenções do sogro e do carinho que se criou entre eles, a vida estava longe de ser o conto de fadas sonhado. Com Maria Luísa, d. Leopoldina desabafava em 26 de outubro de 1818:

> *Nesta corte é necessário um espírito de sacrifício, sob todos os pontos de vista. Você pensa que o Brasil é um trono de ouro, para mim, está sendo um jugo de ferro.*[40]

Os cortesãos não se acostumavam ao que julgavam ser excentricidades de uma estrangeira. Onde já se viu uma mulher estudar ciências naturais? Fazer questão de que os filhos brincassem na terra e cultivassem um pequeno jardim? Que loucura! Mesmo assim, ela era calma e doce com todos. Chegou até a encantar o ranzinza Luís Joaquim dos Santos Marrocos, funcionário que veio com o restante da biblioteca real para o Brasil em 1811 e por aqui ficou, após a Independência.

Em carta para o pai, em Lisboa, Marrocos informava, a 12 de novembro de 1817:

> (...) *a sra. d. Carolina*[41] *tem agradado em extremo a todos: mui discreta, desembaraçada, e comunicável;* (...) *mui fértil na conversação, e mui aguda nas respostas; mestra na arte de agradar e fazer-se estimável; e para ser mais notável, até tem medo de trovoadas.*[42]

---

[40] SAXE-COBURGO E BRAGANÇA, d. Carlos Tasso. "A imperatriz dona Leopoldina. Sua correspondência com Maria Luísa de Parma", In *D. Pedro I e dona Leopoldina perante a História*, p. 97.

[41] Parece que não apenas Domitila era chamada de formas distintas. A confusão com o nome de Leopoldina perdurou por algum tempo, como já foi explicitado anteriormente.

[42] MARROCOS, Luís Joaquim dos Santos. *O bibliotecário do rei*, p. 204.

No início, d. Leopoldina não era favorável ao liberalismo e dizia que d. Pedro, por sua aproximação aos ideais liberais, adorava "ideias novas". Porém, após ver que as Cortes Gerais portuguesas tinham a intenção de recolonizar o Brasil e acabar com as prerrogativas absolutistas de d. João VI, não restou a ela outra opção além de se aliar a José Bonifácio e aos demais ministros no esforço de aconselhar o marido que fizesse a independência.

D. Pedro e d. Leopoldina, após os acontecimentos do 7 de Setembro, passaram a ser malvistos na Europa entre as casas reinantes, até que a Inglaterra interveio nas negociações do reconhecimento do Brasil independente. Os próprios diplomatas austríacos, antes do reconhecimento oficial da Áustria, referiam-se a ela como "aquela que se diz imperatriz do Brasil". O barão de Mareschal,[43] diplomata austríaco creditado na corte do Rio de Janeiro, só mudou a forma de tratá-la nos despachos diplomáticos após o reconhecimento. D. Pedro, para ele, continuava sendo príncipe, e d. Leopoldina, uma arquiduquesa, mesmo depois da coroação, que ocorreu no Rio de Janeiro em 1º de dezembro de 1822.

Domitila não estava no Rio quando ocorreu o grande evento, mas sua família estava bem representada por sua irmã Maria Benedita e seu cunhado, Boaventura Delfim Pereira, que foi nomeado guarda-roupa do imperador e, por isso, tomou parte na cerimônia.

Maria Benedita, segundo o barão de Mareschal, era uma mulher bastante formosa e encontrava-se grávida em meados de 1823, quando Titília chegou à capital. O sobrinho Rodrigo Delfim Pereira nasceria no final do ano. Cento e sessenta anos depois, em 1983, o trineto de Rodrigo, Francisco Pinto Balsemão, deixaria o cargo de primeiro-ministro português que ocupava desde 1981. Era a primeira vez, em mais de setenta anos de República Portuguesa, que um descendente de d. Pedro I voltava a governar Portugal. Rodrigo era filho de d. Pedro e Maria Benedita.

---

[43] Philippe Leopold Wenzel, barão de Mareschal (1784-1851).

2

A NOVA CASTRO

Em pessoa de cetro, não há vício secreto.

ANTÔNIO DELICADO, *ADÁGIOS PORTUGUESES* (1651)

NA PRIMEIRA CARTA DE D. PEDRO I a Domitila de que há notícia, ele prometeu não deixar que ela e a família passassem fome. Nada disse a respeito de ser fiel à amante. Apesar do longo relacionamento que iniciaria com Titília, o "Demonão", ou ainda "Fogo-Foguinho", como assinava os bilhetes para ela, era um grande sedutor. Dizem que o poder seduz, e poder d. Pedro tinha de sobra.

Ser um cortesão significava, entre outras coisas, manter-se próximo do centro de decisões administrativas e políticas e com isso granjear postos e empregos privilegiados. Era recomendável não ter muitos escrúpulos. Buscava-se fazer tudo o que estivesse ao alcance para desfrutar da boa amizade do imperador.

Como recordaria d. Pedro seis anos depois, o filho Rodrigo foi feito porque a mãe, Maria Benedita, "não era burra".[44] Com o

[44] REZZUTTI, Paulo. *Titília e o Demonão,* p. 158.

nascimento do filho do imperador, Boaventura, o suposto pai da criança, que já tinha um cargo na corte, passou a ser o administrador de todas as propriedades imperiais.

Como Domitila e o restante da família que chegavam de São Paulo receberam a notícia, não sobreviveram provas. Entretanto, enquanto durou o relacionamento entre d. Pedro e Titília, a rivalidade das irmãs pode ser percebida nas cartas em que ele defende-se dos ciúmes da amante, como quando jura que não foi à casa nem "do grande nem do pequeno Boaventura".[45]

Outro indício da cisão familiar é a localização geográfica dos Canto e Melo no Rio de Janeiro. Enquanto Boaventura e Maria Benedita estavam instalados próximo da igreja de Nossa Senhora da Glória do Outeiro, de particular devoção dos Braganças até hoje, Domitila, seus dois filhos e seus pais foram morar em uma casa em Mata-Porcos, atual Estácio. Sua irmã Ana Cândida e seu cunhado Carlos Oliva, então integrante do Batalhão de São Paulo servindo no Palácio de São Cristóvão, foram para o Engenho Velho, não muito distante.

Embora fosse amante da irmã da amante, d. Pedro tinha com a família Castro uma relação ótima. Seu carinho e respeito pelos pais de Domitila, pela irmã desta, Ana Cândida, por seus irmãos e cunhados, estão sempre presentes nos bilhetes a Titília. Referia-se aos pais de Domitila como "querida velha" ou "querido velho", e aos irmãos dela tratava por "manos". Depois da vida familiar que teve, com pais e cortes separadas em eterna disputa, o núcleo familiar de Domitila deve ter sido o referencial mais próximo de parentes que d. Pedro parece ter tido.

Mas ainda estava distante o sossego necessário para o monarca aproveitar a própria família ou uma adotiva. Afinal, um império não se constrói com uma coroação. Parte das tropas portuguesas e seus oficiais estacionados no Brasil tomaram o partido de Portugal, que enviou uma frota com mais de 2 mil soldados para terminar

---

[45] Rezzutti, Paulo. *Titília e o Demonão*, p. 313.

21. Gravura representando o juramento da Constituição. Alega-se que Domitila teria servido de modelo para a índia que d. Pedro segura nos braços

com a festa do "usurpador". Lutou-se na Bahia, na Cisplatina, Pará, Piauí e dentro da própria corte.

Quando, em 1821, d. Pedro recebeu ordens para retornar a Portugal e enviou sua mulher, d. Leopoldina, e os filhos para fora do Rio de Janeiro, precisamente para a Fazenda de Santa Cruz, quem a escoltou foram os paulistas do batalhão dos Leais Paulistanos. As damas portuguesas que haviam permanecido no Brasil com o retorno de d. João VI para a Europa se recusaram a acompanhar a princesa.

22. José Bonifácio de Andrada e Silva

Dois anos depois, a situação dúbia que d. Pedro vivia refletia-se na corte carioca. Ele havia proclamado a independência do Brasil, transformando-se em seu primeiro imperador, e continuava herdeiro de Portugal, que tentava reverter a emancipação política brasileira. Nascido e criado dentro do absolutismo, via-se às voltas com ideias liberais. Velhos cortesãos portugueses, chegados ao Brasil em 1808, conviviam no palácio com pessoas como José Bonifácio e diversos novos políticos do Brasil Independente. E havia ainda, pela cidade e nos jornais, quem defendesse a república. A animosidade no ar era palpável, e não faltavam apelidos. Os portugueses em geral eram os "pés de chumbo", os "corcundas" eram os absolutistas, e os brasileiros eram chamados de "cabras".

José Bonifácio, um dos principais artífices da Independência, era natural da cidade de Santos. Seu pai, o coronel Bonifácio José Ribeiro de Andrada, era proprietário do sítio Mongaguá, que deu origem a essa cidade no litoral paulista.

Como acontecia nas famílias de posse, foi enviado jovem para Coimbra, a grande universidade lusitana, para estudar. Aos vinte e cinco anos, em 1788, já era formado em direito e em filosofia. Seguiu a carreira acadêmica, especializando-se em matemática, mineralogia, história natural, entre outros ramos. Depois de uma viagem pela Europa, patrocinada pela Coroa portuguesa, retornou para Coimbra, onde passou a dar aulas, ao mesmo tempo em que prestava serviços ao governo português. Mas não era só nos estudos que o futuro Patriarca da Independência se dava bem.

Com a invasão napoleônica, Bonifácio alistou-se no Corpo de Voluntários Acadêmicos, onde acabou chegando ao posto de comandante devido à sua capacidade de liderança. Já aposentado dos trabalhos no Reino, conseguiu permissão do príncipe regente para retornar ao Brasil, onde chegou em 1819, com cinquenta e um anos. Junto com o irmão, Martim Francisco, fez pesquisas mineralógicas em São Paulo, onde organizou as eleições de 1821 e tomou parte no governo, até ser convidado por d. Pedro para o cargo de ministro.

Maria Graham descreveu José Bonifácio como uma pessoa muito interessante, bastante polido, baixo, rosto magro e pálido. Parecia alguém tomado por uma atividade febril que lhe consumia corpo e mente. Uma particularidade dos irmãos Andradas, José Bonifácio, Martim Francisco e Antônio Carlos, era a união inquebrantável dos laços familiares e o ódio figadal que os unia contra qualquer pessoa que hostilizasse um dos três. A bola da vez, entre 1821 e 1823, era Francisco Inácio e todos os que participaram da revolta em São Paulo que impediu Martim Francisco de assumir o governo da província.

Para instaurar um processo, à época, decretava-se uma devassa, isto é, uma investigação. A fim de impedir que os investigados interferissem nas apurações necessárias do processo, eles eram exilados.

Todas as vezes que d. Pedro tentou terminar com a devassa de São Paulo e anistiar os envolvidos, entre eles Francisco Inácio, Oyenhausen, Daniel Pedro Müller e o genro do João de Castro, Bernardo Quartim, José Bonifácio ameaçou renunciar ao ministério.

Nesse tempo, segundo a própria Maria Graham, Domitila só ia ao Palácio se acompanhada de um dos irmãos ou do cunhado. O que a amiga inglesa de Leopoldina afirma é corroborado por uma das primeiras cartas de d. Pedro à amante no início de sua vida no Rio de Janeiro, na qual o imperador diz:

> *Tomara eu que os ladrões dos médicos deixassem já de cá dormir, para você me vir cá visitar com o Nhô Xico conforme lhe mandei dizer, o que por ora não pode ser, em consequência do acima exposto.*[46]

Essa carta foi escrita enquanto ele se recuperava de uma queda de cavalo — uma de várias, mas a mais grave —, que sofrera em 30 de junho de 1823 próximo ao palácio. Na queda, o imperador fraturou clavículas e costelas e machucou bastante o quadril.

O conselheiro Vasconcelos Drummond, fiel amigo de José Bonifácio, conta em suas memórias que d. Pedro estava na verdade preso à cama, com o corpo todo quebrado, devido a uma surra que levara de um marido ciumento. Nesse estado, receberia frequentemente a amante, que praticamente habitava a antecâmara, segundo a imaginação do velho Drummond. Para o conselheiro, Domitila teria recebido dinheiro do grupo de Francisco Inácio, não só para conseguir que a devassa fosse cancelada, mas também para a nomeação de um parente dele ao cargo de intendente de polícia. Isso teria sido a gota d'água para José Bonifácio, que pediu novamente a renúncia, desta vez aceita por d. Pedro.

Que seria de nós sem nossos amigos? O que a memória seletiva de Drummond esqueceu foi que as devassas não estavam

---

46 REZZUTTI, Paulo. *Titília e o Demonão*, p. 87.

acontecendo somente em São Paulo, mas também no Rio de Janeiro e em outras partes do império recém-nascido. Os fluminenses Gonçalves Ledo e José Clemente Pereira, por exemplo, também foram alvos dos Andradas, cuja ira agora desabava sobre os portugueses.

Dias antes da queda de d. Pedro, Antônio Carlos defendeu na Assembleia Constituinte a polêmica proposta do deputado Muniz Tavares de que os portugueses residentes no Brasil, que houvessem dado provas inequívocas de sua adesão à causa da Independência, seriam declarados brasileiros. Por outro lado, qualquer português suspeito de atitudes contra a separação do Brasil seria sumariamente expulso e teria seus bens confiscados. Alimentando a xenofobia, a proposta também estimulava o denuncismo.

Aos Andradas cultos, corajosos e desinteressados, faltavam paciência, tolerância e modéstia. Quando perdiam a calma, deixavam-se levar apaixonadamente pelo ódio.

> *Sr. Presidente, falemos claro, é quase impossível em regra que um português possa amar de coração uma ordem de coisas que implica a ruína de sua pátria de origem e enodoa a sua dignidade. Por mim o digo, se eu fosse português detestaria a separação e independência do Brasil.*[47]

O que pensava o inflamado Antônio Carlos ao pronunciar essas palavras na Assembleia? D. Pedro era português, não renunciara à sua cidadania. Militares portugueses fiéis ao novo monarca haviam mudado de lado e combatiam em favor do Brasil.

Preso ao leito, recebendo delegações de políticos, d. Pedro teve contato com deputados que, vindos de diversas partes do império, estavam participando da Assembleia Constituinte. Por meio dessa gente, passou a ouvir diferentes versões do que ocorria. José Bonifácio

---

[47] Anais da Constituinte, tomo 2, p. 113.

23. Antônio Carlos Ribeiro de Andrada
Machado e Silva

declarava que as decisões tomadas até então, ao transformar em adversários todos os que eram contra suas ideias, abrindo devassas e exilando-os, visavam proteger a "ordem pública". Agora d. Pedro escutava, de um grupo diverso, o outro lado da história, que lhe soava nos ouvidos como "liberdade sacrificada".

Aparentemente, após escutar as queixas dos deputados, o imperador tomou a decisão de terminar com as devassas. Irados, os Andradas retiraram-se do governo e voltaram para seus assentos na Constituinte.

Culpando Domitila pela própria queda, José Bonifácio e seus irmãos incluiriam em seu rol de inimigos "as Castros", no plural

— pois, segundo o Patriarca, a mãe dela era uma bruxa[48] —, atrelando para sempre a imagem dela como traficante de favores. Era mais simples colocar a culpa na fraqueza carnal do imperador do que assumir a sua parcela de responsabilidade.

Se a intervenção de Domitila nesse caso é real, se efetivamente recebeu compensações financeiras para obter do imperador a libertação dos bernardistas paulistas, não existem provas. É a palavra dos Andradas e de Drummond contra os fatos do momento político e as atitudes violentas e arbitrárias do Patriarca.

Colocar a culpa da queda dos irmãos santistas sobre Domitila seria, talvez, uma boa vingança contra o imperador. Isso faria com que a figura do monarca se visse diminuída. D. Pedro não passaria de um governante fraco, manipulado pela amante. Em nenhuma carta trocada entre os amantes discute-se política. Teriam queimado todas? Falariam de viva voz? Talvez, mas nas não existem provas de que isso ocorresse.

Domitila era uma sobrevivente. Já tinha se livrado de um marido brutal, que a tentara assassinar. Agora era preciso resistir num ambiente hostil. E fazer isso na corte do Primeiro Reinado requeria estômago, um bom jogo de cintura e saber escolher bem os aliados. Bonifácio caiu, ministros caíram, e ela foi a que mais tempo ficou ao lado de d. Pedro.

Certa vez, logo no início do relacionamento, Domitila foi apresentada informalmente à imperatriz. D. Pedro, em carta à amante, narra o dialogo que teve com a esposa:

> (...) *ela me disse que mecê lhe disse que tinha a moléstia de Lázaro.* (...) *Eu respondi "ou tenha ou não, cá para mim não me importa, porque não tenho tratos com ela".*[49]

---

[48] Talvez na referência antiga que o Patriarca tinha sobre a mítica das mulheres paulistas.

[49] RANGEL, Alberto. *Cartas de Pedro I à marquesa de Santos*, p. 516.

A tal "doença de Lázaro", que Domitila disse à imperatriz que sofria, é o que se conhece hoje como hanseníase, ou, mais popularmente, lepra. Sem tratamento na época, a doença era contagiosa e causava mutilações. Quem iria ter uma leprosa como amante? Domitila sabia jogar... mas não se vestir.

D. Pedro, nos primeiros tempos, tratou pessoalmente do guarda-roupa de Domitila. Matuta, ela achava que resolveria as coisas como se fazia em São Paulo, costurando os próprios vestidos.[50] No entanto, o imperador mandava-a procurar as melhores modistas do Rio de Janeiro, fornecia os tecidos e escolhia até as joias que ela usaria. É difícil imaginar amante tão detalhista, que ainda desempenhava bem o papel de pai, marido, militar, político, além de cuidar de seus negócios particulares.

Com casamentos dos governantes sendo arranjados em função dos interesses de estado, era aceitável e extremamente comum que reis e imperadores tivessem amantes. Alias, não só eles. José Bonifácio mesmo teve uma filha fora do casamento, e a teria raptado quando partiu de Portugal para o Brasil, casando-a com o seu irmão Martim Francisco. As cartas entre José Bonifácio e o conselheiro Drummond mostram que o velho Patriarca, aos sessenta anos de idade, ainda era capaz de arrasar alguns corações no Rio de Janeiro. O próprio pai de d. Pedro, d. João VI, teve uma amante, Eugênia de Menezes, dama de companhia da rainha Carlota Joaquina, de quem teria tido uma filha. De maneira discreta, obviamente, não ostensiva como se praticava na corte francesa antes da Revolução.

Foi com a discrição que pautava os relacionamentos extraconjugais, tidos como normais, que d. Pedro lidou a princípio com seu envolvimento com Domitila. Não que o estouvado príncipe fosse um modelo de bom senso. Os amigos e servidores mais próximos do imperador não só sabiam da ligação entre eles, como ela fazia parte de sua vida social.

---

[50] REZZUTTI, Paulo. *Titília e o Demonão*, p. 92.

Do primeiro filho que d. Pedro e Domitila tiveram, não havia qualquer notícia até a publicação da primeira edição desta obra. Em 2015, chegou até mim um manuscrito guardado por uma antiga família paulista. Segundo os registros genealógicos anotados por Theodora de Camargo Ayres, seu bisavô paterno, Jesuíno do Amaral Gurgel, teria sido, segundo tradição familiar, o primogênito dos amantes:

> *Os meus princípios de boa moral me deixam diminuída em ter que escrever isto mas enfim, paciência.*
> *Jesuíno do Amaral Gurgel era fruto do pecado da independência do Brasil. "Marquesa de Santos e D. Pedro I".*
> *O monsenhor Manuel Joaquim do Amaral Gurgel, parente e amigo da família da marquesa, comprometeu-se ser o protetor deste fruto e criou-o e deu-lhe o seu nome: Amaral Gurgel.*

Apesar do registro da tradição, falta documentação para sustentá-la. Se persistem dúvidas a respeito do primeiro filho, o mesmo não acontece com o segundo. Domitila estava grávida novamente em setembro de 1823.

Apesar da separação física, a oficialização eclesiástica ainda não havia sido buscada: perante a Igreja, Titília ainda era casada com o alferes Felício, que também morava no Rio de Janeiro então. É possível imaginar o que o vingativo e sanguinário mineiro poderia fazer se soubesse que sua mulher estava grávida. Até requerer o reconhecimento da criança não seria ideia de todo descartável. A possibilidade de Felício ter qualquer direito sobre esse filho deles devia causar arrepios ao imperador.

Pode-se acusar d. Pedro de péssimo marido e político inábil, mas sempre foi um pai zeloso e responsável, até mesmo com quem não era filho dele. Futuramente, tomaria para si a educação do casal de filhos de Domitila. Enquanto Felício Filho se preparava para ingressar na carreira militar, Francisca seria matriculada em um dos melhores colégios para meninas da elite carioca, à custa do imperador.

Com o avançar da gravidez, d. Pedro resolveu intervir no processo de separação de Domitila e Felício. Assim como ocorria no Brasil Colônia, a Igreja, e não o Estado, definia a constituição do casal e, consequentemente, da família; somente ela poderia conceder o divórcio. Seguia-se a determinação do Concílio de Trento e as Constituições Primeiras do Arcebispado da Bahia de 1707 para os casos previstos, entre eles maus tratos. Apesar de essa situação já estabelecida continuar vigente durante os primeiros tempos do Império, o uso contínuo das normas do Concílio e das Constituições só foi oficializado na lei de 3 de novembro de 1827.

A separação naquela época não era o que é hoje. A doutrina eclesiástica permitia a separação dos corpos, mas não a dissolução do casamento. Ou seja, marido e mulher unidos pelo rito tridentino, ao se separarem, só poderiam casar-se novamente em caso de morte de um deles. O casamento era eterno. Mas na prática... Felício já tinha outra mulher e duas filhas com ela.

Com a pressão do imperador, a justificação preparatória, que geralmente demoraria semanas, foi realizada em quarenta e oito horas, e em pouco mais de dois meses a sentença de divórcio foi lavrada.

Seis dias após o início do processo, em 10 de março de 1824, Felício foi nomeado administrador da Feitoria do Periperi. Pertencente à Fazenda de Santa Cruz, propriedade particular de d. Pedro, essa feitoria destinava-se à produção de arroz, feijão milho, anil e aguardente. O ex-cunhado, Boaventura Delfim Pereira, seria o chefe de Felício a partir do mês seguinte, quando assumiria, a 21 de abril, o cargo de superintendente-geral da fazenda. Domitila conseguiu o seu divórcio, e Felício, com um emprego novo, deixou o processo correr à revelia.

Mas nem tudo foram flores. Ao descobrir sobre o nascimento de Isabel, em 23 de maio, dois dias após a sentença, Felício escreveu uma carta desaforada ao ex-cunhado Boaventura, falando mal de Titília. Boaventura entregou a carta a d. Pedro, que tomou a correção do alferes nas próprias mãos. Indo a cavalo até a sede da feitoria, esbofeteou Felício e prometeu surrá-lo se ele não ficasse longe de Isabel e Domitila. O susto deu resultado: um ano depois, Felício assinava a separação de bens, cada um ficando com o que era seu, as crianças sob responsabilidade da mãe, e o pai, sem nenhum direito e usufruto dos bens dos filhos.

Isabel, que seria a filha preferida de d. Pedro, foi batizada em 31 de maio de 1824 na igreja de São Francisco Xavier do Engenho Velho. Foi registrada filha de pais incógnitos e exposta, ou seja, entregue, na casa do coronel João de Castro. Seus avós maternos serviram de padrinhos.

D. Pedro chamava a menina de "nossa Belinha", ou apenas de "Bela", nas cartas trocadas com a amante. Sempre preocupado em agradar a menina, mandava-lhe pão de ló, frutas e até o estranho "bolo de cutia",[51] de que sabia que ela gostava. Também perguntava diariamente sobre sua saúde. Pensava frequentemente no futuro dela, e, certa vez, garantiu a Domitila que Isabel seria "de mecê (...) inseparável até ter idade de aprender".[52]

A defesa contra Felício seria uma das primeiras que d. Pedro faria de Domitila. Sempre que sua amada passasse por algum aborrecimento, ele estaria lá para protegê-la. E, antes que o ano acabasse, fecharia um teatro por causa dela.

Em setembro de 1824, Domitila passou por seu primeiro vexame público na corte. Entre a rua do Cano e a do Piolho, próximo à praça da Constituição,[53] ficava o Teatrinho Constitucional São Pedro. Teatro particular, plateia seleta, um dos entretenimentos mais finos da corte. Só entravam no estabelecimento os associados e os que tinham convites especiais, o que não era o caso de Domitila naquela noite. D. Pedro, ao chegar ao teatro, soube que sua amante fora barrada no saguão e posta na rua sem demora. A justificativa dos diretores em não aceitar a presença de Titília dizia respeito a sua moral duvidosa. Colérico, o imperador fez meia-volta e saiu do teatro.

---

[51] REZZUTTI, Paulo. *Titília e o Demonão*, p. 138.

[52] REZZUTTI, Paulo. *Titília e o Demonão*, p. 105.

[53] Atual praça Tiradentes, região central da cidade do Rio de Janeiro.

No dia 22, o intendente-geral da polícia dava ordens para que o teatro fosse fechado e indiciava os diretores, baseado na lei de 20 de novembro de 1823, que proibia sociedades secretas. Como os estatutos não haviam sido submetidos à aprovação do governo, eles incorriam nas penas previstas pela lei. No fim, o processo foi abandonado, mas não antes que os artistas fossem despejados e seus trajes e cenários alimentassem uma grande fogueira próximo à igreja de Sant'Anna.

Um transeunte que passava pelo local, conta o comerciante inglês John Armitage,[54] ao ver a fogueira, indagou:

— Queiram dizer-me qual foi a razão de se fechar tão repentinamente o teatro?

— Ora — replicou um dos diretores —, por nenhum motivo, que eu saiba, senão que recusamos admitir em nossa lista a Nova Castro.

A resposta era irônica. A história do amor entre Inês de Castro e d. Pedro I de Portugal rendeu mais de uma peça. A mais recente, na época, tinha o apelido de "Nova Castro".

Dando satisfação à amante, d. Pedro escreve a ela:

Meu bem,

Aí vai o remédio que chegou neste momento da cidade, não me esqueço de nada seu. Já se mandou fechar o teatro, apreender papéis e proceder à devassa do que se sabe para meu esclarecimento. (...) Hoje já não trabalha o teatro, e estão todos de boca aberta.

Seu amante, fiel e constante

O Demonão[55]

Mal sabiam seus súditos que teriam de fechar logo a mandíbula antes de terem cãibra. Se a nova amante do imperador começava a ser objeto de futrica à boca pequena, os amores de d. Pedro e Domitila prometiam causar novos escândalos em 1825.

---

[54] Armitage, João. *História do Brasil: desde o período da chegada da...*, p. 242.

[55] Rezzutti, Paulo. *Titília e o Demonão*, p. 109.

3

A PRIMEIRA DAMA DO IMPERADOR

Quem tem afeição não tem inteira razão.

ANTÔNIO DELICADO, *ADÁGIOS PORTUGUESES* (1651)

SE, EM 1825, D. PEDRO FIZESSE um balanço dos acontecimentos dos três anos anteriores, veria que tudo caminhava o melhor possível. No campo militar, as batalhas da Independência haviam sido ganhas e o brigadeiro Lima e Silva, pai do futuro duque de Caxias, havia derrotado a Confederação do Equador, que pretendia implantar uma república no Nordeste brasileiro. A Inglaterra tentava uma mediação entre Brasil e Portugal para resolver diplomaticamente a questão da Independência. Era questão de tempo regularizar sua situação de imperador junto às nações civilizadas. Na política interna, após fechar a Assembleia Constituinte no final de 1823, o imperador havia exilado os Andradas, bem como outros radicais, e outorgara uma constituição ao Brasil que vigoraria por mais de sessenta anos.[56]

[56] Ainda hoje é a carta constitucional de mais longa duração de nossa história.

O futuro parecia promissor para d. Pedro. No campo pessoal, d. Leopoldina continuava a amá-lo e respeitá-lo, andava a cavalo com ele pelo menos duas vezes por dia, ao amanhecer e no final da tarde, e dava-lhe filhos todos os anos. Domitila e Belinha, suas duas grandes paixões, eram alvos de seus mimos: d. Pedro chegava ao ponto de desviar presentes que deveriam ser entregues para a imperatriz e dá-los para a amante. Ainda sobravam tempo e disposição para outras aventuras passageiras, que geralmente terminavam com Domitila tendo uma crise de ciúmes, a ponto de o imperador lhe escrever: "Eu já não namoro a ninguém depois que lhe dei minha palavra de honra".[57]

Se as juras de fidelidade do nosso d. Juan dos trópicos de nada valiam, diferentes eram as atitudes tomadas em relação à amante. Domitila havia ganhado de d. Pedro uma "joia de afeto", um belo colar de ametista com um camafeu onde aparecia o busto do soberano. Esse tipo de joia era sempre usado pela esposa para manter perto de si a imagem do marido. Nos retratos a óleo das imperatrizes d. Leopoldina e d. Teresa Cristina é possível visualizar broches ou pulseiras onde aparece o retrato do imperador. Outra joia foi um camafeu em que d. Pedro aparecia criança, atrás do qual havia um chumaço dos cabelos do amante com uma moldura de hera pintada, simbolizando a eternidade. Com presentes tais e os parentes de Domitila ganhando cargos na corte, começava a ficar difícil para a sociedade fechar os olhos ao relacionamento. D. Pedro estava prestes a levantar o fino véu que separava os seus interesses particulares do seu ofício como imperador.

Na Semana Santa de 1825, Domitila, embalada pelas graças que vinha conquistando do régio amante, resolveu que assistiria às comemorações da festa na Capela Imperial.[58] Devia estar cansada de ir

---

[57] Rezzutti, Paulo. *Titília e o Demonão*, p. 193.

[58] Igreja de Nossa Senhora do Monte do Carmo, localizada na região central da cidade do Rio de Janeiro.

24. Largo do Paço e rua Direita. A Capela Imperial é a segunda edificação à esquerda

sempre à mesma igreja do Engenho Velho com os pais, filhos e irmãos. Estava na corte fazia tempo, queria ver os eventos pomposos.

Não se sabe se por insistência da amante ou se por resolução própria, d. Pedro ordenou que Joaquim Valentim Faria de Souza Lobato, porteiro da Câmara Imperial, levasse Domitila para assistir à missa na tribuna das damas do paço.

A hierarquia da corte era rígida, e os cortesãos muito ciosos dos privilégios que haviam alcançado. As tribunas de honra da igreja, localizadas acima do altar-mor, eram frequentadas apenas pela família imperial e por pessoas do séquito. Domitila não tinha nenhum cargo no paço, muito menos um que lhe desse direito a frequentar a tribuna das damas da imperatriz.

Imagine-se, então, qual não foi a surpresa das nobres presentes ao verem entrar aquela que já era apontada à boca pequena nas ruas como a amante paulista do imperador. Inicialmente atônita, a baronesa de São Salvador dos Campos dos Goytacazes viu Domitila sentar-se, mas se recuperou em segundos. Como que afrontada, levantou-se e saiu do local, ato imitado por diversas outras senhoras. Titília, humilhada, assistiu à missa sozinha na tribuna. Foi alvo dos olhares e comentários de todos os presentes à igreja.

Ana Francisca Rosa Maciel da Costa, baronesa de Goytacazes, foi a primeira brasileira nata agraciada com um título nobiliárquico, recebido em 1812 de d. João VI. A família de seu já falecido marido, os Carneiro Leão, era uma das mais ricas do Rio de Janeiro e gostava de ostentar isso, como apontam Maria Graham e outros estrangeiros, escandalizados com o tamanho e a qualidade das joias que essas mulheres usavam.

Quando a baronesa resolveu, com seu ato, colocar Domitila em seu lugar, já fazia quatro anos que d. João VI e a corte portuguesa haviam deixado o Brasil e retornado a Portugal. A nobreza da metrópole, hereditária, fruto do feudalismo português, não via com bons olhos essa nova nobreza colonial caricata, para a qual o dinheiro assegurava os títulos. Os portugueses vingavam-se nos dias de grande gala na corte, quando a nobiliarquia ditava as regras, e as antigas famílias e mercês tinham precedência sobre os novos titulados.

Os nobres brasileiros trataram Domitila como tinham sido amargamente tratados pela nobreza de sangue portuguesa. Mas a resposta não se fez esperar.

Como de praxe, nas comemorações dos aniversários de membros da família imperial, títulos, condecorações, mercês e perdões eram distribuídos pelo imperador e pela imperatriz. Segunda-feira após a Páscoa, 4 de abril, era aniversário de d. Maria da Glória, filha mais velha de d. Pedro e d. Leopoldina. Na lista das pessoas agraciadas com alguma benesse imperial, aparecia o nome de Domitila de Castro Canto e Melo, nomeada dama camarista da imperatriz.

Esse posto conferia a Domitila o direito de acompanhar d. Leopoldina a todos os lugares, sendo-lhe destinado o lugar de honra logo após os imperadores em qualquer ocasião pública, isto é, na igreja, no teatro e em outros eventos, tendo precedência sobre as outras damas.

D. Pedro não era o ser mais ponderado do mundo: quando errava a mão, errava feio. A nomeação, concebida como uma bofetada na baronesa de Goytacazes e nas demais damas que haviam se julgado superiores a Domitila, ateou fogo ao mundo diplomático da corte. Os embaixadores e ministros plenipotenciários correram para os seus informantes e, logo depois, para a escrivaninha mais próxima, a fim de despachar relatórios aos seus respectivos países informando quem era a amante oficial do imperador.

Uma coisa era ser mais uma das mulheres de d. Pedro, outra era ganhar um dos mais elevados cargos na corte e o direito de viver com os soberanos, trabalhando e morando no palácio, ao menos uma semana por mês. Isso impôs a Domitila um peso político com o qual ela nunca havia sonhado. Também a d. Leopoldina foi imposto algo: a presença da amante dentro da sua própria casa.

Segundo alguns historiadores, d. Leopoldina teria ficado aborrecida com o tratamento dado a Domitila pelas damas do paço e proposto a nomeação da moça, cuja família gravitava ao redor do marido desde que este retornara de São Paulo, em setembro de 1822. Mas essa história parece ficar a meio caminho entre a cegueira da imperatriz, que não enxergava o que estava acontecendo, e a aura de santa mártir, esposa fiel, que não via maldade em nada. De fato, d. Leopoldina, cercada por uma corte hostil, não deveria saber, na época, sobre o relacionamento extraconjugal do marido. Afinal, a própria Titília contara-lhe que era leprosa!

Porém, claramente, a nomeação fora ideia de d. Pedro. Existem provas[59] da raiva do imperador com a afronta sofrida por Domitila. Como se não bastasse o novo cargo da amante, ele ainda arrumou

---

[59] Rezzutti, Paulo. *Titília e o Demonão,* p. 133.

um modo de humilhar as damas. Mandou que fosse instalada uma tranca na porta de acesso à tribuna da Capela Imperial, deu ordens para que esta fosse aberta somente quando a dama camarista chegasse e combinou com a amante que ela deveria aparecer na igreja quase no início do ofício religioso. Assim, todas ficaram em pé, sem assento, até a chegada dela.

O assunto ainda rendeu um péssimo poema de d. Pedro para Domitila:

> *Domitila, minha imperatriz do coração. Desde que pus meus olhos na tua formosura, quis ser todo e sempre teu. Queres, divina augusta de meu pensamento? É para ti estes versos, meu amor.*
>
> *Pedro*

Filha dos césares, imperatriz augusta,
tu abateste altiva soberbia
com que tuas damas de raça ímpia
abater queriam quem delas não se assusta.
Vedes, aristocratas cafres, quanto custa

apezinhar aquela cuja alegria
consiste em amar a Pedro e a Maria,[60]
Titília bela, sua causa é justa
O mérito, a verdade em todos os países
aparecerão sempre em grande esplendor.
Sustem-nos o soberano, são suas raízes.

Conta com Pedro, pois ele é defensor
do pobre, do rico, do Brasil, dos infelizes,
ama a justiça, de seu amigo é vingador.[61]

---

60 Isabel Maria, futura duquesa de Goiás.

61 Rangel, Alberto. *Cartas de Pedro I à marquesa de Santos*, p. 615.

Maria Graham[62] conta que as principais damas da corte se recusaram, a princípio, a visitar Domitila para cumprimentá-la pela nomeação,

> (...) *mas em breve fizeram-lhes compreender que a teimosia não resultaria em nenhum bem à imperatriz, mas, com maior probabilidade, arruinar-lhes-ia as famílias. Antes, pelo contrário, sei que o preço exigido pelo perdão de uma Casa foi o sacrifício de uma linda carruagem nova, havia pouco importada de Londres, e que se destinou à cocheira dela.*

Logo Domitila receberia não apenas a visita das damas e demais servidores do paço, congratulando-a pelo posto, como os diplomatas estrangeiros também passariam a visitá-la. Com o cargo, recebia também o seu primeiro salário: 60 mil-réis mensais. Era o início de sua fortuna.

Domitila foi recebida oficialmente pela primeira vez na corte no Palácio de São Cristóvão, como ditava o protocolo, em dia de grande gala. O coche da princesa Maria da Glória foi buscar a nova dama em sua residência. Esta usava um vestido branco e tinha os longos cabelos escuros enfeitados com uma grinalda de botões de rosa e duas borlas de fita branca na cabeça. Foi apresentada formalmente à imperatriz pela açafata d. Francisca de Castelo Branco.

O barão de Mareschal, em informe a Viena no dia 15 de abril, comentou que d. Leopoldina comportou-se da melhor maneira possível quando Domitila foi beijar-lhe a mão pela graça obtida. Segundo o diplomata, a imperatriz cedeu sabiamente aos desejos do marido sem hesitação e sem censura alguma. Na folha que cobre esse relatório, é possível ver uma anotação feita pelo imperador Francisco I: "Que homem miserável é o meu genro".

Os diplomatas em seus despachos e os estrangeiros registraram opiniões contraditórias da aparência da amante imperial nas suas

---

[62] GRAHAM, Maria Dundas. *Escorço biográfico de dom Pedro I*, p. 163.

25. Vestimentas das damas do paço

memórias. O francês conde de Gestas achava-a "exteriormente agradável para um país onde não havia belezas"; Gabriac, seu sucessor diplomático na corte, afirmaria ter Domitila "nobre regularidade dos traços, tão raro nesse país". O cônsul espanhol, Delavat, afirmava que a amante de d. Pedro tinha "fisionomia agradável e expressiva". O pintor francês Debret registraria sua "energia espiritual", que se adivinhava em seus "olhos expressivos e na fisionomia móvel". Os militares germânicos Seidler e Schlichthorst discordavam: enquanto o primeiro achava-a corpulenta demais para ser bonita, o segundo não apenas apreciava a sua corpulência como ainda dizia que, se Domitila já havia passado da primavera da mocidade, seus olhos nada haviam perdido de seu brilho, e lhe atribuía maneiras de soberana. Para o embaixador norte-americano Condy Raget, Titília não passava de uma prostituta paulista, da mais baixa extração social, que não possuía beleza alguma. Já para o barão de Bougainville, o favor de que Domitila gozava junto a d. Pedro não era devido à sua aparência, pois nunca deve ter sido bela, e sua fisionomia brasileira deixava a desejar quanto a graciosidade.

Assim, não só o Brasil, mas o mundo inteiro, tomavam conhecimento de Domitila, a quem o povo, nos pasquins, apelidou maliciosamente de "primeira dama do imperador".

A partir desse momento, a ascensão social de Domitila foi meteórica. Uma mulher divorciada carregava então um estigma social, era considerada uma "mulher perdida". Dificilmente era aceita na alta sociedade, tanto que, com cargo na corte ou sem ele, as famílias da elite reagiram, tirando suas filhas do colégio em que Francisca, filha de Domitila, havia sido matriculada.

Mas, com a sociedade querendo ou não, d. Pedro havia transformado sua amante em um elemento político. Em julho de 1825, desembarcava no Rio de Janeiro *sir* Charles Stuart, ministro intermediador do rei da Inglaterra e plenipotenciário de d. João VI, encarregado do reconhecimento da independência do Brasil. Stuart visitou Domitila primeiro, antes de se avistar com a imperatriz.

Em carta para Canning, ministro dos Assuntos Estrangeiros da Inglaterra, Stuart afirmou que, graças à intervenção do futuro marquês de Barbacena e de Domitila, d. Pedro aceitou a modificação da fórmula que aparecia no tratado da Independência. Em vez de "pela unânime aclamação dos povos", o imperador teria sido investido no cargo pela constituição. Desse modo, d. João VI não ficaria melindrado.

A posição privilegiada de Domitila junto ao imperador, que cobria a amante, sua família imediata e periférica, e até mesmo o ex-marido, de favores, passou a despertar inveja e cobiça. Adèle Bonpland era uma bela e jovem francesa de traços delicados, mulher do naturalista Aimé Bonpland. Este, durante a tentativa de implantar uma colônia de exploração de mate na fronteira tríplice entre Argentina, Brasil e Paraguai, viu-se aprisionado pelo dr. Francia, ditador paraguaio. Madame Bonpland, não conseguindo nenhuma ação do governo de Buenos Aires para libertar o marido, partiu para o Brasil na tentativa de atrair d. Pedro à sua causa. O imperador já estava com problemas suficientes na Cisplatina desde o início do ano e não pretendia começar uma guerra contra o Paraguai por conta de um explorador, mas conseguiu assegurar que as cartas de madame Bonpland ao marido atravessassem a fronteira e chegassem até ele.

Leviana, adepta de intrigas políticas e com tempo sobrando no Rio de Janeiro, Adèle tentou mobilizar estrangeiros e brasileiros influentes para um plano brilhante: derrubar o gabinete imperial, fazer nomear políticos mais liberais e assumir, ela mesma, o posto de Domitila na corte e na cama de d. Pedro. O único a ganhar algo com isso foi o imperador, que pôde incluir Adèle na longa lista de casos passageiros.

Domitila tinha vindo para ficar e, como prova disso, a publicação de um decreto de d. Pedro em 12 de outubro de 1825 informava:

> *Atendendo aos distintos méritos e serviços de Dona Domitila de Castro Canto e Melo, Primeira Dama da Imperatriz, Minha Muito amada e Prezada Mulher, pelos quais se faz digna a Minha Imperial Consideração: Hei por bem, como prova do muito que a aprecio, fazer-lhe Mercê, em sua vida, de Viscondessa de Santos, com Honras de Grandeza.*

Foi grande o choque dos brasileiros e estrangeiros ao verem a paulista divorciada pular a hierarquia nobiliárquica e passar diretamente de coisa alguma ao terceiro degrau da nobreza brasileira. O título de viscondessa ficava acima do de barão, porém as "honras de grandeza" não eram usualmente conferidas junto com a honraria. Com essa graça, o nobre podia usar no seu brasão a coroa do título imediatamente superior ao seu, ou seja, no caso de Domitila, a coroa de conde, além de seus herdeiros poderem requisitar a titulação novamente dentro da família.

Enquanto a corte e o Brasil começavam a comentar o ocorrido, a imperatriz d. Leopoldina, modelo de sangue-frio e compostura, portava-se como se nada estivesse acontecendo. O barão de Mareschal, inconformado, escrevia a Viena:

Parece-me impossível que a senhora arquiduquesa não veja o que se passa tão diretamente sob os seus olhos; mas sua alteza real tem a alta prudência de jamais fazer menção disso para com quem quer que seja e de simular que nada percebe. O senhor príncipe, em contrapartida, está cheio de atenção e de respeito para com ela e, apesar da existência de uma amante favorita, instante algum cessou de se mostrar bom marido e de aproveitar todas as ocasiões para fazer o elogio das virtudes de sua esposa e de elogiar a felicidade que presidiu à união.[63]

A notícia da graça cruzou como uma flecha o oceano Atlântico e atingiu o alvo em cheio. D. Pedro fizera uma provocação direta contra os Andradas ao escolher o título de Domitila. José Bonifácio, em seu exílio na França, urrou de ódio em carta ao seu amigo, o conselheiro Drummond:

Quem sonharia que a michela[64] *Domitila seria viscondessa da Pátria dos Andradas? Que insulto desmiolado! (...) Oh, meu bom Deus, por que me conservas a vida para ver o meu país enxovalhado a tal ponto!*[65]

Não foi apenas Domitila que recebeu graça nesse dia. O irmão dela, Pedro, foi feito Cavaleiro da Ordem de Cristo e Moço da Imperial Câmara, enquanto Francisco ganhou a Ordem do Cruzeiro. Em dezembro, o cunhado Carlos Oliva receberia o hábito de Avis.

O imperador tivera até então somente um filho varão: d. João Carlos. Em carta ao pai, d. João VI, em 14 de fevereiro de 1822, d. Pedro informava a morte do bebê e acusava: "Este infortúnio é o

---

63 Despacho de 24 de outubro de 1825, apud OBERACKER JR., Carlos. *A imperatriz Leopoldina*, p. 379.

64 Meretriz, prostituta.

65 *Cartas Andradinas*, p. 14 et seq.

fruto da insubordinação e dos crimes da divisão auxiliadora", que tentara fazer cumprir as ordens das Cortes de Lisboa, obrigando d. Leopoldina a fugir com os filhos para a fazenda de Santa Cruz. Depois disso, o casal imperial teve mais três meninas.

Estranhas cartas com cobrança encontram-se no Arquivo Histórico do Museu Imperial, em Petrópolis. Nelas, uma tal de madame Goufferton de Chateauneuf cobrava o pagamento por ter ensinado a imperatriz a ter um filho homem. Quer com a ajuda da mandingueira francesa, com rezas ou dietas, quer pela seleção natural, d. Leopoldina efetivamente teve outro menino. Em 2 de dezembro de 1825, nascia o futuro imperador d. Pedro II. Cinco dias depois, não muito longe do palácio, um outro Pedro vinha ao mundo, filho do imperador com a amante, Domitila.

Empolgado, o imperador havia cogitado batizar o filho espúrio com todas as pompas na Capela Imperial, mas mudou de ideia, e o bebê foi batizado na igreja do Engenho Velho como filho de pais incógnitos. Os padrinhos de Pedro de Alcântara Brasileiro, que o pai projetava fazer duque de São Paulo, foram Carlos Oliva e Francisca de Castro.

O nascimento dos dois varões, que encheu de orgulho d. Pedro, foi eclipsado pelos acontecimentos na turbulenta fronteira do sul. Em abril de 1825, durante o processo de organização das Províncias Unidas do Prata, que dariam origem ao estado argentino, alguns exilados uruguaios, vindos de Buenos Aires, retornaram à Cisplatina levantando a população espanhola contra o governo brasileiro. O general Lecor conseguiu manter Montevidéu e outras cidades, porém o interior da província permanecia nas mãos dos portenhos. Após receber tropas vindas do Rio Grande do Sul, Lecor preparou uma ofensiva contra os rebeldes, mas essa força expedicionária acabou dizimada na batalha de Sarandi, em 12 de outubro, aniversário de d. Pedro. Algumas semanas depois, devido ao sucesso dos uruguaios dissidentes, o governo argentino decidiu aceitar oficialmente a petição deles para que a Cisplatina fosse admitida na união. Buenos Aires e outras províncias mandaram tropas para ajudar os uruguaios contra os brasileiros, levando d. Pedro a declarar guerra contra a Argentina em 10 de dezembro.

4

MARQUESA

Guerra, caça e amores; por um prazer, cem dores.

Antônio Delicado, *Adágios Portugueses* (1651)

Em 31 de janeiro de 1826, uma proclamação do imperador anunciava:

> *O desejo que tenho de conhecer se possível for todos os súditos e que eles pessoalmente me conheçam; a íntima convicção em que estou que as dissensões havidas em algumas províncias, como a experiência Me Mostrou em as duas que já Fui, tem nascido de Eu não estar ao fato de suas necessidades para de pronto lhes dar remédio (...)*

Assim, d. Pedro comunicava à corte o seu embarque para a Bahia, que ocorreria em 2 de fevereiro, por volta das cinco horas da tarde.

A Bahia era uma das províncias mais ricas do Brasil, porém, segundo recordaria Francisco Gomes, secretário de d. Pedro, em suas memórias, homens de cor amotinaram-se e passaram a praticar impunemente crimes contra os portugueses, reclamando igualdade. Outra questão da visita imperial era conseguir arregimentar homens para o exército que se batia na Cisplatina.

Sobre a viagem, o diplomata austríaco Mareschal despachava no dia 13 de fevereiro:

> *A viagem da corte à Bahia deu lugar a um grande escândalo. Ver o imperador fazer acompanhar-se no mesmo navio pela imperatriz, sua filha mais velha e sua amante oficial ofendeu necessariamente todo o mundo, mas o medo pessoal que a violência do caráter deste príncipe inspira fechou a boca de todos. — A senhora arquiduquesa que, naturalmente, se devia sentir a mais ferida, mostrou a este respeito a mais perfeita indiferença (...): o único receio que ela se dignou exprimir-se referiu-se ao mau exemplo que isso daria à jovem princesa, criança precoce a quem nada escapa. Não sei se isto é sabedoria, filosofia prática ou despreocupação, mas a gente não se poderia conduzir com mais tato do que a arquiduquesa; todo o mundo está de acordo a respeito deste fato, e ela ganha todo o dia na opinião pública e na do seu augusto esposo.*

Em algum momento d. Leopoldina percebeu que Domitila lhe mentira quanto a ser lazarenta, mas nada abalava a dignidade da imperatriz, nem mesmo d. Pedro. No despacho, Mareschal continua:

> (...) *o imperador recebeu cartas anônimas, onde o censuravam de levar a mulher só para servir de véu para a sua amante. Ficou por causa disso muito irritado e apressou-se em levar as cartas à imperatriz: esta recebeu tão estranha confidência com o seu costumado sangue-frio, dizendo-lhe que aquilo ou era falso, ou verdadeiro, que no primeiro caso não valia a pena ocupar-se com isso e no segundo seria preciso fingir que se despreza o boato para fazê-lo cair. O mais engraçado é que o sangue-frio da imperatriz enraiveceu o imperador, e ele censurou-a por não se aborrecer com ele; pôde observar-se em seguida que Sua*

Majestade aparecia constantemente em público com a senhora arquiduquesa e que ele redobrou de atenção e consideração para com ela.

A atitude de d. Leopoldina era política. Se por um lado aceitava calada, por amor, tudo o que viesse do marido, por outro tinha uma noção maior que ele do seu dever como imperatriz e estaria pronta a suportar humilhações para não desprestigiar a Coroa perante o povo. Tampouco lhe restavam muitas alternativas, pois dar um escândalo público só agravaria a sua solidão naquela corte hostil, em que se sentia uma alienígena cercada de bárbaros. O imperador interpretou a reação da mulher como qualquer homem interpretaria: "ela não se importa". Mas d. Leopoldina importava-se. Em cartas ao seu secretário informal, o negociante e hoteleiro suíço Flach, reclamando da falta de dinheiro crônica em que vivia, desabafava:

> *O meu esposo se interessa somente pela maldita bruxa e à outra* [Leopoldina referia-se a si própria] *pode acontecer o que quiser.*[66]

Com Schäeffer, encarregado na Europa da vinda de imigrantes germânicos para o Brasil, a imperatriz também se abriu:

> *Aqui, infelizmente, anda tudo transtornado, pois, sinceramente falando, mulheres infames como se fossem Pompadour e Maintenon e ainda pior, visto que não têm educação alguma, e ministros da Europa toda e da Santa Ignorância governam tudo torpemente.*[67]

A viagem à Bahia transformou-se em um inferno para a imperatriz. Uma coisa era aguentar a amante do marido no palácio

---

[66] OBERACKER JR. Carlos H. *Comentários às cartas da imperatriz Leopoldina a João Martinho Flach. Revista do IHGSP*, n 93, p. 199.

[67] KANN, Bettina; LIMA, Patrícia Souza. *Cartas de uma imperatriz*, p. 450.

durante uma semana, trabalhando, outra era viajar durante vinte e quatro dias — que devem ter parecido uma eternidade — num grupo de 300 pessoas, cercada pela imensidão do Atlântico, sendo humilhada publicamente.

Embora amigos íntimos aconselhassem d. Pedro a não se expor a escândalos, pois o mundo tinha os olhos nele, as pessoas do navio estavam atentas aos seus passos e a filha de sete anos, bem como a imperatriz, deveriam ser respeitadas, ele não ouvia: estava cego de paixão. Sem compostura, tratava a amante com intimidade total na frente de quem quer que fosse. Chamava-a publicamente de "minha Titília" e "minha rica viscondessa". D. Leopoldina, retirada à cabine, preferia comer sozinha a ser obrigada a dividir a mesa com d. Pedro, Domitila e a filha, que, acompanhando o pai na intimidade da favorita, passeava com esta de braços dados pelo convés.

No dia 26, os imperadores desembarcaram em Salvador, com d. Pedro fazendo questão absoluta de que "aquela dama", Domitila, estivesse no mesmo barco que os levaria à terra. Ficaram hospedados onde hoje se localiza o Palácio Rio Branco, na praça Tomé de Souza, próximo ao elevador Lacerda. No local, erguiam-se o Palácio do Governador e a Casa de Relação.[68] As duas construções eram unidas por um passadiço, onde foi instalada a princesa d. Maria da Glória. O governo baiano destinou à imperatriz os aposentos da Casa de Relação, e d. Pedro e Domitila ficaram no Palácio do Governador. Pelo tratamento dispensado à amante, parecia que a imperatriz era ela. Até o seu quarto era mais luxuoso que o de d. Leopoldina.

Domitila acompanhava os soberanos nos eventos, despachos e beija-mãos em Salvador e região. Quando passeavam de carruagem, d. Pedro ia guiando, com a imperatriz ao seu lado e d. Maria da Glória e Domitila sentadas atrás. Mas nem sempre Titília estava

---

[68] Palácio da Justiça.

disposta a acompanhá-los. Teve dor de ouvido, e d. Pedro, em cartas à mãe dela, Escolástica, que ficara tomando conta dos filhos de ambos no Rio de Janeiro, contava que "já pondo-lhe sinapismos, já deitando-lhe bichas, e com tão feliz resultado que espero porque já está muito mais aliviada, que amanhã ou depois já sai comigo, a minha senhora e filha no carrinho".

D. Pedro recebia informes oficiais e particulares enviados da corte. Entre as questões pessoais, os cortesãos do paço, como o camarista da semana, informavam-lhe sobre a saúde dos filhos, legítimos ou não: "A senhora Bela tem passado muito bem os dias 8, 9, 10 e 11, foi hoje passar o dia com d. Ana Cândida". Ou ainda: "O senhor Pedro tem ido sempre melhor, sua cor diz tudo, é como de quem tem perfeita saúde. Diz-me d. Escolástica que ele mama bem, não chora, e dorme; e já não tem os vômitos, ou engasgamento, quando mama". A pequena Isabel, com um ano e nove meses, não podia ouvir trote de cavalo que achava que era o "padrinho" chegando.

Durante a viagem à Bahia ocorreu uma das diversas perdas que abalariam Domitila e d. Pedro naquele ano. O recém-nascido Pedro, filho dos amantes, faleceu em 13 de março. A corte pôs-se em polvorosa. O que fazer? Rompendo com qualquer bom-senso, os cortesãos e o governo resolveram proporcionar um funeral digno de um príncipe, para escândalo do barão de Mareschal e de outros diplomatas estrangeiros que receberam o convite oficial. O pequenino caixão, com o corpo embalsamado, foi carregado pelos ministros, entre eles o visconde de Aracati, que nada mais era que o velho Oyenhausen, agora nobilitado e futuro chefe da pasta das Relações Exteriores. Frei Arrábida, confessor de d. Pedro, chorou tão sentido que o ato foi objeto de menção em diversos despachos.

Após quase dois meses na Bahia, d. Pedro, d. Leopoldina, Domitila e os demais cortesãos e ministros desembarcaram no Rio de Janeiro em 1º de abril. A imperatriz, em carta ao pai, mencionaria que a viagem havia sido desagradável em todos os sentidos, e para a amiga Maria Graham comentou que fora bastante penosa, parecia ter durado "dois meses eternos".

No início de 1826, Domitila já estava morando mais perto do amante, em um conjunto de chácaras a pouco menos de um quilômetro do Palácio de São Cristóvão. Uma nova casa, um palacete luxuoso — com a planta assinada pelo arquiteto da corte e a decoração por um discípulo de Debret —, estava sendo erguida para ela no local e ficaria pronta no ano seguinte. O terreno da nova residência fazia limite com o da Quinta da Boa Vista. Uma passagem na divisa dos terrenos facilitava a entrada de d. Pedro escondido, por trás da casa, onde acessava o quarto de Domitila por escadas que levavam diretamente ao andar superior.

Se d. Leopoldina fazia de tudo para não demonstrar ciúmes, o que seria considerado indigno de alguém na sua posição social e política, d. Pedro e Domitila eram o oposto. Muitas das cartas entre eles que sobreviveram indicam que ele se justificava a ela o tempo todo. Autocontrole nunca foi o forte do imperador. Mas ele também tinha ciúmes doentios da amante.

Diversas vezes ficou numa janela do palácio espionando com uma luneta o palacete dela. Mandava recados por escravos de confiança, inquirindo de quem eram as carruagens estacionadas diante da casa ou informando-a que não adiantava fechar as janelas, pois ele sabia que ela estava lá. E, quando ela as deixava abertas, ele escrevia: "(...) a propósito daquela janela do teu quarto, quero dizer-te que fica aberta mais do que deve e eu não gosto disso".[69] As bainhas dos vestidos de Domitila também eram causas de aborrecimento da parte do amante: "Muito curto está o teu vestido de chita (...). Eu sinto muito que tu estivesses dando a perna na escada para me mostrares o vestido curto".[70]

---

[69] Rangel, Alberto. *Cartas de d. Pedro I à marquesa de Santos*, p. 619.

[70] Op. Cit., p. 321.

26. Palácio de São Cristóvão, primeira metade do século XIX

Os interrogatórios de d. Pedro eram constantes: "Quero saber muita coisa: primeiro, como passaste, segundo, onde foste passear, terceiro, a que hora chegaste, quarto, por que havia luz às onze e meia na sala redonda de baixo, e quinto, se te divertiste bem, sem que olhasses algum 'amor passageiro'(...)".[71] Parece que Domitila, se atraída por amores passageiros, não sabia dissimular muito bem: "(...) não sei como lhe não caíram os olhos do camarote abaixo quando olhou para debaixo da minha tribuna, e saiba que o seu disfarce de olhar para cima quando eu reparei não é dos melhores".[72]

[71] Op. cit., p. 372.

[72] Op. cit., p. 443.

Uma figura em especial, talvez um dos "amores passageiros" de Domitila, chegou até a crônica do Primeiro Reinado: o tenente Morais. Em uma carta de d. Pedro à amante, ele se indigna por ela ter voltado do teatro para casa na sege desse tenente. Parece que d. Pedro havia mandado reformar a carruagem da marquesa, que, ao se ver sem condução, tomou carona com o tenente, de quem sabia que o imperador tinha ciúmes. Obviamente a carruagem ficou pronta rapidamente depois do fato. Segundo Melo Morais, d. Pedro teria tido uma cena com Domitila por causa de uma joia que o tenente usava. Era um trancelim de cabelos negros, que o imperador acreditava serem da amante. As acusações do imperador à marquesa lembravam muito as de Felício anos antes, mas seriam fundadas ou tudo não passaria de um jogo onde o ciumento monarca se perdia cada vez mais nas amarras da paulista?

Mas nem tudo eram jogos de amor e ciúmes. Existiam as preocupações com o Estado e a família. No dia 24 de março de 1826, d. Pedro recebeu a notícia da morte de seu pai, aos cinquenta e nove anos, ocorrida, ao menos oficialmente, no dia 10, três dias antes da morte do filho de Domitila e Pedro. Oficialmente porque, segundo alguns estudos, d. João VI teria sido envenenado no dia 4 e já estaria morto no dia 8, quando foi publicada a carta régia em que nomeava a filha, a infanta Isabel Maria, regente de Portugal. Aparentemente, a assinatura da carta seria uma falsificação da verdadeira firma de d. João. A morte do rei de Portugal dava início a uma crise dinástica que só terminaria oito anos depois, em 1834. Como o conselho de Estado brasileiro deu parecer desfavorável à aceitação da Coroa portuguesa, d. Pedro redigiu, junto com o seu secretário, Francisco Gomes da Silva, o Chalaça, uma constituição para Portugal nos moldes da Carta brasileira. Outorgou-a como d. Pedro IV de Portugal, em 29 de março, e renunciou ao trono português no dia 3 de maio, em favor de sua filha, Maria da Glória, futura d. Maria II.

Em meio à morte do pai, ao projeto da constituição portuguesa e à renúncia a um trono, d. Pedro, aparentemente tentando deixar sua vida em ordem, resolveu, também em maio, reconhecer a pequena Isabel como sua filha ilegítima perante toda a nação.

Quem não gostou da história foi o bispo do Rio de Janeiro, d. José Caetano da Silva Coutinho. Ele proibiu que o vigário da igreja de São Francisco Xavier, no Engenho Velho, rasgasse a página do batizado da pequena Belinha para que fosse feito novo assento, onde constaria o imperador como pai. D. Pedro não se fez de rogado: mandou publicar um decreto ministerial no qual declarava a paternidade, reconhecida pelos ministros Lages, Inhambupe e José Feliciano Fernandes Pinheiro. De posse do documento, Francisco Gomes cavalgou até a igreja e intimou o padre a reformar a declaração de batismo. O decreto também acrescentou oficialmente "Maria" ao nome da filha, que passou a ser Isabel Maria, mesmo nome da irmã de d. Pedro que havia assumido a regência portuguesa. Na nova certidão, constava apenas o nome do pai, não havendo nenhuma referência à mãe, mas, oficialmente, d. Pedro daria ao velho João de Castro, avô da criança, a incumbência de criá-la, ficando Isabel Maria nesse arranjo junto a Domitila.

Um dia após o aniversário de Bela, em 24 de maio, foi realizada uma grande festa na casa da amante, comemorando o reconhecimento e o título que a menina recebeu do pai: duquesa de Goiás.

Pelo sistema nobiliárquico adotado no Brasil, o título de duque era reservado somente a pessoas ligadas à família do soberano. Num único caso ele foi conferido a alguém fora da casa imperial como forma de distinção máxima por serviços prestados à nação: foi o título de duque de Caxias, conferido por d. Pedro II a Luís Alves de Lima e Silva. O título de duquesa colocava a filha adulterina do imperador acima de todos os demais membros da corte e da nação brasileira. Isabel Maria não se curvaria a ninguém além dos membros da família do imperador. Até Domitila, como marquesa, devia reverências à filha.

DECRETO.

Havendo Eu reconhecido por Minha Filha a Dona Isabel Maria de Alcantara Brasileira; e Querendo Fazer-lhe Honra, e Mercê: Hei por bem conceder-lhe a Graça do Titulo de Duqueza de Goyaz com o Tratamento de Alteza.

José Feliciano Fernandes Pinheiro, do Meu Conselho, Ministro e Secretario d'Estado dos Negocios do Imperio, o tenha assim entendido, e o faça executar com os Despachos necessarios. Palacio do Rio de Janeiro vinte e quatro de Maio de mil oitocentos e vinte seis, quinto da Independencia, e do Imperio.

Com a Rubrica de SUA MAGESTADE O IMPERADOR.

José Feliciano Fernandes Pinheiro.

27. Decreto do imperador nomeando Isabel Maria duquesa de Goiás

Os convidados começaram a chegar ao meio-dia. Os ministros que assinaram o decreto estavam presentes, além do capitão da guarda do imperador, o primeiro ajudante de campo, o secretário de gabinete, o visconde de Barbacena, o de Gericinó, entre outras personalidades ilustres, todos vestidos com uniformes de gala. O luto em memória a d. João VI fora levantado para o evento. O imperador chegou numa rica carruagem puxada por seis cavalos, com os guardas e acompanhantes dos dias usuais de grande gala. Foi recebido à porta pelo velho Castro, que carregava a netinha nos braços. Terminada a leitura do documento de reconhecimento e do título conferido, d. Pedro perguntava a quem se aproximava dele: "Já foi beijar a mão de minha filha?".[73] Ou, ainda, insistia com a menina: "Duquesa, dá a mão a beijar ao sr. Fulano". Durante o almoço que se seguiu, o imperador e a filha ficaram em uma mesa, os parentes maternos e convidados em outra. A imperatriz passou o dia todo caçando, enquanto, conforme o barão de Mareschal informava a Viena, a festa na casa da amante se tornava uma orgia, com os ministros bebendo mais do que deviam.

No dia 28, Isabel, acompanhada pelo avô Castro, foi apresentada oficialmente a d. Leopoldina. Segundo o embaixador espanhol, a imperatriz, após manter o sangue-frio perante a corte, encerrou-se em seus apartamentos privados, onde passou o dia chorando. Diz o mito que a imperatriz, ao beijar a pequena duquesinha de dois anos, teria balbuciado: "Tu não tens culpa... tu não tens culpa". Por mais bonita e comovente que seja a cena, não existem relatos de testemunhas da época sobre ela. Um mês após o reconhecimento e a apresentação, em novo informe, o diplomata espanhol, Delavat, deixa claro que a imperatriz continuou tratando Domitila amigavelmente.

Com esse reconhecimento, a pequena Goiás passou a frequentar o paço e brincar com seus outros irmãos. Bela devia ser muito engraçadinha, aos dois anos de idade, esticando a mão para ser beijada. Quando ia ao palácio, d. Pedro pegava-a no colo e saía pelos corredores fazendo-a dar beija-mão aos cortesãos. Se d. Leopoldina tinha paciência, o mesmo não dava para exigir dos filhos, ainda mais devido à proteção e predileção que

[73] O beija-mão era uma tradição medieval. Apesar de caída em desuso na Europa, foi utilizada tanto por d. João VI quanto por d. Pedro I e d. Pedro II. Era o momento em que o trono e o povo tinham contato direto, sem nenhum intermediador. Existia até um ritual específico: o súdito aguardava paciente na fila; quando chegava a sua vez, aproximava-se do trono, dobrava os dois joelhos simultaneamente, mas apoiando um só no chão, e então beijava a mão do soberano que lhe era estendida; após isso poderia, ou não, pedir algo, ou responder a alguma pergunta feita pelo monarca; por fim erguia-se, fazia uma reverência, virava-se para o lado direito e se retirava.

percebiam que d. Pedro tinha em relação a Isabel. Certa vez, por ter esbarrado na duquesinha durante uma brincadeira e feito a meia-irmã cair no chão, d. Paula Mariana apanhou do pai e ficou traumatizada. Sempre que Bela aparecia, d. Paula agarrava-se às criadas.[74]

Para explicar publicamente a decisão do imperador, seu secretário, Francisco Gomes, fez uma relação histórica de reis europeus que haviam reconhecido seus filhos ilegítimos, tendo alguns desses bastardos se tornado reis ou mesmo gerado futuros governantes. De posse dessas informações, diversos jornais, como o *Diário Fluminense* de 10 de junho e o *Spectador Brasileiro* do dia 14, nitidamente influenciados pelo governo imperial, teceram louvores a d. Pedro por ter reconhecido a pobre criança. No mesmo ano seria construído um navio de guerra que levaria o nome de "Duquesa de Goiás". Foram dadas ordens às tropas a respeito do tratamento que deveriam dar à menina, que agora fazia parte da família imperial e tinha o tratamento de Alteza.

Nem todos gostaram muito da notícia. Segundo informe de Guinebaud, cônsul francês na Bahia:

> *O povo clama, em altas vozes, contra a fraqueza e a vilania dos conselheiros do monarca, apologistas públicos e, por escrito, de sua conduta em relação à jovem duquesa de Goiás, filha natural, fruto de duplo adultério vivo, legitimada e reconhecida, a pretexto do que os reis franceses Henrique IV e Luís XIV tinham feito o mesmo.*
>
> *Entretanto, não obstante verificar a existência do grande desprestígio do governo imperial, não diviso ainda sintoma algum de rebelião.*

Enquanto o caso de Domitila e d. Pedro tornava-se cada vez mais público e comentado por todo o Brasil e pelo mundo,

[74] Melo Morais. *Crônica geral do Brasil*, tomo 2, p. 254.

d. Leopoldina ainda mantinha sua olímpica paciência, para descontrole do embaixador austríaco:

> *A 29 de junho festejou-se d. Pedro em casa do veador da Imperatriz (...). D. Pedro, d. Leopoldina, as jovens princesas, lá passaram o dia em companhia da viscondessa de Santos, da Goiás, sua mãe, seu avô e todo o resto da família materna. A despeito dessa estranha mistura, o dia passou tão alegre e tão tranquilamente como se a poligamia estivesse legalmente estabelecida no país.*

D. Pedro deixava-se ficar cada vez mais tempo na casa da amante, tão perto do palácio. Tinha ali até um gabinete, de onde podia despachar. Era visto passeando com a pequena duquesa pelo centro da cidade, e até com Domitila, em público.

No dia 31 de julho, d. Pedro foi com a mulher e a filha rezar pela saúde da duquesinha, cumprindo uma promessa feita por Domitila. Logo depois, no início de agosto, o imperador partiria com a viscondessa e a Goiás para a Fazenda de Santa Cruz, sem levar mais ninguém. D. Leopoldina e os filhos ficavam sozinhos em São Cristóvão, e o governo completamente parado, enquanto d. Pedro passava férias com a amante e a filha.

Ninguém mais tinha dúvida alguma a respeito do que acontecia, e d. Pedro e Domitila pareciam não fazer questão alguma de esconder. O povo e até brasileiros fora do país começaram a se incomodar com a traição imperial. Em Buenos Aires, Cipriano Barata e outros exilados políticos publicaram panfletos contra os atos imorais do imperador. Casas e muros cariocas amanheciam com caricaturas de d. Pedro, Domitila e d. Leopoldina. Numa delas, a imperatriz esfaqueava a amante, enquanto d. Pedro implorava-lhe que perdoasse Titília. Em outra, d. Pedro era o cavalo e puxava a carruagem da amante, que controlava as rédeas.

A inquietação nas ruas finalmente chegou ao palácio. Em 24 de agosto, quando o futuro d. Pedro II foi reconhecido publicamente como herdeiro do trono, o intendente da polícia recomendou, e a corte acatou, que não se fizesse uma apresentação de gala no teatro para comemorar a data. Dois dias depois, uma delegação da Assembleia chegou ao palácio com o ato de reconhecimento e foi apresentada ao bebê. Quem segurava o futuro imperador nos braços era ninguém menos que o pai de Domitila, João de Castro, agora no cargo de estribeiro-mor.

Como se houvesse algo de errado, além do escândalo público, d. Pedro deu ordens para que as tropas fossem aquarteladas; as patrulhas e guardas foram dobradas. O imperador visitou pessoalmente, na calada da noite, diversos quartéis. Deve ter recebido algum informe de que um golpe contra Domitila e sua família estava sendo preparado. Nesse momento, parece ter percebido quão longe havia ido e passou a dar mais atenção à sua esposa, em público e em particular. Por essa época, d. Leopoldina engravidou novamente.

Mas a reaproximação foi efêmera. Se a imperatriz tinha dúvidas a respeito, elas tiveram fim a 12 de outubro, quando d. Pedro recobriu a amante e sua família de graças. Domitila, novamente galgando de dois em dois os degraus da nobiliarquia brasileira, foi elevada de viscondessa para marquesa de Santos. A justificativa não se pautava mais nos "bons serviços prestados a imperatriz", como pode ser observado no texto do decreto:

> (...) *faço saber aos que esta Minha carta virem que, querendo dar um público testemunho do alto apreço em que tenho os serviços prestados pela Viscondessa de Santos, Dona Domitila de Castro Canto e Melo* (...) *tratando da Minha Muito Amada e Querida Filha a Duquesa de Goiás, desde que me dignei a entregar-lhe, e querendo fazer-lhe honra e mercê em atenção a tão distintos serviços, que sobremaneira tem penhorado Meu Coração, Hei por bem acrescentá-la em grandeza com o Título de Marquesa de Santos.*

Além disso, o pai de Titília foi feito visconde de Castro, o cunhado Boaventura recebeu o título de barão de Sorocaba, todos os irmãos se tornaram gentis-homens do paço, um deles recebeu a patente de coronel, e dois primos obtiveram o cargo de guarda-roupas do imperador.

O velho visconde não usufruiria por muito tempo o seu novo título. Acamado desde meados de outubro, recebeu a extrema-unção no dia 18, por volta das dez da noite. Demonstrando publicamente seus sentimentos em relação à doença do pai da amante, o imperador foi visitá-lo, acompanhado da imperatriz e de d. Maria da Glória, e foi com a família rezar pela melhora do militar na igreja de Nossa Senhora da Glória do Outeiro. Segundo contam os boateiros da corte, uma de suas damas, a marquesa de Itaguaí, teria aconselhado d. Leopoldina que não fosse à igreja. A imperatriz teria respondido: "Ele pede a Deus pelo Castro, eu peço que lhe abra os olhos". Além disso, d. Pedro teria passado quase uma semana à cabeceira do doente.

O visconde de Castro morreu aos oitenta e cinco anos, em 2 de novembro. Teve um faustoso funeral: 600 convites para as exéquias foram enviados, inclusive para o corpo diplomático, gastaram-se mais de dez arrobas em cera de vela, além de 600 tochas, contrataram-se músicos e foram pagas cinquenta e uma missas de corpo presente. Tudo à custa do imperador.

Assim como foi transmitido do paço imperial para as redações dos jornais o que deveria se falar a respeito do reconhecimento da duquesa de Goiás, o mesmo aconteceu com o obituário do velho militar. Até mesmo um diálogo fictício entre o pai de Domitila e d. João VI foi criado:

> *Para que conte o seu destemor, e bigarria, cumpre que se diga que dizendo-lhe El-Rey o Senhor D. João VI, — "O Castro nunca me pedes nada, tendo feito tantos serviços" — ele respondeu, "Fiz o meu dever, e só o que peço é a amizade de V. M., e que me passe para o estado-maior no mesmo posto".*

Em 5 de dezembro, o *Diário do Rio de Janeiro* publicou que todas as dívidas de João de Castro seriam pagas pela tesouraria imperial. Na mesma seção "notícias particulares" do jornal, é possível ver o encontro inusitado entre o falecido visconde e seu ex-genro: "Roga-se ao sr. major Felício Pinto Coelho ou a quem mais vezes fizer, mandar à rua da Glória n. 76 satisfazer a quantia de 36.400 réis, por crédito, resto de maior quantia de um escravo novo comprado no dia 1º de novembro de 1826, da data deste a 8 dias, pois pelo decurso parece não fazer tal tenção".

5

QUEBRA-SE O TRIÂNGULO

Até a pena se recusa a escrever!!!!
A virtuosa imperatriz Leopoldina já não existe!!!!

Frei Antônio de Arrábida em carta a d. Pedro I

D. Leopoldina tinha suportado calada tudo do marido até então: desprezo, esquecimento e humilhação. Mas o imperador abandonar a própria casa durante dias para servir de enfermeiro ao velho visconde de Castro foi demais para ela. Finalmente a imperatriz explodiu.

Segundo o cozinheiro do palácio, cujo relato Mareschal recolheu em um de seus informes a Viena, d. Leopoldina teria chegado a dar um ultimato ao marido: ele que escolhesse entre ela e a amante; se a escolhida fosse Domitila, que lhe fosse permitido retornar para junto de seu pai na Áustria. No dia 22 de outubro, sem resposta do marido, ela foi procurar o diplomata austríaco e comunicou-lhe suas aflições, sem, contudo, confiar os pormenores. No dia seguinte, ainda sem notícia alguma do imperador, mandou que arrumassem as roupas dele e as levassem à casa da amante. Entretanto, em vez disso, o criado foi avisar d. Pedro, que voltou o mais rápido possível ao Palácio de São Cristóvão, onde o casal teria tido uma briga espetacular, com ele, depois de muito gritar e esbravejar, atirando-se aos pés da imperatriz e pedindo-lhe, novamente, perdão.

Desde antes da morte do pai de Domitila, d. Leopoldina não se encontrava bem de saúde. No começo de novembro, foi acometida de dores na perna, na coxa e no pé. Deprimida, chorava muito e dizia ter saudades de sua babá.

No dia 5 de novembro, na presença de d. Pedro e de d. Maria da Glória, foi inaugurada oficialmente a Academia Imperial de Belas Artes. A falta da imperatriz foi notada. Segundo informa o visconde de São Leopoldo em suas memórias, ela estava "incomodada", por isso não compareceu. A depressão de que d. Leopoldina sofria, já notada por Maria Graham em 1825, piorou com a nova gravidez.

Apesar de a esposa não estar bem, d. Pedro, devido às complicações com a Guerra da Cisplatina, a desorganização das tropas e da administração do sul do Brasil, resolveu partir para a frente de batalha. Levaria como reforço 800 oficiais e as tropas mercenárias do 27º Batalhão de Infantaria Ligeira. Também seguia uma frota de novos navios de guerra, entre eles a corveta Duquesa de Goiás.

Antes da partida, incialmente prevista para o dia 20 de novembro, teria havido um beija-mão na corte em despedida a d. Pedro. O que aconteceu nesse evento, por não haver relato de testemunha ocular, continua sendo motivo de especulação.

Com base em alguns informes diplomáticos e relatos colhidos por viajantes, pode-se inferir que d. Pedro, na tentativa de apaziguar os ânimos, tenha buscado colocar d. Leopoldina e Domitila juntas, lado a lado, durante o beija-mão. Assim, mostrariam a toda a corte que estava tudo em paz e que os acontecimentos do final de outubro, com a ameaça de a imperatriz deixar o Brasil, haviam sido apenas boatos. Ainda sem estar completamente restabelecida, d. Leopoldina não quis comparecer ao evento, sobretudo ao lado da marquesa. D. Pedro teria perdido a cabeça e, numa altercação com a esposa, provocado nela hematomas que foram notados pelo embaixador francês, o marquês de Gabriac.

Uma lenda diz que, durante a discussão, d. Leopoldina teria caído por uma escada interna que seria utilizada para ligar a parte íntima aos aposentos oficiais. Segundo o boato que corre entre os visitantes e funcionários do Palácio de São Cristóvão, que abriga atualmente o Museu Nacional, essa escada seria amaldiçoada e faria vítimas graves até hoje. Se a queda da imperatriz tivesse acontecido como às demais vítimas dessa escada, muito provavelmente teria quebrado alguns ossos. Foi preciso esperar 185 anos para acabar com esse mito.

O tempo na cidade de São Paulo em 27 de fevereiro de 2012 estava abafado, carregado de nuvens. O céu indicava que poderia chover a qualquer instante, mas, na cripta sob o Monumento da Independência, no bairro do Ipiranga, o ar-condicionado estava no máximo. As pessoas ali reunidas pouco pareciam se importar com isso. Médicos forenses, físicos e demais técnicos da USP, chefiados pela arqueóloga Valdirene do Carmo Ambiel, devidamente paramentados com macacão branco, máscaras e luvas, preparavam-se para o momento da exumação da imperatriz d. Leopoldina. Entre os convidados estavam o príncipe d. Bertrand de Orléans e Bragança, representando a família imperial brasileira, Regina Pontes, diretora do Museu da Cidade de São Paulo, responsável pela cripta, além de membros do Departamento do Patrimônio Histórico.

Após uma rápida cerimônia religiosa, o caixão foi aberto, e então os presentes puderam subir ao andaime que ladeava o sarcófago de granito, dentro do qual jazia o ataúde com os restos da primeira imperatriz brasileira. Emocionados, os presentes viram a delicadeza dos ossos do rosto de d. Leopoldina, única parte visível de seu corpo, uma vez que as vestes de gala com que ela havia sido enterrada em dezembro de 1826, incluindo o seu manto, permaneciam intactas. O trabalho da arqueóloga e da equipe consistiria em analisar os remanescentes humanos dos imperadores, de maneira não invasiva, e preservá-los.

Na madrugada de 19 para 20 de março de 2012, na Faculdade de Medicina da USP, em São Paulo, uma tomografia computadorizada realizada nos restos mortais da imperatriz constatou apenas que d. Leopoldina não tinha um dos dentes do siso. Nenhum osso quebrado, nenhuma marca de trauma, nem mesmo a suspeita de reumatismo levantada por um de seus biógrafos.[75]

Apesar dessas comprovações científicas, os acontecimentos mostram que de fato algo pode ter ocorrido no dia 20 de novembro de 1826, afinal d. Pedro desistiu de embarcar nesse dia, alegando como motivo o estado de saúde da esposa, porém ela não melhorou e ele embarcou mesmo assim, três dias depois. Mareschal informou a Viena: "Tive a honra de vê-la e fui testemunha da maneira com que o imperador, que parecia fortemente comovido, lhe testemunhava o seu pesar em abandoná-la nesse estado". A despedida entre marido e mulher foi eternizada por Melo Morais:[76]

> *Na véspera da viagem do imperador para o Rio Grande do Sul ela* [Leopoldina] *lhe fez presente de um anel com dois pequenos brilhantes, cujo anel abrindo-se tinha dois corações com o nome de ambos: ela mostrando-lhe disse chorando:* eu morro: você quando vier do Rio Grande já não me há de achar. Aqueles, que na vida foram desligados, sejam unidos depois da morte. *Ele a abraçou, chorando ambos muito; e ela lhe disse:* que tudo lhe perdoara, e nenhum rancor lhe tinha.[77]

A primeira parada de d. Pedro foi em Santa Catarina, onde chegou cinco dias depois da partida e de onde escreveu para a esposa e

---

[75] A suspeita era baseada nas cartas de d. Leopoldina a parentes e amigos, em que ela se queixava de dores nas mãos.

[76] Parece haver algo de real nessa cena, uma vez que a tia de d. Leopoldina, a rainha Maria Amélia, em carta para Maria Luísa, datada de 7/3/1827, menciona que a imperatriz brasileira teria dito ao imperador, durante a despedida: "Adeus para sempre, pois não o verei mais (...)". Ver: OBERACKER JR., Carlos H. *A imperatriz Leopoldina*, p. 431.

[77] MELO MORAIS. *Crônica geral do Brasil*, tomo 2, pp. 256 e 257.

a amante cartas praticamente idênticas, descrevendo as particularidades da viagem. Porém, na carta para Domitila, havia um estendido final apaixonado.[78]

Enquanto isso, na corte, a saúde da imperatriz piorava. Mareschal insistiu que os médicos publicassem boletins diários a respeito da evolução do quadro da paciente e mudou-se para o Palácio de São Cristóvão durante a enfermidade dela.

Em um de seus informes ao governo austríaco, o diplomata afirmou que Domitila dera provas de imprudência e tolice, sendo aconselhada a fingir uma indisposição e a não aparecer no paço para cumprir suas funções enquanto a imperatriz não melhorasse. Mas o conselho não surtiu efeito e, em novo relatório, Mareschal afirmava: "Restringi-me estritamente a estar presente, nada aconselhei e nada exigi e observei com olho frio os ares imperiosos da amante que atravessou os apartamentos como se viesse para tomar posse e o tom arrogante e escandaloso com que se queixava de que a camareira-mor que, segundo o costume, presidia à consulta dos médicos, não abandonava tudo para recebê-la".

Logo os cariocas ficaram sabendo da doença da imperatriz. O embaixador da Prússia, Theremim, oficiava a Berlim: "O povo encontrava-se literalmente de joelhos implorando ao Todo-Poderoso pela conservação da imperatriz. As igrejas nunca se esvaziaram, e nas capelas domésticas todo mundo ficava prostrado de joelhos. Os homens formavam procissões, não das do tipo comum que importunam, mas com verdadeira devoção, onde corriam muitas lágrimas".

Com a ausência de d. Pedro da corte e a doença de d. Leopoldina, Domitila percebeu que cargo e título de nobreza não compravam respeito. A camareira-mor, a marquesa de Aguiar, proibiu que qualquer pessoa entrasse nos aposentos da imperatriz, para evitar que a amante pudesse perturbar a enferma. Os ministros chegaram a cogitar enviá-la para fora do Rio de Janeiro, mas, por não conseguirem

---

[78] Rangel, Alberto. *Textos e pretextos*, p. 200.

aprovar a moção por unanimidade, desistiram da ideia. Informada do fato pelo ministro da Justiça, Domitila enfureceu-se. Segundo John Armitage, teria tentado forçar a passagem para entrar nos aposentos de d. Leopoldina, sendo barrada pelo marquês de Paranaguá, que se postou diante da porta do quarto e afrontou-a: "Tenha paciência, senhora marquesa, vossa excelência não pode entrar".

Presa à cama durante quatorze dias com dores, tosse, diarreia e febre, d. Leopoldina abortou um feto masculino no dia 2 de dezembro. Até os dias atuais, há quem diga que o aborto e a posterior morte da imperatriz teriam sido causados por um chute dado pelo imperador antes da partida dele para o sul. Os exames realizados na ossada intacta de d. Leopoldina em março de 2012 refutam esse mito.

O feto abortado pela imperatriz tinha entre dois meses e meio e três, segundo os boletins médicos da época. Nesse período da gestação, o feto dentro do útero está bem protegido pelo anel ósseo formado pela sínfise púbica, pelo ilíaco e pelo sacro. Um simples pontapé, por mais forte que d. Pedro fosse, não destruiria esses ossos e nem atingiria o útero, provocando o abortamento. Mesmo que fosse o caso, o óbito e a expulsão do feto ocorreriam em questão de horas, e não dias. D. Pedro teria batido na esposa no dia 20 de novembro; ele embarcou no dia 23, o navio partiu no dia 24, e o aborto ocorreu somente em 2 de dezembro.

Depois disso, d. Leopoldina entrou em delírio quase contínuo. No dia 4 teve uma leve melhora, confessou-se e recebeu os sacramentos. Depois teria rogado para ver a criadagem e pediu perdão a eles por qualquer ofensa que pudesse ter cometido. Solicitava constantemente para ver os filhos, que lhe eram levados. D. Maria da Glória, com sete anos, ficou bastante impressionada com a agonia da mãe.

A virada do dia 10 para 11 de dezembro foi assim descrita por Mareschal:

Sua Majestade continuava a estar num estado convulsivo, o desânimo aumentando a cada momento e não lhe permitindo mais do que tons de

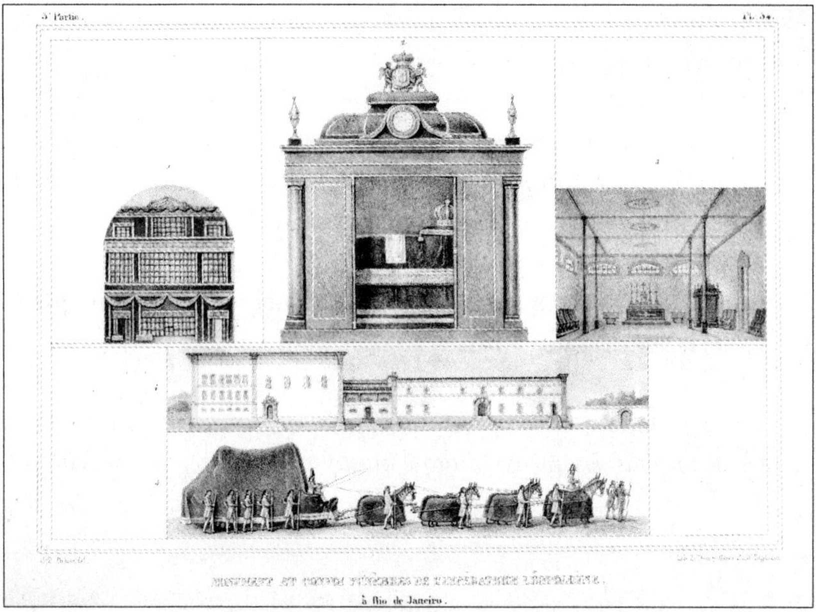

28. Cortejo fúnebre da imperatriz d. Leopoldina, o Convento da Ajuda, onde ela foi sepultada primeiramente, e o jazigo

fracos gemidos; a respiração extremamente curta, o pulso muito fraco depois de 24 horas; enfim às 10 horas da manhã a morte terminou os seus sofrimentos, sem esforço, sem estertor, suas feições de modo algum eram alteradas e ela parecia ter adormecido pacificamente e na posição mais natural.

Ainda em informe para ao governo austríaco, o diplomata relatou que d. Leopoldina faleceu sem deixar disposições testamentárias, o que vai contra uma carta supostamente ditada pela imperatriz nos momentos finais de sua vida. Essa missiva seria uma das "provas" das agressões sofridas pela monarca antes da partida de d. Pedro.

A carta, endereçada à irmã Maria Luísa, ex-imperatriz dos franceses, teria sido ditada por d. Leopoldina à marquesa de

Aguiar em 8 de dezembro. Nela, a imperatriz relatava as agruras por que vinha passando:

> *Há quase quatro anos, minha adorada mana, como vos tenho escrito, que por amor de um monstro sedutor me vejo reduzida ao estado da maior escravidão e totalmente esquecida do meu adorado Pedro.*

Este trecho da carta faz eco aos comentários do povo de que d. Pedro teria maltratado a imperatriz:

> (...) *maltratando-me na presença daquela mesma que é a causa de todas as minhas desgraças. Muito e muito tinha a dizer-te, mas faltam-me forças para me lembrar de tão horroroso atentado que será sem dúvida a causa de minha morte.*

Faltavam-lhe forças para se lembrar do "horroroso atentado", mas não para continuar ditando mais da metade do total da carta, falando sobre credores e as dívidas que estes haviam contraído para ajudá-la financeiramente.

Em outra parte, d. Leopoldina, descreve a pessoa a quem a carta está sendo ditada:

> *A marquesa de Aguiar, de quem bem conheceis o zelo e o amor verdadeiro que por mim tem, como repetidas vezes te escrevi, essa minha única amiga que tenho, é quem lhe escreve em meu lugar.*

No fim, ela manda recomendações para que paguem tudo o que deve aos credores, além de dispor que as filhas sejam educadas pela marquesa de Aguiar, até que "o meu querido Pedro não disponha em contrário".

Diversos detalhes estranhos desse documento foram ignorados pelos historiadores até hoje.

Primeiro: em nenhuma outra carta conhecida d. Leopoldina trata a irmã por "mana". Sempre a chama de caríssima ou queridíssima

Luísa,[79] independentemente de a mensagem seguir por correio diplomático ou por mensageiro particular de confiança. Se d. Leopoldina alguma vez escreveu queixando-se de Domitila para a irmã, essas cartas foram destruídas por Maria Luísa, pois nunca apareceram, ao contrário das missivas em que a imperatriz faz menção à amante do marido endereçadas aos secretários Flach e Shaeffer.

Segundo: a marquesa de Aguiar não é mencionada em nenhuma outra das mais de duzentas cartas conhecidas da imperatriz. Melo Morais[80] informa que a camareira-mor não morava no paço; para lá se mudou unicamente devido à doença da consorte imperial, por exigência do seu cargo e pela ausência do imperador, não sendo íntima de d. Leopoldina. Maria Graham comenta sobre a marquesa de Aguiar ser uma mulher honesta e educada "para uma portuguesa".[81]

Terceiro: a forma de tratamento dispensado à irmã na carta não era a usual. Diferente do que ocorre em países como Portugal e França, no Brasil, atualmente, não existe mais o cuidado de empregar a segunda pessoa do singular, "tu", para pessoas com quem temos intimidade, e a segunda pessoa do plural, "vós", para os interlocutores a quem devemos respeitosa distância. D. Leopoldina, em todas as demais cartas à irmã, trata-a com a familiaridade que é própria aos parentes, não se utiliza da segunda pessoa do plural em nenhum momento. Por que faria isso na sua última carta de despedida? Fantasiosa seria a hipótese de a marquesa de Aguiar substituir o "tu" afetuoso pelo "vós" majestático na carta que a ama moribunda ditava à ex-imperatriz dos franceses:

Não vos tornarei a ver! Não poderei outra vez repetir que vos amava, que vos adorava!

---

[79] KANN, Bettina; LIMA, Patrícia Souza. Op. cit.

[80] MELO MORAIS. Op. cit., p. 175.

[81] GRAHAM, Maria. Op. cit., p. 130.

Quarto: o barão de Mareschal estava no palácio durante toda a enfermidade. Como compatriota da imperatriz, ela não o teria chamado para tomar nota de sua última carta à irmã? Em parte da missiva existe uma menção direta ao embaixador: "Faltaria ao meu dever se além de ter declarado ao Mareschal e ao Cadolino que tenho dívidas contratadas para sustentar os pobres (...)". O diplomata austríaco, pela carta, teria sido informado por d. Leopoldina desses débitos e tinha recomendação para pagá-los. Isso contraria o relato de Mareschal para Viena a respeito da ausência de disposições da imperatriz.

Todos os que se ocuparam até hoje do estudo dessa carta serviram-se de uma cópia, que hoje está no Arquivo Histórico do Museu Imperial. A original nunca foi encontrada em nenhum arquivo, no Brasil ou no exterior. A cópia existente em Petrópolis está escrita em português, com uma única frase em francês dizendo que a transcrição foi feita de acordo com uma original expedida em 12 de dezembro de 1826. Essa cópia apareceu no Rio de Janeiro em 5 de agosto de 1834 — quase oito anos após a morte da imperatriz — para ser registrada junto ao tabelião Joaquim José de Castro. Testemunharam: César Cadolino, J. M. Flach, J. Buvelot e Carlos Heindricks. Desses, comprovadamente com dois, Cadolino e Flach, d. Leopoldina contraíra vultosas dívidas. Exatamente por essa época deve ter chegado ao Rio de Janeiro a informação de que d. Pedro, na noite de 27 de maio de 1834, sob os apupos de uma plateia furiosa com a anistia dos absolutistas portugueses, tossira sangue, manchando seu lenço diante de todo o teatro São Carlos, em Lisboa.[82] A tuberculose o mataria em 24 de setembro do mesmo ano.

Era, portanto, conveniente ter alguma prova das dívidas da imperatriz, melhor ainda se confessadas pela própria. Apesar de o decreto de 11 de outubro de 1827 ter criado uma dotação de oitenta contos de réis para o pagamento aos credores da falecida, nos anais da Câmara dos Deputados existe menção às dívidas ainda em

---

[82] Souza, Octávio Tarquínio. *A vida de d. Pedro I*, tomo 3, p. 1.138.

1838.[83] Quanto à pessoa a quem a carta teria sido ditada, a marquesa de Aguiar, assim como diversos cortesãos portugueses, retornou a Portugal após a abdicação do imperador, desembarcando no cais de Belém a 5 de agosto de 1831,[84] de modo que, em 1834, estava convenientemente longe do Brasil para confirmar ou negar a autenticidade do documento. O barão de Mareschal, também citado na carta, tinha partido quatro anos antes de o documento aparecer. Entre 1833 e meados de 1834, alguns políticos veriam com bons olhos um documento público que demonizasse o ex-imperador; afinal, o partido caramuru, capitaneado pelos Andradas, ainda nutria alguma esperança de que d. Pedro, após conseguir pacificar Portugal e entronizar d. Maria da Glória, pudesse voltar ao Brasil como regente de d. Pedro II. A produção de escândalos para macular a imagem pública de alguém não é invenção recente.

Com a morte da imperatriz, todo o Rio de Janeiro caiu em pranto convulso. Os sinos dobravam toque de finados, e os canhões das fortalezas disparavam de dez em dez minutos. Até o final da tarde, toda a população vestia luto. Mal havia casa em que ao menos um morador não tivesse ido mais de uma vez aos portões do palácio saber notícias da saúde da imperatriz. O alemão Carl Seidler notou as faces mudas de dor e desespero dos negros, mulatos, portugueses, ingleses, italianos e alemães: todos choravam a morte de Leopoldina. Maria Graham anotou: "Os pobres negros andaram pelas ruas por muitos dias gritando: Quem tomará agora o partido dos negros? Nossa mãe se foi!".

O ódio e a frustração que a população sentia se voltaram, naturalmente, contra a amante. O batalhão de mercenários alemães ameaçou rebelar-se. O palacete de Domitila foi apedrejado, e seu cunhado, Carlos Oliva, foi baleado. Acusavam abertamente a

---

[83] Annaes do Parlamento Brazileiro. Primeiro ano da quarta legislatura, vol. 2, p. 46.

[84] *Gazeta de Lisboa* de 6 de agosto de 1831.

amante de, em conluio com o barão de Inhomirim, médico de d. Leopoldina, terem-na envenenado. O ministro da Guerra e o intendente-geral da polícia movimentaram-se para proteger a favorita do imperador na ausência deste. Domitila foi enviada para a residência de d. Mariana Carlota de Verna Magalhães, enquanto patrulhas de cavalaria fiéis ao regime guardavam sua propriedade em São Cristóvão.

O caos que imperou durante a doença e a morte de d. Leopoldina não deixou de atingir o próprio ministério, que, por incompetência ou excesso de pruridos diplomáticos, recusou a ajuda de navios britânicos e franceses, que poderiam ter entregado rapidamente os despachos a respeito da doença e posterior morte da imperatriz. Por não achar "decoroso", os ministros não concordaram em pedir ajuda ao embaixador britânico. Este, prontamente, teria deslocado um navio da frota do Atlântico e levado de volta ao Rio o imperador, que talvez pudesse ter encontrado a esposa ainda com vida. Em vez disso, os ofícios sobre a doença de d. Leopoldina chegaram juntos com a notícia da sua morte levadas por um bergantim norte-americano.

Ainda no sul, d. Pedro havia recebido informes desencontrados. Os ministros contavam que a capital estava em polvorosa e insinuavam sobre as causas morais que teriam levado d. Leopoldina a óbito, enquanto o intendente-geral da Polícia, corrigindo o relatório dos ministros, tranquilizava o imperador, asseverando que o Rio de Janeiro estava em paz. Quem desempatou foi Domitila, escrevendo a d. Pedro que a morte da imperatriz servira de pretexto para insultá-la. Fora proibida de entrar no paço e suspeitava que os ministros tivessem excitado o povo contra ela. Se não fosse pelo ministro da Guerra e pelo intendente da Polícia, ela, seus parentes e amigos teriam sido apunhalados. O gabinete conspirava para criar uma regência para d. Pedro II e aprisionar o imperador no sul. Domitila implorava pela volta do amante. O próprio barão de Mareschal declarou a d. Pedro, quando este desembarcou, que se a imperatriz houvesse falecido entre os dias 5 e 6, provavelmente teria estourado uma revolução na capital.[85] D. Pedro mostrou-se o mais cauteloso possível em seu retorno. Ordenou que o pavilhão imperial não fosse hasteado no navio e tomou providências para que não se soubesse que estava chegando.

Ao se avistarem dois navios de guerra brasileiros entrando no porto, em meados de janeiro, achou-se que o imperador estaria a bordo, porém este fez os comandantes comunicar-se com a terra, avisando que ele havia ficado no sul.

Ainda a bordo, d. Pedro escreveu a Domitila, em 15 de janeiro de 1827:

> *Bordo da nau Pedro Primeiro entrando no Rio de Janeiro a Minha querida filha do meu coração e minha amiga.*
>
> *Teu tio Manuel Alves, meu íntimo amigo e inseparável companheiro de dia e de noite, é portador deste. Ele, minha filha, te contará os incômodos, sofrimentos, aflições, pesares e, mais que tudo, o desgosto pela morte da minha adorada esposa. (...) Ele te contará do célebre sonho que tive em 11 do mês passado, que desde então data a minha aflição e disposições para vir unir-me contigo e junto de teu peito e sobre ele depositar minhas lágrimas. Eu tomo nojo por oito dias e esta a única razão que faz com que eu não vá logo, como desejava, (...) e sim vá à noite, como teu tio combinou contigo. Pedro Primeiro, que é teu verdadeiro amigo, saberá vingar-te de todas as afrontas que te fizeram, ainda que sua vida lhe custe.*

D. Pedro confiou de viva voz o sonho que teve no dia em que Leopoldina morreu, por isso, infelizmente, só nos resta conjeturar que tenha tido uma premonição de que algo errado acontecia no Rio de Janeiro, fazendo-o temer pela vida da amante e dos filhos.

---

[85] Carta do barão de Mareschal ao príncipe de Metternich. Rio de Janeiro, 2/2/1827. Biblioteca Nacional. Localização: 64,01,005 n.007.

O imperador desembarcou no Rio de Janeiro nesse mesmo dia. Ao chegar, praticamente escondido, dirigiu-se a São Cristóvão e tomou diversas providências. Uma delas foi escrever ao visconde de São Leopoldo, que viera do sul com ele. Conforme o visconde lembra em suas memórias:

> *Deixo à história do tempo revelar os motivos que determinaram uma ocorrência extraordinária que então se deu, e que veio afligir-me sobremaneira. Poucas horas depois de desembarcar, recebi uma carta toda do punho do imperador, ordenando-me fizesse lavrar os decretos de demissão dos ministros marquês de Paranaguá, marquês de Baependy, marquês de Caravelas e marquês de Inhambupe, e a nomeação dos seus sucessores nominalmente indicados. Visivelmente ficaram eles no desagrado.*[86]

O imperador também faria uma limpa no paço, dispensando de seus serviços o confessor e antigo professor, frei Antônio de Arrábida, e a camareira-mor, a marquesa de Aguiar.

No dia 25 de janeiro, dia de São Paulo, durante as cerimônias fúnebres em intenção da alma da imperatriz, Domitila, grávida novamente, mostrou-se em lugar de destaque na tribuna das damas do paço. O viúvo pareceu ao corpo diplomático bastante comovido, ora amassando um lenço contra os olhos inchados, ora concentrado em seu livro de orações. No meio disso tudo, deu-se uma pausa de uma hora para almoçar com a amante e a família dela, numa das tribunas especialmente preparadas.

Toda a igreja, padres, nobres, militares, enfim, a corte inteira tinha os olhos postos na paulista, na amante favorita do imperador, que derrubara ministros e era suspeita de matar a imperatriz para ocupar o trono.

---

[86] *Memórias do visconde de S. Leopoldo José Feliciano Fernandes Pinheiro.* In *Revista do IHGB*, tomo 38, parte segunda, p. 8.

6

O ATENTADO DA GLÓRIA

(...) há circunstâncias, e ocorrências e azares, que às vezes fazem perder o juízo, excitar o ciúme, gerar-se a raiva, perpetrarem-se loucuras, e até mesmo coisas que só o desespero pode sugerir.

Trecho de uma carta de d. Pedro I a Domitila[87]

Se antes a corte já se dividia entre os partidários da amante e da imperatriz, agora, com a falta da última, aos que não passaram para o lado de Domitila só restava rezar e implorar a Deus que colocasse juízo na cabeça do monarca.

A morte de d. Leopoldina causou um vácuo que não se sabia se e por quem iria ser ocupado. Logo as apostas começaram, obviamente, a cair sobre a marquesa de Santos.

Mareschal ouviu rumores de que alguns cortesãos tentavam tecer uma nova genealogia de Domitila que chegasse até Inês de Castro para comprovar, assim, o sangue real da favorita, tornando-a apta a ocupar oficialmente o seu lugar ao lado do imperador. Ideia absurda: a marquesa não poderia se casar novamente, uma

[87] Rezzutti, Paulo. *Titília e o Demonão*, p. 214.

vez que seu ex-marido, Felício, ainda vivia. O embaixador sueco registrou que se pretendia elevar o título de marquesa de Santos para duquesa de Santa Cruz; o marquês de Gabriac ouviu que seria duquesa do Grão-Pará. Era esperada qualquer nomeação importante quando o luto da corte amainasse. Achava-se que Domitila ou a mãe dela seriam nomeadas tutoras dos filhos de d. Leopoldina. Diziam ainda os rumores que d. Pedro, no desespero de precisar criar os filhos sozinho, teria convidado a marquesa para morar oficialmente no paço, o que a favorita, prudentemente, recusara.

Apesar do luto aparente do imperador, ele continuava visitando Domitila, principalmente de noite. D. Pedro tinha consciência da dor que os brasileiros estavam sentindo pela perda da imperatriz, que passou a ser popularmente referida como "anjo tutelar do Império". Tinha também noção da situação periclitante que vivia. Se por um lado temia que a falta da mulher lhe causasse a perda do trono, por outro tinha de assegurar que mal nenhum acontecesse aos seus filhos, a ponto de invocar a maternidade de Domitila. Após a morte da esposa, ele passou a misturar totalmente a duquesa de Goiás com as crianças que teve com a imperatriz. Nas cartas à amante, referia-se a d. Pedro II, d. Maria da Glória, d. Paula, d. Januária e d. Francisca como "nossos filhos".

Mas o monarca não era indiferente ao futuro dos filhos de Domitila com Felício. Em março, mandou o primogênito da marquesa sentar praça como guarda-marinha e, em seguida, concedeu-lhe dispensa. Felício Jr. partiria para concluir seus estudos em Paris à custa de uma bolsa dada pelo imperador. A Francisca já dotara de quatro contos de réis, que deveriam ser aplicados em títulos do governo, sacáveis somente quando ela se casasse. A mãe de Domitila, d. Escolástica, e a irmã, Ana Cândida, também receberam honras em março, ao serem nomeadas damas do paço.

Foi também nessa época, três meses após o falecimento da esposa, que d. Pedro foi com a marquesa, a duquesa de Goiás e d. Maria da Glória tirar férias na Fazenda do Padre Correia. O imperador conhecera a propriedade, hoje um bairro de Petrópolis, ao pousar nela em 1822, durante a sua viagem a Minas. Passou a frequentar o local, encantado com o clima, para desespero da irmã e herdeira do padre, d. Arcângela Joaquina, que em carta à filha[88] se queixava da última visita imperial:

> (...) *infelizmente vejo a minha bacia que até servia para nela se por as piquiras que iam pescar para divertimento da senhora duquesa* [de Goiás], *e muito pior depois que chegou a rainha* [d. Maria da Glória], *que é uma forte basilisco; que nada parava com ela e quando se despediram, foi até outra vez que esperam tornar; esta gente julgo pensam estas visitas que há obrigação de os receber; e ser tudo deles; o cônego lhe carregaram a melhor besta que tinha e o seu cavalo em que andava nessa cidade e vinha o cavalo da rainha e mais nada; e lá se foi* (...)

No aniversário de d. Maria da Glória, em abril, Domitila foi distinguida novamente. Recebeu das mãos da rainha de Portugal a comenda da Ordem de Santa Isabel. Essa condecoração portuguesa é, ainda hoje, uma ordem feminina — da qual a rainha de Portugal é a grã-mestra — criada para laurear mulheres que se destacam pela caridade, como a rainha portuguesa santa Isabel.

A falta da esposa compassiva, serena e prudente começava a pesar sobre d. Pedro. Em maio de 1827, durante a abertura da Assembleia Nacional, todos viram a voz do imperador fraquejar e o rosto banhar-se de lágrimas ao pronunciar a parte do discurso que tratava da morte da imperatriz.[89]

A corte levantou novamente seu luto para festejar o aniversário da duquesa de Goiás, que completava três anos. No dia 24, houve uma grande festa no Palácio de São Cristóvão. Não era comum que embaixadores estrangeiros comparecessem às cele-

[88] Anuário do Museu Imperial, vol. 18, pp. 132 e 133.

[89] *Diário do Rio de Janeiro*, 4 de maio de 1827.

brações de aniversário dos príncipes, mas o costume foi quebrado para saudar a pequena duquesa. Compareceram diplomatas de Inglaterra, Prússia e Colômbia, além de diversos cortesãos, ministros e representantes das forças de terra e mar. A presença sobretudo de Robert Gordon, diplomata inglês, colocou em maus lençóis Mareschal, que não havia ido. Dois dias depois, correu ao paço para se desculpar e visitou a pequena Goiás para cumprimentá-la; no ano seguinte, se alinharia aos demais embaixadores em grande gala.

Depois do beija-mão, teve início o banquete. Claramente visava-se dar destaque à filha: Domitila só entrou no salão bem depois de Isabel. Como de costume, foram preparadas duas mesas: uma para o imperador e sua família e outra para os demais convidados. D. Pedro parecia distraído, não dava muita atenção às pessoas e, em determinado momento, nervoso, levantou-se da mesa e saiu do salão. Como não retornava, Domitila foi atrás do amante. Segundo a crônica da época, a marquesa teria encontrado d. Pedro chorando abraçado a um retrato da imperatriz.

Em junho, a relação entre os amantes esfriava. D. Pedro havia tomado uma decisão: precisava se casar novamente. Chamou ao paço o barão de Mareschal para uma conversa franca no dia 16 desse mês. O atordoado bisbilhoteiro austríaco não pôde crer no que o monarca lhe pedia: simplesmente ajuda para conseguir uma noiva na Europa, com as bênçãos do imperador Francisco I, avô de seus filhos.

Em carta escrita ao sogro em julho, d. Pedro confessou que não fora um bom marido para d. Leopoldina e pediu perdão por suas faltas:

> *Como escrevo a Vossa Majestade com tanta franqueza vou a protestar-lhe que convencido de um dever religioso é que procedo desse modo, que toda a minha maldade acabou, que de hoje em diante não cairei nos erros em que até agora tenho caído e dos quais todos me arrependo*

e tenho pedido a Deus perdão, prometendo nunca mais os cometer, desejo casar-me para viver conforme a minha religião e edificando os meus súditos, que tem precisão de bons exemplos dados por mim.

Mareschal preparou um dossiê para o monarca brasileiro. Empolgado com a honra que este havia lhe dado, aproveitou a ocasião para lhe dizer francamente os dois maiores entraves para o imperador conseguir uma nova esposa: a amante e a filha bastarda.

Toda a Europa comentava a respeito do adultério de d. Pedro, como mostra uma carta particular recebida por Albino José Barbosa de um ex-colega da Universidade de Coimbra, Joaquim Francisco de Sá:

Lisboa, 14 de setembro de 1827

(...) *Há muito que não temos notícia do Brasil, desejo saber se está com efeito concluída a paz entre Buenos Aires, o que muito desejo. Aqui se diz que S. M. desterrará a Marquesa de Santos, por lhe constar que se falava mal dele por causa dela etc. e gabam muito essa ação. Outrossim, dizem que ele mandará pedir a filha do Rei da Baviera. Valha a verdade.*

A amante e a filha bastarda haviam sido elevadas a honras nobiliárquicas durante a vida da imperatriz. Que garantias daria o imperador de que a próxima esposa não sofreria igual humilhação? Mareschal, no relatório que preparou, informava claramente que o imperador tinha de se livrar da duquesa de Goiás e da marquesa de Santos para conseguir uma nova mulher. D. Pedro não concordava: não viveria sem a filha por perto e, quanto a Domitila, estava no sétimo mês de gestação. Informaria à marquesa que pretendia se casar novamente e que ela teria de deixar a corte, mas isso seria feito de maneira tranquila. Não queria colocar a vida de Domitila e do bebê em risco tomando decisões precipitadas.

D. Pedro, buscando tranquilizar o barão de Mareschal, informou a este da conversa que tivera com a amante no dia 21 de junho. Afirmou que estava tudo acabado entre eles. Que daria uma pensão a Domitila e educaria a duquesa de Goiás, como sempre fora seu projeto, bem como o bebê que nasceria em breve. A marquesa poderia escolher onde quisesse morar, mas o ideal, segundo o próprio imperador havia aconselhado, seria que ela deixasse a corte.

Mas o que realmente levou d. Pedro a tratar Domitila dessa maneira? A paixão havia arrefecido? Os ciúmes dele com os flertes que notara entre o tenente Moraes e a marquesa desgastaram a relação ou os jogos da amante haviam ido longe demais?

O mais provável é que Domitila tivesse virado um peão em um jogo diplomático internacional.

D. Miguel, irmão de d. Pedro, era o oposto do imperador brasileiro. Extremamente católico, antiliberal e centrado, abominava a maçonaria e era, assim como a mãe, absolutista até a medula. Carlota Joaquina e o filho, por terem participado ativamente do movimento chamado Abrilada, que aprisionou membros liberais da corte e do governo português em abril de 1824, foram exilados. D. Carlota foi encerrada em Queluz, e d. Miguel, enviado para Viena. Na Áustria, o príncipe português contou com a proteção de Metternich. O primeiro-ministro austríaco foi um dos forjadores da Santa Aliança, que unia as principais nações europeias contra as ideias nacionalistas e constitucionalistas, e era adepto do intervencionismo nos países em que o liberalismo pudesse derrubar a monarquia. Metternich antipatizava com d. Pedro. A ideia de um príncipe de sangue a outorgar constituições, abrindo mão de parte dos seus direitos divinos, era despropositada para o austríaco.

Visando assegurar a coroa portuguesa para a sua filha e impedir algum problema futuro com d. Miguel, d. Pedro queria que o irmão viesse para o Rio de Janeiro, onde juraria a constituição de Portugal, se casaria com a sobrinha, d. Maria II, e voltaria para assumir a regência lusitana no lugar da jovem esposa. Esta se juntaria ao tio-marido quando tivesse idade para assumir o trono e os compromissos matrimoniais. Temendo que d. Miguel ficasse retido no Rio, Metternich fez uma contraproposta: a rainha seria enviada para Viena, onde se casaria com o irmão de d. Pedro, e ficaria lá, sendo criada pelo avô materno até que pudesse assumir o trono português, que seria ocupado por d. Miguel como marido e regente.

D. Pedro concordou com a ida da filha, mas condicionou a viagem dela: Viena deveria arrumar-lhe uma nova esposa antes da partida de d. Maria da Glória. Com Domitila ainda instalada às portas do Palácio de São Cristóvão, pairava a presença da amante como uma espada sobre a cabeça do diplomata austríaco: se a Áustria se comprometesse com o casamento, afiançando a mudança moral de d. Pedro, que demonstrasse isso, conseguindo logo uma noiva. Caso contrário, a amante, que estava nas proximidades, poderia tomar o lugar da mãe dos filhos de d. Leopoldina, como os nascentes rumores no Rio de Janeiro prediziam.

A pretensão de d. Pedro era casar-se com alguma das princesas da Baviera, pois assim viraria cunhado do pai de d. Leopoldina, fortalecendo ainda mais os laços familiares. No dia 23 de junho, mensageiros embarcaram para Viena levando diversos documentos ao imperador Francisco I, entre os quais pedidos oficiais de casamento, um para cada uma das princesas.

Em 13 de agosto, Domitila deu à luz mais uma filha de d. Pedro, que foi chamada de Maria Isabel. Foi reconhecida pelo imperador,[90] que pretendia dar-lhe, no futuro, o título de duquesa do Ceará.[91] Seus padrinhos foram o futuro d. Pedro II e a duquesa de Goiás. Não houve grande alarido na corte; o batizado

---

[90] Arquivo do Museu Imperial. I-POB-18.08.1827-Sil.a.

[91] O título não foi oficialmente dado, mas até em São Paulo já se sabia que ele seria outorgado, como demonstra uma carta de Antônio Mariano de Azevedo Marques ao seu irmão José Xavier, datada do segundo semestre de 1828.

29. Igreja da Glória

foi tranquilo, sem a presença do imperador, apenas de um padrinho designado por ele para fazer o toque na pia batismal em nome do príncipe herdeiro.

Desde a época do "rei velho", d. João VI, era costume a família real portuguesa, e posteriormente a família imperial brasileira — como ocorre até hoje —, prestigiar a igreja de Nossa Senhora da Glória do Outeiro. Quando d. Pedro sofreu o acidente de cavalo em 1823, assim que se pôs em pé foi assistir à missa lá. D. Leopoldina e ele iam ao menos uma vez por semana a essa igreja, hábito que o monarca preservou após a morte da imperatriz.

Ao redor da ermida, no alto e na subida do morro, existiam diversas chácaras de personalidades importantes da corte. A baronesa de São Salvador do Campo dos Goytacazes, aquela que recusou sentar-se com a amante imperial na comemoração da Semana Santa de 1825, o tesoureiro da alfândega José Maria Velho da Silva, o escrivão da mesa dos despachos marítimos Júlio Cezar Muzzy, Boaventura Delfim Pereira, o agora barão de Sorocaba, com sua família, eram alguns dos vários membros da sociedade carioca que moravam no local e participavam da irmandade da Glória. Todo dia 15 de agosto davam, em homenagem à padroeira, festas que ficaram célebres.

Mas, em 1827, as chuvas não deixaram o foguetório, que sempre coroava a novena à santa, ser solto na data comemorativa. Foi adiado até que o clima ficasse propício, o que ocorreu no dia 19. Tão firme estava o tempo que, nessa manhã, o marquês de Barbacena embarcou para a Europa, a fim de tratar com Inglaterra, França e Áustria sobre o apoio na questão sucessória do trono português. Na bagagem, levava presentes em diamantes para a corte austríaca e para a futura noiva do imperador.

De tarde, após jantar, d. Pedro levou seus filhos para um te-déum na Glória pelo restabelecimento do príncipe herdeiro, que não estava bem de saúde. O monarca retornou de noite, com d. Maria da Glória, para assistir à queima dos fogos de artifício na casa do barão de Sorocaba e da irmã de Domitila, Maria Benedita.

Era comum d. Pedro, quando dessas festas, pernoitar nessa residência. Aproveitava para ver o filho, Rodrigo. A propriedade era grande o suficiente, tanto quanto a constância do visitante, para que Boaventura Delfim mandasse erguer outra construção no terreno somente para uso do monarca. Assim, d. Pedro podia pousar na chácara dos Sorocabas quando ficasse tarde para voltar a São Cristóvão ou aos aposentos no paço da cidade.

Maria Benedita, segundo o barão de Mareschal, apesar de mais velha que Domitila, ainda era um "belo espécime feminino". A baronesa, que sobreviveu quase trinta anos ao marido, continuou causando espanto e sensação junto aos homens. Com mais de sessenta anos, em 1853, divertiu bastante o indiscreto secretário da embaixada da Espanha, o jovem escritor Juan Valera, que confidenciou a um amigo em Madri:

> *A baronesa de Sorocaba, mãe do tal Delfim Pereira e sogra do judeu errante, chupa como pode a este outro judeu sedentário. (...) Esta sessentona baronesa de que estou falando é a mais engraçada e divertida baronesa de todo o universo, e me tem particular carinho. Come mais que frieira, bebe como um alemão e ainda anda de amores com dois ou três indivíduos de estômago forte. Eu estou persuadido de que esta baronesa há de morrer de farra (...). Quando a baronesa se entusiasma e fica alegre, faz e diz diabruras. Quanto eu não daria para que vossa mercê a visse bailar o lundu, com todos os movimentos das nádegas típicos dessa dança. (...) Me conta sobre suas aventuras com d. Pedro I e com o bispo de São Paulo, de quem tem filhos naquela cidade (...). Os amantes da baronesa foram inumeráveis. Noites atrás me disse: "Rapaz, eu sou romanista, minha irmã e minhas filhas também, mas nenhuma me supera".*

Achando que ser "romanista" era algo tão inerente àquela divertida baronesa como os "bicos nos grãos-de-bico e os rabos nos galos", Valera ficou espantado diante da confissão do que vinha a ser a especialidade na qual Maria Benedita gabava-se de ser a melhor da família. Aparvalhado, explicou ao amigo que romanismo era:

> (...) *a mulher estar dotada de forças de trações e contrações poderosas para sorver líquido e apertar e conter sólido, com tão estupendo prazer nos fazem sofrer, nos enlouquecem, nos fazem gritar e morder, como se fôssemos lobos.*

Ou seja, a baronesa, as filhas e Domitila seriam versadas nas artes do pompoarismo. Educação austríaca alguma prepararia uma arquiduquesa Habsburgo para tão cruel rivalidade.

30. Lundu, uma dança brasileira com influência africana e portuguesa, considerada lasciva pelos movimentos dos corpos

Domitila e Maria Benedita viviam entre brigas e altercações devido aos ciúmes que a marquesa tinha de d. Pedro com a irmã. Não deve ter gostado de saber que o amante passou mais uma noite na casa dos Sorocabas e que se divertiu tanto, ficou tão alegre, que até dançou.

No dia 20, após os festejos, o monarca partiu com Boaventura, que era seu administrador, para a Fazenda de Santa Cruz. Três dias depois, voltando de carruagem para casa durante a noite, Maria Benedita teve seu veículo alvejado a tiros. Ela não se feriu, somente um vidro do veículo ficou estraçalhado. Pedindo segredo aos seus criados a respeito do ocorrido, despachou um mensageiro a Santa Cruz para informar ao marido sobre a tentativa de assassinato. Na carta, a baronesa dizia ter sido vítima de uma emboscada e suspeitar que o tiro houvesse partido de um oficial do regimento de São Paulo, íntimo da marquesa, e que seu próprio irmão José de Castro estivesse junto ao soldado.

Ciente do ocorrido, d. Pedro acreditou que Domitila tivesse realmente sido responsável pelo crime. O imperador, nos rompantes que lhe eram peculiares, retornou à corte no dia 25. Recebeu o intendente-geral da polícia, Alberto Aragão, que leu para ele os relatos dos últimos acontecimentos. Por não saber do atentado da Glória ou não mencioná-lo deliberadamente, foi demitido no meio da audiência. No dia seguinte, uma torrente de ordens choveu sobre o palacete da marquesa.

Se d. Pedro não podia mandar prender os supostos culpados pelo atentado — afinal, o escândalo na Europa seria desastroso para o projeto do novo casamento —, decidiu puni-los como podia. No dia seguinte, ordenou que Domitila e seus irmãos embarcassem imediatamente para a Europa[92] e retirou as duas filhas da marquesa, a recém-nascida Maria Isabel e a duquesa de Goiás, levando-as para morar com ele, definitivamente, na Quinta da Boa Vista.

---

[92] Rezzutti, Paulo. *Titília e o Demonão*, p. 289.

Quem serviu de garoto de recados entre o paço e o palacete da favorita foi o recém-nomeado bispo de São Paulo, d. Manuel Joaquim Gonçalves de Andrade, que se encontrava na ocasião no Rio de Janeiro. Amigo dos Castro Canto e Melo desde a época que moravam em São Paulo, ele intercedeu junto ao imperador para que Domitila pudesse aguardar o término do resguardo de parturiente. Em outubro, a marquesa prometia ir embora, não para a Europa, mas para Santos.

Sem conseguir se livrar da amante, ao menos o imperador tratou de expurgar a família Castro para longe do Rio. No começo de setembro, ordenou o embarque para o Recife do 5º Batalhão de Caçadores de Linha, estacionado em São Cristóvão. Esse batalhão, formado em grande parte por moços de famílias paulistas, que tinham na marquesa praticamente uma madrinha, era comandado por Carlos Maria Oliva, cunhado de Domitila. Pedro e José, irmãos dela, receberam ordens de sair do Rio de Janeiro imediatamente e juntar-se às tropas na Cisplatina.

Infelizmente, não sobreviveram provas, e o único relato em que se baseia a história do atentado da Glória é, obviamente, um despacho do abelhudo barão de Mareschal. Segundo se especula, Domitila teria tido consciência de que Rodrigo Delfim Pereira seria filho de d. Pedro com a irmã somente em junho de 1827, quando a relação entre a marquesa e o imperador esfriou e ele começou a procurar uma nova esposa. Entretanto, na planta com a disposição de uma das festas de aniversário dadas para a duquesa de Goiás,[93] antes desse atentado, não consta assento para Maria Benedita, apenas para o barão de Sorocaba. Ou seja, a relação entre as duas já era problemática anos antes.

Alguns cortesãos, cientes do desgaste político que a relação do soberano com a marquesa estava causando não só no Brasil, mas também ao prestígio brasileiro na Europa, podem, também, ter feito

[93] Arquivo Histórico do Museu Imperial, I-POB-10.07.1829-PI.B.c.

uma armadilha para Domitila. Seria difícil matá-la sem transformá-la em mártir e provocar uma caçada do imperador aos assassinos, ao passo que envolvê-la em um incidente de ciúmes contra a irmã seria tão escandaloso que o imperador teria de agir, como efetivamente fez. Um dos que mais lucrariam com isso seria o barão de Mareschal, e consequentemente a Áustria, que, se empenhando em ajudar d. Pedro a conseguir uma nova esposa na Europa, ficaria mais aliviada em assegurar que Domitila já não estava próxima ao trono.

O próprio cunhado da marquesa bem poderia ter urdido o plano. A baronesa de Sorocaba não chamou a polícia; mandou um correio para a Fazenda de Santa Cruz, onde estavam o marido e d. Pedro. O imperador, meses depois, em carta para Domitila, chama Boaventura Delfim de "barão de Soca-Rabo"[94] e diz ter sido iludido por ele, mas não esclarece qual seria esse engodo. Maria Benedita e Domitila ficariam estremecidas, mas voltariam a se relacionar no futuro.

Até hoje não se tem indício do que efetivamente ocorreu e de quem teria sido o real culpado pelo atentado. O que se sabe de fato é que, em algum momento, o imperador teve certeza da inocência da amante, pois não se falou mais em exílio. A prova disso é o retorno das cartas entre os amantes em setembro. No dia 12 desse mês, a marquesa, "adornada e bonita", segundo o marquês de Gabriac, compareceu à sessão de gala no teatro imperial.

Como o relacionamento entre eles retornara em segredo, os cortesãos não sabiam o que fazer, pois achavam que a amante do imperador havia caído em desgraça. Cumprimentar a marquesa seria uma afronta a d. Pedro? E se não cumprimentassem, Domitila ficaria sentida? O monarca, ao perceber o espetáculo paralelo que havia sido criado, acabou com o clima acenando a ela de seu camarote.

O barão de Mareschal, incomodado com tal gesto, aplicou pressão ao governo austríaco para que arranjassem logo uma noiva para o monarca, que começava a se queixar da falta de notícias de Viena.

---

[94] Rezzutti, Paulo. *Titília e o Demonão*, p. 245.

As cartas trocadas entre os amantes comprovam que eles voltaram a se relacionar novamente na primeira quinzena de setembro, mas não do mesmo modo como antes. D. Pedro estava mais cuidadoso e tentando manter a discrição. Quando havia alguém por perto, escrevia à marquesa como seu governante. Sozinho, a conversa era outra: "Ainda agora te respondi como imperador, agora te escrevo como teu filho, amigo e amante a mostrar-te que estou saudoso de ti".[95] Arranjos para não serem vistos juntos no teatro também eram necessários, e por isso, acordos prévios:

Como tu tens estado sem ires (...) ao Teatro, e tendo nós muito apetite de assistirmos à Comédia Francesa, e podendo-o não ir eu hoje ao Teatro, e ir depois de amanhã parecer combinação entre nós, (...), assentei de ir esta noite ao Teatro, um pouco para evitar todas as suspeitas e podermos viver sossegados. Eu bem conheço que muitos escrúpulos são maus; mas, neste nosso caso, e posição delicadíssima, convém muito uma perfeita fantasmagoria. Manda-me dizer o que te parece, que é impossível que te não pareçam duas coisas: primeira, muito escrúpulo; segunda, muito bom pensamento, para gozarmos um do outro sem que os outros se divirtam à nossa custa.[96]

Em outubro, a marquesa de Santos dava uma prova pública de seu caráter cívico, que ficaria mais evidente na sua velhice em São Paulo. Doava dinheiro para a Guerra da Cisplatina:

Senhor, como Brasileira, e Brasileira Paulista, e por consequência mui amiga de minha Pátria, da honra dela e da glória e da Pessoa Augusta de V.M.I., a quem devo toda a minha fortuna, vou perante o Trono de V.M.I. oferecer gratuitamente um conto de réis para a Guerra do Sul, e quarenta mil réis mensais emprestados para o mesmo fim, sem prêmio

---

[95] RANGEL, Alberto. *Cartas de Pedro I à marquesa de Santos*, p. 285.

[96] REZZUTTI, Paulo. *Titília e o Demonão*, p. 251.

algum, seguindo o generoso exemplo dado por V.M.I. O meu sexo não permite que eu ofereça também a minha pessoa, mas V.M.I. conte com tudo o mais que possuo em última necessidade de Estado.

Deus no céu guarde e abençoe os dias de V.M.I. como eu e todos os Brasileiros havemos mister — Sou de V.M.I., Senhor, súdita mui fiel, mui grata e muito obrigada — Marquesa de Santos.[97]

Logo depois, no dia 12, d. Pedro colocaria não só o Brasil, como todas as cortes europeias, em estado de choque. No seu aniversário de vinte e nove anos, concedeu a João de Castro, irmão mais velho de Domitila, o título de visconde de Castro, que pertencera ao pai deles, e nobilitou os outros irmãos e diversos parentes com a Ordem do Cruzeiro, alguns como dignitários, outros como oficiais. Em conversa com Mareschal, em dezembro, d. Pedro tentou justificar as nomeações dos parentes da marquesa como uma forma de indenizá-los por terem sido acusados injustamente na tentativa de assassinato da baronesa de Sorocaba.

Essas mercês aos parentes de Domitila iriam custar caro ao imperador.

[97] *Gazeta do Brasil*, n. 42. Rio de Janeiro, sábado, 20 de outubro de 1827. Suplemento à Gazeta n. 42.

7

O EXÍLIO PAULISTA

O exílio e o purgatório têm muito em comum.
Em ambos a essência é a espera, uma espera que parece infinita,
ao mesmo tempo uma espera cheia de esperança.

TOMÁS ELOY MARTÍNEZ

EM JANEIRO DE 1828, d. Pedro mandou Francisco Gomes da Silva escrever aos marqueses de Barbacena e de Rezende, que se encontravam na Europa. Eles deveriam mentir se questionados sobre as nomeações dos Castro Canto e Melo e dos Toledo Ribas. Mas esses escrúpulos de nada adiantariam.

Antes mesmo do despacho seguinte do diplomata austríaco, d. Pedro recebia, pelo embaixador britânico Robert Gordon, as primeiras notícias referentes aos problemas para se conseguir uma noiva para ele. Jornais europeus começavam a publicar a respeito de seus amores com a marquesa de Santos. Comentava-se abertamente que a imperatriz teria sido morta pelos maus-tratos recebidos. Também se falava sobre as desgraças que d. Leopoldina haveria padecido nas mãos de um marido que as folhas europeias pintavam como um fauno devasso.

As filhas do rei da Baviera não quiseram aceitar o pedido de casamento de d. Pedro. A justificativa foi que uma estaria de casamento contratado com outro príncipe, outra não queria se separar da mãe. Na Itália, novo fracasso. As negociações com a princesa da Sardenha não deram certo e, em Nápoles, o rei das Duas Sicílias informava, antes que fosse oficialmente contatado, que sua filha não viveria longe da Europa. Barbacena mencionaria, em uma carta ao imperador, que essa princesa se recusou a casar antes mesmo de ser pedida. A Áustria fazia jogo duplo: não iria avalizar a palavra de d. Pedro. Tanto Rezende quanto Barbacena desconfiavam que Metternich estivesse por trás dos boatos a respeito dos maus-tratos à finada imperatriz e do "imperador assassino da mulher".

De setembro de 1827 até o retorno do marquês de Barbacena à corte, em maio de 1828, o relacionamento entre d. Pedro e Domitila voltou ao ritmo do primeiro ano. Tudo escondido para que ninguém percebesse que eles efetivamente estavam juntos outra vez. Em diversas cartas, combinavam quem iria naquela noite ao teatro, para o outro não aparecer. D. Pedro informava a hora em que Domitila deveria deixar a porta aberta de noite, para ele poder entrar sem ser visto.

Porém, após o retorno de Barbacena, ficou claro que não havia como continuar essa fantasia sem ninguém perceber. O povo podia até desconfiar que, por não ver mais Domitila junto de d. Pedro, as coisas entre eles haviam esfriado, mas os diplomatas, com informantes contratados, eram mais difíceis de enganar. A presença da marquesa a metros da porta do palácio frustrava os esforços de qualquer embaixador brasileiro no exterior que tentasse estabelecer tratativas de casamento com alguma princesa europeia.

Decidido, d. Pedro escreveu para Domitila em 13 de maio, informando que ela deveria deixar a corte:

O marquês de Barbacena é chegado e sua vinda é motivada pela necessidade de me expor de viva voz os entraves que têm havido ao meu casamento em consequência de sua estada aqui na Corte, de onde se torna indispensável sair por este mês até ao meado do futuro junho, o mais tardar. (...) Conheço o amor que a marquesa consagra à pátria e à minha família. Mas fique certa que esta é a minha derradeira resolução, bem como carta que lhe escrevo, a não me responder com aquela obediência e respeito que lhe cumpre como minha súdita e principalmente minha criada.

No dia 23 de maio, o imperador partia para a fazenda do irmão de Barbacena, o visconde de Gericinó, que ajudaria Domitila nos preparativos de sua viagem. D. Pedro retornou à corte no dia 25, estrategicamente livrando-se de duas comemorações: o casamento de Francisca, filha de Domitila, e o aniversário de Isabel Maria, realizados no mesmo dia, 24.

Domitila, muito contrariada e irritada, tentando ganhar mais tempo, responderia ao amante:

V. Majestade sabe mui bem que, se eu vou fazer este passeio, é só para lhe fazer a vontade. Não que eu tal tenções tivera de sair daqui para parte alguma. Assim, senhor, não posso ir para o mês que vem, sim nos princípios de julho. Não sou destas de saco às costas, já lhe faço esta vontade, e assim peço-lhe não me mortifique mais.

D. Pedro não se fez de rogado e cobrou que a amante mantivesse a palavra empenhada anteriormente. Era necessário que ela saísse antes da partida do marquês de Barbacena, que levava d. Maria da Glória para Viena:

Minha filha infalivelmente sai até dois do mês de julho, e por isso eu muito desejo que a marquesa saia pelo menos seis dias antes, o que vem a ser 26 de junho, porque muito convém que os que vão possam dizer "a marquesa já saiu", e não "está para sair". Todos acreditarão o que aconteceu e não o que está para ser, que pode não ser, e o negócio é grave e mui grave. Na sua primeira [carta] *presta-se a tudo que eu lhe mandar, pede-me instruções, e agora que lhe escrevo diz-me que não pode antes de princípios de julho, tendo convido com o Gericinó até meado de junho. Sustente sempre aquela palavra que uma vez der e não faça rodeios, veja bem a quem a dá e qual é a magnitude do negócio que é dependente do cumprimento de sua palavra.*

Ao ler a resposta dela, o monarca talvez tenha lamentado apreciar uma das peculiaridades das paulistas, a altivez:

Perdoe-me que lhe diga isto: eu não preciso de conselhos, não sou como V. M., as minhas respostas são todas nascidas do meu coração. Ao Gericinó eu sempre disse que sairia no princípio de julho, e se ele disse o contrário disto, mentiu. Eu torno de novo a fazer esta vontade, sairei até o fim deste mês que vem e Deus permita sejam todas as suas vontades feitas assim como eu as faço. Eu tive criação, sei conservar a minha palavra (...)

Mas Domitila, na tentativa de amolecer o imperador, também sabia dosar seu temperamento com certo ar de desamparo, de mulher lançada à própria sorte:

(...) *eu ainda não tenho destino algum, daqui vou mesmo a cavalo. Guardo o préstimo de V. M. para outra coisa e também rogava-lhe que me mandasse dizer por quanto tempo quererá que eu esteja separada da minha casa, ora nisto pode ter coração.* (...) *Eu sairei. Não se mortifique com a minha jornada, eu tenho paciência para lhe aturar tudo e tomava já vê-lo de mulher, porque só assim descansarei de sofrer tantos incômodos.*

Irredutível, d. Pedro continuou cobrando com urgência a partida da amante, conseguindo que ela saísse antes do final de junho. Porém Domitila, pretextando doença, hospedou-se na fazenda de Gericinó, próxima o suficiente da cidade para voltar o mais rápido possível ao menor sinal do imperial amante. Mas d. Pedro, longe de mandá-la retornar, admoestou-a que partisse logo para fora do Rio.

Domitila arrastou-se pelo vale do Paraíba. Fez longas paradas em diversas cidades ao longo do caminho. Parecia não querer voltar à pacata São Paulo da sua infância, talvez por medo de não sair nunca mais de lá. As filhas haviam ficado no Rio de Janeiro, sua casa, tudo o que lhe pertencia estavam em outro lugar, não naquela vila poeirenta, cheia de tropeiros grosseiros e sem a vida social e cultural a que se acostumara. Mas a falta de novos recados de d. Pedro deixava claro que só lhe restava o caminho de retorno às suas origens, e enfrentaria essa prova de cabeça erguida, como sempre.

Cartas expedidas a parentes e amigos, no meio do percurso, fizeram com que fosse recebida por eles quando de sua chegada aos arrabaldes paulistas. Após os cumprimentos de praxe, como se quisesse enfrentar a dor de uma vez, partiu em galope desenfreado em direção ao morro do Colégio. Entrou na cidade, levantando poeira, na tarde do dia 15, ao som dos badalos dos sinos do Carmo e do Convento de Santa Teresa, que repicaram à sua passagem.

Hospedou-se na casa do bispo de São Paulo. Apesar de ser a residência de uma das principais autoridades paulistas, estava longe do requinte da corte. Domitila teve de se desculpar com suas visitas por não ter bolinhos para servir com o chá.

A filha Francisca e José de Castro, recém-casado com a sobrinha, acompanharam Domitila. O irmão Francisco, que havia se retirado para São Paulo anos antes, preparou um baile na mesma noite da chegada de Domitila para recebê-la.

Em 7 de setembro, a marquesa, em vestido de corte, aturdindo os matutos paulistas com as sua joias, presidiu um baile em comemoração à Independência do Brasil. O mordaz "Mestrinho",

31. Vestimentas dos paulistas

o advogado paulista Antônio Mariano de Azevedo Marques, em carta ao irmão José Xavier, assim deixou registrado o evento:

> *Sua excelência ofuscou tudo pelo esplendor de seus encantos e pela riqueza com que apareceu adornada. Um rico mantel (com cauda) próprio dos dias de Corte igualava os rabos dos Cônegos no dia de sexta-feira maior, e não dançou já por isso, já pelo enorme peso dos brilhantes, carga que mal podia sustentar.*

Domitila, no dia do baile, teve certeza de que não pertencia mais àquele local. Era evitada. Boa parte dos convidados não compareceu. O próprio Mestrinho, precioso cronista dessa festa, não estava presente. Soube do vestido e das joias por outros que haviam ido.

Assim como Antônio Mariano havia proibido a esposa Teresinha, parente de Domitila, de visitá-la, muitos paulistas fizeram o mesmo. Mas a marquesa, mesmo zangada, era insistente. Primeiro convidou gentilmente suas patrícias, depois ameaçou de visitá-las antes que elas tomassem a iniciativa. Mas nada adiantava, uma parte dos paulistas estava contra ela. Nem as freiras de Santa Teresa quiseram recebê-la. Seus compatriotas, não satisfeitos com o ostracismo que tentavam impor a Domitila, ainda falavam mal dela a d. Pedro. Na corte, o imperador recebeu a seguinte carta anônima vinda de São Paulo:

> *Senhor*
>
> (...) *não posso ser indiferente à ingratidão e à infâmia. Senhor, a pessoa que V. M. tanto honrou, a qual teve a ventura de contar já três augustos filhos de monarca tão excelso, esqueceu-se de tudo, uma escandalosa prostituição: é vista em companhia de rapazes e estudantes em público, em particular, pela roça... Senhor, perante meu soberano, não posso dizer tudo, mas digo somente que ela, se ela não está, esteve pejada.*[98] *Vossa Majestade por quem é para salvar a sua honra. Procura indagar o procedimento desta mulher ingrata, então saberá o que não convém dizer.*[99]

Para completar os desgostos de Domitila, Maria Isabel, a filha com um ano e dois meses, morria de meningite no Rio de Janeiro, em 25 de outubro.

---

[98] Grávida.

[99] Arquivo do Museu Imperial. I-POB-13.05.1828-Mel.c 1-21.

A marquesa de Santos, quadro sem autor e sem data. As características do vestuário remetem à moda da década de 1830.

Museu Histórico Nacional

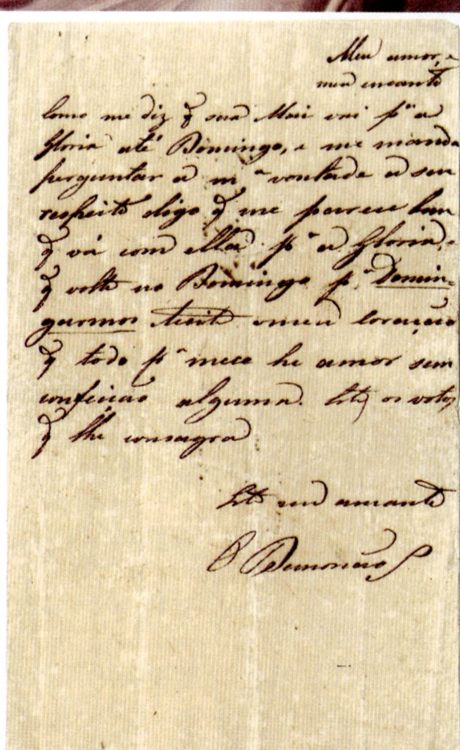

Meu amor, e meu encanto

Como me diz que sua Mai vai p.a Gloria até Domingo, e me manda perguntar a m.a vontade a seu respeito digo que me parece bem que vá com ella p.a a Gloria e que volte no Domingo p.a Domingarmos. Tenho o meu coração que todo p.a mece he amor sem confeição alguma. Este os votos que lhe consagra

Este seu amante

O Demonão

Uma das muitas cartas de d. Pedro a Domitila. Nesta o imperador marca um encontro com ela e assina «O Demonão».

Hispanic Society of America, Nova York. Arquivo do autor

D. Leopoldina poucos anos antes de sua vinda para o Brasil. De Josef Kreutzinger.
Kuntsthistorisches Museun, Viena, Áustria

D. Pedro e d. Leopoldina visitando os órfãos da Casa dos Expostos, 1826. De Simplício Rodrigues de Sá.
Fundação Romão Duarte, Rio de Janeiro

Fachada dos fundos da casa de Domitila no Rio de Janeiro, perto do Palácio de São Cristóvão. Por essas escadas d. Pedro subia tarde da noite ao quarto da amante. Foto de Caru Ribeiro

Escadaria principal da casa de Domitila no Rio de Janeiro. Foto de Fausto Fleury

Um dos salões do palacete da marquesa de Santos no Rio de Janeiro. Nas bandeiras das portas vemos caixilhos em forma de corações. Foto de Caru Ribeiro

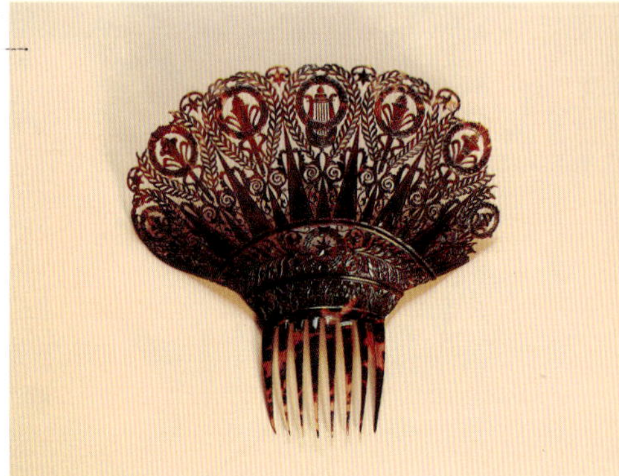

Tiara, trepa-moleque e pente pertencentes a Domitila.

Casa da Marquesa de Santos/Secretaria de Estado de Cultura/Governo do Estado do Rio de Janeiro

Monograma de um faqueiro da marquesa de Santos.

Arte digital de Raul Breno Marquart

Brasão que ornava um reposteiro no Solar da Marquesa de Santos em São Paulo, copiado pelo historiador Alberto Rangel na década de 1910.

Arte digital de Raul Breno Marquart

Leques de Domitila.

Casa da Marquesa de Santos/Secretaria de Estado de Cultura/Governo do Estado do Rio de Janeiro. Fotos de Fausto Fleury

Mais leques da marquesa de Santos.

Museu Imperial/Ibram/MinC

Colar de ouro e ametistas com um camafeu retratando d. Pedro I, presente do imperador à marquesa.
Museu Imperial/Ibram/MinC

Sombrinha chinesa da marquesa de Santos.
Museu Histórico Nacional/Ibran/MinC. Foto de Paulo Scheuenstuhl

Broche retratando d. Pedro I criança; no verso, uma mecha de cabelos do imperador. A peça era de Domitila.
Museu Imperial/Ibran/MinC

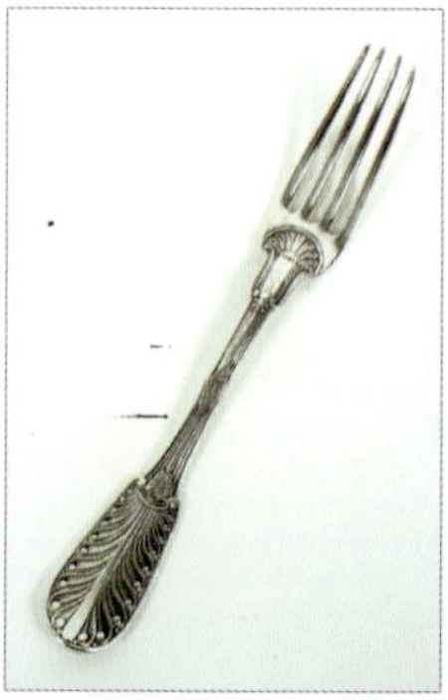

Garfo de prata e copo de cristal, ambos com monogramas da marquesa de Santos.
Museu Imperial/Ibran/MinC. Foto de Aline Maller

Gravura de Debret retratando o casamento de d. Pedro I e d. Amélia, que pôs fim ao relacionamento do imperador com Domitila. Coleção Cláudia Witte

A Ordem da Rosa, criada por d. Pedro para homenagear a nova esposa e demonstrar publicamente o seu empenho em se «regenerar». De um lado, vemos a divisa «Amor e Fidelidade», e do outro, «Pedro e Amélia». Coleção particular

Colcha que pertenceu à duquesa de Goiás, filha de d. Pedro e Domitila.
Museu Imperial/Ibram/MinC

Medalhão de ouro com retrato de Maria Isabel, condessa de Iguaçu, última filha de d. Pedro I e Domitila.
Coleção Cláudia Witte, São Paulo

O Solar da Marquesa de Santos, à direita, adquirido por Domitila na década de 1830.
Fotomontagem digital de Victor Hugo Mori

Domitila na maturidade. Acervo Museu Paulista/USP.

Crédito fotográfico: Hélio Nobre

Retrato inédito do brigadeiro Rafael Tobias de Aguiar jovem.

Coleção particular, São Paulo

Cama que pertenceu a Domitila, provavelmente vinda do seu palacete no Rio de Janeiro em 1829.
Museu Paulista/USP. Foto de Paulo Schmidt

Canapé de palhinha que pertenceu a Domitila, ao fundo uma vitrine arqueológica do Solar da Marquesa, mostrando a técnica construtiva. Museu Paulista/USP. Foto de Paulo Schmidt

Mobiliário para chá em madeira com apliques de madrepérola que pertenceu a Domitila.
Museu Histórico Nacional/Ibran/MinC. Foto de Paulo Schmidt

Cadeira sanitária da época de Domitila.
Museu Paulista/USP. Foto de Paulo Schmidt

Domitila na velhice. Acervo Museu Paulista/USP.

Foto de Militão A. de Azevedo. Créditos fotográficos: Hélio Nobre

Túmulo da marquesa de Santos no cemitério da Consolação em São Paulo.

Fotos de Cláudia Witte

A marquesa de Santos, peça de Viriato Correia, 1938. Domitila é interpretada pela atriz Dulcina de Moraes e d. Pedro pelo ator Odilon Azevedo. FUNARTE/Centro de Documentação

O imperador galante, peça de Raimundo Magalhães Jr, de 1954. Dulcina de Moraes e Odilon Azevedo representam de novo os personagens principais. FUNARTE/ Centro de Documentação

Propaganda da boneca Susi em comemoração do Sesquicentenário da Independência, com as versões Susi Dom Pedro, Susi Imperatriz Leopoldina e Susi Dama da Corte, apelidada de Marquesa de Santos. 1972. Brinquedos Estrela S/A

CD *Caso Real*, da banda Lítera, inspirado no caso de d. Pedro e Domitila. A autora da capa, Isadora Laís Costa Brandelli, representou o casal como duas jaguatiricas, sendo que quem usa a coroa é a marquesa.

Adesivo da ação de divulgação do CD *Caso Real*. Nela, a banda questiona quem mais, além de Pedro e Domitila, viveu, ou vive, um amor impossível.

Pedro e Domi 2011, por Simone Guardiola

Amor por devoção, por Paulo Thume, 2011

Titília e o Fogo Foguinho sobre as cartas do imperador, por Carlota Keffel Garcia (Loti), 2011

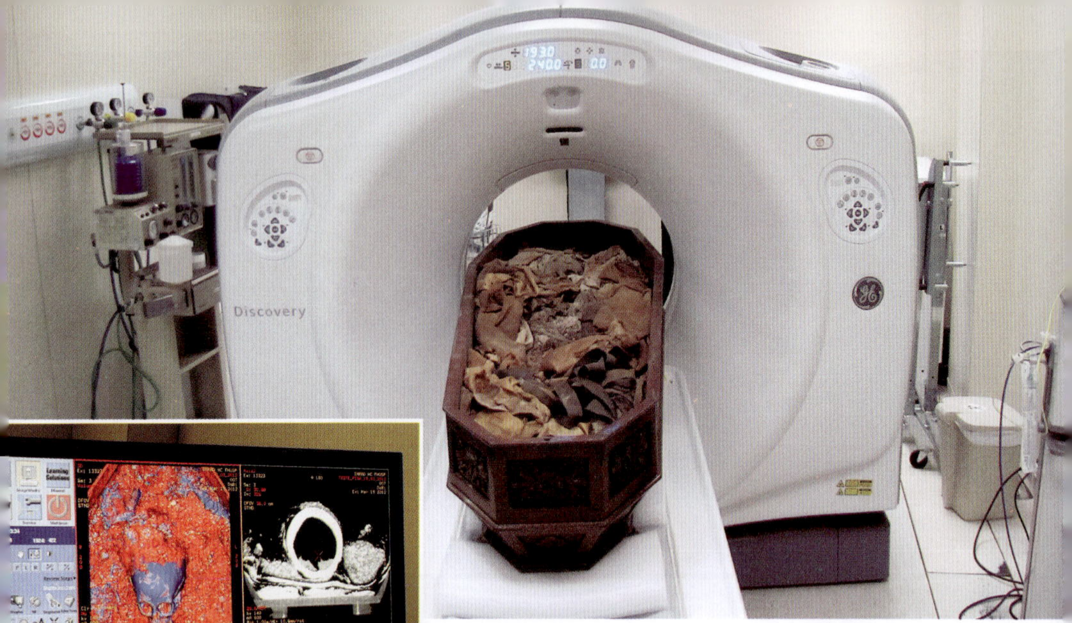

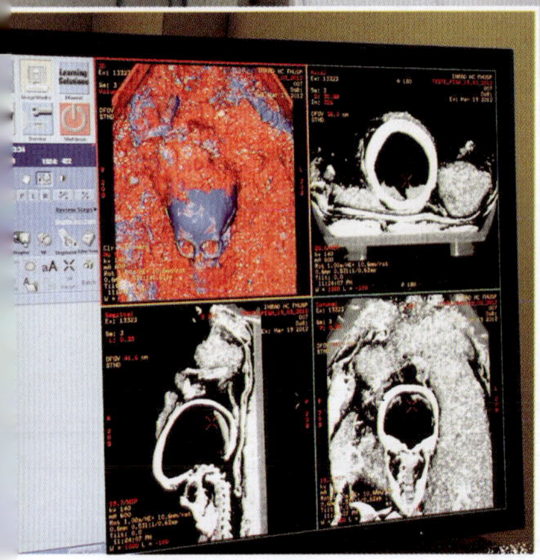

Ataúde com os restos mortais de d. Leopoldina sendo submetido a exame de tomografia computadorizada, em março de 2012, no Instituto de Radiologia do Hospital das Clínicas – FMUSP.

Imagens capturadas do vídeo realizado por Valter Diogo Muniz, repórter cinematográfico e perito forense

Arqueóloga Valdirene do Carmo Ambiel diante dos restos mortais da imperatriz d. Leopoldina.

Foto do dr. Luiz Roberto Fontes na cripta do Monumento da Independência, em março de 2012

Com a falta de notícias de que pudesse retornar à corte, Domitila acabou comprando uma propriedade[100] próxima ao jardim da Luz, em São Paulo. Mas não desistira. Em dado momento, revoltou-se contra o exílio imposto e escreveu ao imperador:

Creio ter cumprido com o meu degredo e, persuadida de que Vossa Majestade já não se lembra de mim, o que prova a falta de cartas suas, tomo a resolução de retirar-me daqui até o dia vinte e três deste mês e creio que não ofendo e nem pretendo incomodar a V. M. Eu o respeitarei sempre como meu soberano e meu amo e nada mais eu lhe sirvo não me intrometerei com sua vida pois isto em mim não é novo. Viverei em minha casa como qualquer outra pessoa. Espero isto como mais uma graça, além das muitas feitas a mim e a minha família.

Domitila não poderia mais se queixar do esquecimento de Pedro. O imperador logo mandou cartas para ela e sua mãe. A d. Escolástica pedia, basicamente, que colocasse juízo na cabeça da filha, lembrando que a marquesa devia tudo o que tinha a ele e por isso tinha de lhe obedecer. Tecia ameaças contra ela e a família:

Uma pessoa que saiu do nada por meu respeito devia, por um reconhecimento eterno, fazer o que eu lhe tenho até pedido. (...) seu fim é inteiramente opor-se ao meu casamento (...), mas eu lhe declaro, mui expressamente, que, se a marquesa se apresentar no Rio sem ordem minha, eu suspendo-lhe as mesadas, a ela e a toda aquela pessoa de sua família que influi para este sucesso, bem como a demito de dama e privo de entrarem no Paço seus parentes.

[100] O terreno da chácara foi loteado e não existe mais, porém, como identificação do local, o prédio do Instituto de Identificação do Estado de São Paulo fica em parte da antiga propriedade.

Aflita, dona Escolástica respondeu:

(...) *por mim está prevenida, muito de antemão, para não dar um só passo sem positiva determinação de V.M.I.* (...) *Sinto meu senhor, e sinto n'alma, que uma produção de meu desgraçado ventre, viesse ao mundo para dar motivos de inquietações a V. Majde.*

O caso da filha dela com o monarca não era uma questão de foro íntimo, era praticamente um negócio de família. Todos os homens e mulheres da família Castro e Toledo Ribas alçados a cargos no governo, no exército e na corte, seriam imolados em holocausto se Domitila desse um passo em falso. De alguma forma, d. Escolástica trouxe bom senso à filha. A marquesa responderia ao imperador dias depois, posta de joelhos diante do trono:

Estou resolvida a entregar-me a disposições de V. M. I. quaisquer. Sei que o seu magnânimo coração jamais deixará perecer quem por V. M. daria mil vidas se todas as possuísse.

O secretário do imperador mostraria essas cartas ao barão de Mareschal para provar a resolução de d. Pedro em levar uma nova vida. Enquanto isso, o nosso casto imperador engravidava a modista francesa Clemence Saisset, que havia se instalado na rua do Ouvidor com seu marido. O casal embarcou de volta à Europa às pressas, longe dos bisbilhoteiros diplomatas estrangeiros sediados no Rio.

Quando Barbacena chegou a Gibraltar, no início de setembro, ficou sabendo que d. Miguel usurpara o trono de Portugal. Mudou os planos para garantir a integridade de d. Maria da Glória. Em vez de entregá-la à comissão austríaca que a esperava em Gênova, partiu para a Inglaterra, deixando atônitos os cortesãos de Francisco I que aguardavam pela rainha.

32. Felisberto Caldeira Brant Pontes de
Oliveira Horta, marquês de Barbacena

Com a traição do irmão, também d. Pedro passou a ter cada vez mais certeza do apoio implícito da absolutista Áustria a dom Miguel na questão sucessória portuguesa. Assim, escreveu ao sogro dando a entender que os negócios portugueses eram agora mais importantes que os projetos de um segundo casamento. Enquanto isso, na Europa, Barbacena e Rezende continuavam com o plano de achar uma nova esposa para o imperador e, envergonhados, eram obrigados a ouvir perguntas como a do duque de Orléans: "E a marquesa?".

8

OS CEM DIAS DE DOMITILA

De repente, não mais que de repente
Fez-se de triste o que se fez amante
E de sozinho o que se fez contente.

VINICIUS DE MORAES, *SONETO DE SEPARAÇÃO*

AOS OLHOS DE D. PEDRO, o barão de Mareschal e a Áustria falharam em cumprir suas promessas. Além de o irmão ter tomado a coroa portuguesa para si, nenhuma princesa inquirida pela corte austríaca havia aceitado casar com o imperador brasileiro. Mareschal teve certeza de que caíra em desgraça perante o monarca quando lhe apresentou dois retratos de duas novas princesas. D. Pedro desconversou e ainda escarneceu dizendo que as pinturas deveriam ser falsas.

Orgulhoso como ele só, ao tomar conhecimento do "não" de uma filha do rei da Dinamarca, que já se somava a sete outras negativas, inclusive da princesa italiana que nem fora pedida, revoltou-se contra os austríacos, como se eles tivessem "inventado" a marquesa de Santos...

Apesar das contínuas tentativas de Barbacena, Pedra Branca, Rezende e outros diplomatas brasileiros na Europa, que tentavam correr por fora, e para fora, da influência do príncipe Metternich ao buscar uma nova esposa a d. Pedro, as coisas pareciam fadadas ao fracasso. Segundo o próprio imperador explicaria ao barão de Mareschal, era muito humilhante arcar com as recusas das princesas; melhor fingir que nunca havia pensado em se casar novamente. Ao chamar a marquesa de Santos para a corte, toda a Europa teria certeza de que não partira do monarca o projeto de um novo casamento.

E Domitila deixou-se levar. Mal recebeu o estafeta do imperador, expedido diretamente da corte trazendo a carta em que d. Pedro a chamava de volta, pôs-se em frenéticos preparativos e partiu no dia seguinte. Que felicidade deve ter sentido!

No dia 8 de abril, d. Pedro escrevia para d. Escolástica, que ficara em São Paulo, talvez porque, como pessoa mais velha e experiente, esperava ver como ficava para ver o que fazia:

> *Viscondessa. Agora acaba de chegar um soldado de São Paulo com nove dias, e diz que topara o Lima em Mogi, que chegava a um deste mês. Portanto, não contemos ter o gosto de ver a marquesa antes de sexta-feira santa ou sábado de Aleluia, que será uma Aleluia completa.*

Passadas as festividades da Páscoa na corte, que naquele ano foi em 19 de abril, d. Pedro foi para a Fazenda de Santa Cruz esperar Domitila. Impaciente como de hábito, antecipou-se à chegada da marquesa, indo aguardá-la duas léguas adiante, em Itaguaí. Ficaram hospedados em Santa Cruz até quase o final do mês, matando as saudades e afogando as mágoas.

No início de maio, Domitila voltava em triunfo ao Rio, para desconsolo do barão de Mareschal, que, vendo a cidade e a corte indo em peso visitar a favorita, contava cair em desgraça junto a ela e ao imperador. O diplomata francês Pontois foi o que melhor resumiu a falsidade dos visitantes:

> *A marquesa de Santos realmente retornou, como anunciei (...). Uma multidão de cortesãos correu para sua casa, com uma mesquinharia e cinismo peculiar a este país, para receber de volta aquela de quem eles tinham, não muito tempo antes, comemorado a desgraça com tanta alegria, e que, desde então, sempre gostavam de insultar.*[101]

O diplomata austríaco oficiava a Metternich que havia murmúrios a respeito de um casamento entre d. Pedro e Domitila. Segundo ele, Felício, o marido vivo da marquesa, não seria um problema difícil de resolver num país em que a vida de uma pessoa sem relevância não era um grande obstáculo, especialmente quando uma família grande e pouco recomendável pela sua moralidade tinha interesse nisso. Mareschal pintava os Castros como um misto de Bórgias e família Corleone. Ao mesmo tempo, alimentava a certeza, em Viena, de que d. Pedro não tinha mais interesse algum em se casar com uma princesa de sangue nobre.

O apogeu de Domitila deu-se no dia 24 de maio, no aniversário da duquesa de Goiás. O imperador, como era de praxe, deu um beija-mão na Sala dos Estrangeiros, no Palácio de São Cristóvão, onde se perfilou junto às princesas d. Januária, d. Paula, d. Francisca e à duquesa de Goiás.

Às três horas da tarde, a riquíssima carruagem da marquesa de Santos, ornada com seu brasão e com os criados vestidos de libré, entrou pelos portões da Quinta da Boa Vista. O imperador havia ordenado que o porteiro de sua real câmara, Joaquim Valentim de Faria de Souza Lobato — o mesmo que havia conduzido Domitila à tribuna das damas de honra na Semana Santa de 1825 —, abrisse

[101] Ofício de 23 de maio de 1829. Apud RANGEL, Alberto. *D. Pedro I e a marquesa de Santos*, p. 253.

a porta da carruagem para que ela descesse. Nesse momento, bandas marciais tocaram, os porta-bandeiras curvaram os pendões imperiais em direção a ela e a guarda prestou-lhe as continências devidas, como se fosse ela a imperatriz do Brasil.

Belamente vestida, Domitila tinha o colo enfeitado por uma grossa cadeia de ouro. Em cada anel, lia-se "Pedro I". Pendente do colar, próximo aos seios, trazia emoldurado em brilhantes o retrato do imperador.

O camarista da semana desceu para conduzi-la pelos corredores do palácio. O porteiro da câmara ia adiante, cortando a multidão que se abria à passagem do cortejo. O imperador esperava-a com sua farda de gala coberta de insígnias. A marquesa, após uma mesura, beijou a mão de seu soberano, das princesas e deu um beijo no rosto da filha. Conversou um pouco com o imperador e partiu para o seu palacete, onde o aguardou para um banquete seguido de um baile.

D. Pedro chegou à casa da marquesa às oito da noite, quando o banquete, para sessenta pessoas, foi servido em rica baixela de prata presenteada por ele. Foi uma das recepções mais brilhantes do Primeiro Reinado. Também, custara à marquesa mais de 16 mil-réis, ou o equivalente a quarenta e cinco quilos de café, pela cotação da época... Ia longe o tempo em que os 3 mil-réis pagos para casar eram dinheiro.

O baile que se seguiu foi aberto por d. Pedro e Domitila. Mas nem tudo era festa: para lembrar o problema da sucessão portuguesa, foi passada uma subscrição para se doar dinheiro aos 148 perseguidos políticos e refugiados portugueses que haviam chegado duas semanas antes ao Rio de Janeiro, fugidos do absolutismo de d. Miguel.

Seis dias depois, em Cantuária, na Inglaterra, Barbacena e o representante da duquesa Augusta de Leuchtenberg, Planat de La Faye, assinavam um tratado de casamento. De um lado, Amélia de Leuchtenberg, princesa bávara, sobrinha do rei da Baviera e neta da imperatriz Josefina, primeira esposa de Napoleão; do outro, d. Pedro I.

O imperador havia instruído Barbacena a obter uma princesa que por seu nascimento, formosura, virtudes e instrução pudesse fazer a felicidade do monarca e do Brasil. Porém, se houvesse dificuldades para reunir as quatro condições, "podereis admitir alguma diminuição na primeira e quarta, contanto que a segunda e a terceira sejam constantes".

É curiosa uma das exigências de que d. Pedro não abriu mão, além da beleza: a virtude. Domitila podia ser virtuosa no sentido da prática da caridade; afinal, não daria a exorbitante soma de 30 mil francos para os refugiados portugueses? Não fora ela um dos poucos brasileiros — e a única mulher — a doar e emprestar dinheiro sem cobrar juros ao governo durante a Guerra da Cisplatina? Mas as virtudes cristãs que Pedro exigia diziam respeito a mais do que fazer o bem e praticar a caridade. O termo também tinha um significado moral. O monarca devia ter compreendido que precisava novamente de um modelo que o dignificasse junto ao povo, como Leopoldina fizera até a morte.

Metternich, logrado por achar que realmente d. Pedro havia deixado de procurar uma noiva, cumprimentaria o imperador sarcasticamente pelo novo casamento, afirmando que, se soubesse que qualquer princesa servia, ele teria conseguido uma esposa para ele há mais tempo.

Amélia reunia três das quatro qualidades pedidas: era bonita, virtuosa e culta, porém o nascimento deixava um pouco a desejar. A questão do nascimento podia ser um grande problema, afinal, os Leuchtenberg não eram benquistos pelo rei da Baviera. Enquanto Napoleão estava no auge, foi interessante tecer uma aliança matrimonial entre o príncipe Eugênio, enteado do Corso, e uma princesa bávara; porém, com a queda do imperador francês, isso se tornou um incômodo. Principalmente para Luís I, invejoso das glórias militares de seu cunhado.

Quando Eugênio perdeu o cargo de vice-rei da Itália, após o final da era napoleônica, a família refugiou-se na Baviera, onde comprou

33. Gravura representando o pedido de casamento feito pelo marquês de Barbacena em nome de d. Pedro I. Da esquerda para a direita: Barbacena, o retrato de Pedro I ao fundo, Augusto de Leuchtenberg, irmão de d. Amélia, a duquesa Augusta, mãe deles, e Amélia por último

terras que lhe davam direito a titulações na alta nobreza. Contudo, exceto pela duquesa Augusta, filha de rei e irmã de rei, o marido e os filhos não gozavam de uma posição nobre vantajosa. Com a morte de Eugênio, coube a Augusta a responsabilidade de terminar de educar e casar a prole. Apesar da fama de d. Pedro na Europa, para os Leuchtenberg ele era um ótimo partido. A duquesa não só casava muito bem uma das filhas, como d. Pedro concederia ao seu filho mais velho o título de duque e o tratamento de Alteza Imperial.

Hoje, distantes que estamos daquele mundo de castas, parece suficiente sabermos que um príncipe está acima de um duque, que está acima de um marquês, e assim por diante, mas na época não era bem assim. O nascimento, não somente o título de nobreza, determinava a precedência de um nobre perante o mundo e o tratamento a que fazia jus. Para termos uma ideia de como essa questão era importante, devido ao casamento com d. Pedro, Amélia passou a ser uma majestade imperial, enquanto seu tio, o rei da Baviera, tinha o tratamento de majestade real. Como isso o obrigava a fazer uma mesura à sobrinha, ele simplesmente não foi à despedida dela.

Em meados de junho, d. Pedro recebia as primeiras notícias referentes aos arranjos de seu casamento. Mas, sem que as coisas ainda estivessem certas, só começou a preparar Domitila para o fim do relacionamento no começo de julho. Nesse mês, recebeu um medalhão com o retrato da linda noiva de dezessete anos, um ano mais velha que Francisca, a primeira filha da marquesa. Parou de frequentar a casa da amante e mudou-se para sua propriedade de Botafogo, afastando-se o mais possível da tentação.

Em 24 de julho, chegava ao Rio de Janeiro o capitão Paulo Barbosa com o contrato de casamento, enviado por Barbacena, para ser assinado por d. Pedro. O ministro Clemente Pereira foi enviado para informar oficialmente a Domitila que o casamento do imperador havia sido contratado e que ela deveria deixar o Brasil. D. Pedro compraria todas as suas propriedades, inclusive as que ele lhe dera. Pagaria a fortuna de 300 contos de réis por tudo, e ela poderia ficar com a mobília.

Mas, como diria Francisco Gomes em carta ao marquês de Barbacena: "A excelentíssima arrumou os pés às paredes". Dessa vez Domitila brigaria para não sair. D. Pedro enviou para conversar com a marquesa o tio dela, Manuel Alves, o cunhado Oliva, o irmão José de Castro, além de outros, mas nada a demovia. Ela não deixaria o Brasil. Negava-se, dizendo não ser escrava, e sim livre, e que a constituição protegia o seu direito de ir e vir. Que d. Pedro cassasse seus direitos!

Enquanto Domitila se entrincheirava em seu palacete, o Chalaça pedia para o almirante inglês atrasar a partida da corveta que levaria o contrato de casamento assinado de volta à Europa, torcendo para também enviar a notícia da capitulação da ex-favorita. Mas isso não ocorreu. D. Pedro deu um ultimato: se até o dia 27 ela não enviasse uma resposta definitiva, ele retiraria dela todos os benefícios que recebia das repartições da Casa Imperial e deixar-lhe-ia unicamente a pensão de um conto de réis mensais que tinha por decreto.

No meio da tempestade, Francisca e José de Castro mudaram-se do palacete. Domitila, em vez de dar a resposta, mandou seu escravo perguntar da saúde da duquesa de Goiás. D. Pedro mandou responder que ela estava bem, como ficaria sempre, e que não era mais preciso mandar saber. Enviou de volta à marquesa todos os presentes que esta lhe enviara e deu ordens a todas as repartições para que não dessem mais coisa alguma a ela. Seus escravos e criados foram retirados. Seus cavalos, tratados na estrebaria de São Cristóvão, foram-lhe entregues, e o imperador deu ordem para que ela e a mãe devolvessem as nomeações de damas do paço. Todos os criados do palácio tiveram ordens de não a visitar. Se o fizessem, seriam demitidos.

Em 30 de julho, d. Pedro despachou o contrato para a Europa. Para a infelicidade de Barbacena, a notícia da saída da marquesa da corte não seguiu junto. Do contrário, poderia calar a imprensa britânica, que, no começo do mês, noticiara o casamento de d. Pedro com Domitila...

Do dia 8 a 11 de agosto, d. Pedro serviu-se do cunhado de Domitila, o coronel Oliva, para negociar a partida dela. Um arranjo foi feito: em vez do pagamento pelas propriedades, ela concordava em trocá-las por outras, na região central da cidade. Achando que assim estaria tudo arranjado, o imperador percebeu só no dia 12 que ela visava, com isso, permanecer no Rio de Janeiro.

Enfurecido com a tentativa de ludibriá-lo, d. Pedro enviou no mesmo dia seu ajudante de ordens, o marechal Moraes, ao palacete. A missão deste era advertir a marquesa de que se ela não saísse do Rio de Janeiro em uma semana, o imperador prometia passar um decreto anulando a pensão de um conto de réis que ela recebia e faria o procurador da Coroa tomar-lhe as propriedades.

Domitila finalmente capitulou. Vendeu seus terrenos, casas, chácaras e até seu camarote no teatro a d. Pedro, em escritura lavrada a 17 de agosto. Partia para São Paulo com toda a família, incluindo Oliva e José de Castro, transferidos da corte para lá. O navio que a carregava de volta chamava-se, ironicamente, União Feliz.

Um de seus sobrinhos ficou no Rio por mais algum tempo, resolvendo o envio da mobília e demais bens da família para São Paulo. Ela, que havia chegado ao Rio de Janeiro escondida, com pouca bagagem, agora era obrigada a fretar uma escuna para transportar o equivalente a sessenta bestas carregadas, fora os cinquenta e dois escravos. Carregava também no ventre a sua última filha com d. Pedro.

9

MARQUESA DE SANTOS OU DE POMPADOUR?

Motor de escândalos, Domitila teria sido a grande eminência parda do Primeiro Reinado. Os embaixadores e viajantes estrangeiros não pouparam críticas à amante do imperador. Sua influência junto ao monarca teria sido grande o suficiente para poder nomear ministros e até mesmo influenciar na escolha de quem ocuparia qual bispado. A própria imperatriz, em carta ao seu secretario, fez referências a "mulheres infames como se fossem Pompadour e Maintenon (...) que governam tudo torpemente".

A marquesa de Pompadour[102] foi amante oficial do rei da França. Convivia com o monarca no mesmo palácio e tomava a função de uma secretária executiva. Chegou a presidir audiências e tratar de negócios de estado em nome de Luís XV.

[102] Jeanne-Antoinette Poisson (1721-1764).

De fato, a figura da nobre francesa nos vem à mente quando nos deparamos com certos comentários feitos por historiados e curiosos. Eles parecem se servir de trechos de relatórios dos diplomatas e dos livros dos viajantes para traçar o perfil de Domitila segundo conceitos previamente estabelecidos.

Segundo o cônsul-geral da Grã-Bretanha no Brasil, Henry Chamberlain, Domitila imiscuía-se na política do país e dominava a vontade do soberano. Entretanto, a parte em que ele troca o nome e a data de nascimento da duquesa de Goiás nunca é mencionada, nem o posto e a família que inventou para o primeiro marido de Domitila. Certamente esses erros não excluem possíveis acertos, mas lançam dúvidas sobre a precisão das informações. O cônsul da Suécia, Lourenço Wetsin, também dava notícias de que a paixão fazia d. Pedro fechar os olhos para a transgressão da moral e dos bons costumes por parte da amante. Segundo ele, Domitila parecia não se importar em enriquecer utilizando-se de sua influência junto ao monarca.

O diplomata norte-americano Condy Raguet foi um dos maiores críticos de Domitila. Dizia ser ela responsável pela intervenção direta em cinco casos:

- A queda dos Andradas (também mencionada em despacho por Mareschal).[103]
- O sucesso pela assinatura do tratado de reconhecimento entre Portugal e o Brasil.
- O decreto em que reintegrava o tenente-general Luís do Rego Barreto, que chegou ao Brasil, vindo de Portugal, em desgraça.
- A nomeação de um parente do visconde do Rio Seco e a graça recebida por esse nobre de poder transferir para um filho em Portugal o seu título nobiliárquico brasileiro.

[103] Como já visto, Domitila gozava de pouquíssima força política no início de 1823, para conseguir a demissão dos irmãos Andradas.

- Segundo Raguet, Domitila teria embolsado 4 mil libras esterlinas pelas negociatas em favor de Luís do Rego e no caso Rio Seco. O barão de Mareschal igualmente comenta que "em três semanas Luís do Rego e Rio Seco passaram da desgraça às mais altas honrarias. Eu ignoro a que preço tal apoio foi concedido". Poucos dias depois, ele corrige a informação: chega ao mesmo valor, mas diverge na moeda. Enquanto Condy Raguet fala em 4 mil libras, Mareschal fala em 4 contos de réis "dados a madame Santos". Mais tarde, em outros despachos, o austríaco informa ter ouvido de fonte confiável que o conde dos Arcos, membro da regência portuguesa e antigo tutor político de d. Pedro I, seria o real interventor junto ao imperador nos dois casos.

Neste ponto, realmente Domitila parece estar envolvida de alguma forma. O historiador Alberto Rangel descobriu uma carta do visconde de Rio Seco para a marquesa, na qual ele pede a reintegração da patente e o governo da província do Minho, em Portugal, para um dos filhos, e que seu outro filho, o barão do Rio Seco, pudesse, após a morte do pai, herdar o título de visconde, a que não tinha direito por não possuir as "honras de grandeza".

O patrício da imperatriz d. Leopoldina, barão de Mareschal, informa em um despacho de 23 de outubro de 1825: "O imperador, que é muito parcimonioso, cobre-a de presentes e mandou construir-lhe uma casa muito perto da Quinta de São Cristóvão. Ele consulta-a sobre os negócios públicos (...) não hesita em confessar que segue a opinião de sua amásia. Se são exatas informações que colhi (tenho razões para crer que sejam), a esta mulher não falta bom senso e tem aconselhado fortemente S.A.R. a ligar-se aos soberanos da Europa que são seus aliados naturais".

Em 1826, um ano mais tarde, o barão parecia ter mudado de opinião. Afirmaria que todas as graças, ofícios públicos, empregos que vagavam eram dados ou a parentes ou a amigos da favorita, "e como S. M. não é muito generoso, e é preciso que todo mundo viva, a casa de sua amante transformou-se em verdadeira agência de negócios onde tudo tem seu preço".

Os despachos de Mareschal parecem confusos, pois refletem as notícias e opiniões que chegavam até ele. Em nenhum momento o embaixador cita alguma documentação provando cabalmente o que afirma.

Édouard Pontois, representante da França, referia-se em 1827 à fatal influência que Domitila teria sobre o imperador e lamentava que os negócios públicos fossem conduzidos pela intriga da marquesa, juntamente com os portugueses, cujo partido ela tomaria. Seu colega de embaixada, o conde de Gestas, informara o contrário um ano antes. Em maio de 1826, despachava a Paris a informação de que Domitila tinha feito muito para fortalecer o imperador em seus sentimentos de preferência pelos brasileiros.

O espanhol José Delavat y Rincon parecia um dos mais equilibrados. No seu informe de junho de 1826, comunicou a Madri que Domitila, no máximo, tinha influência sobre o imperador na nomeação dos parentes e pessoas próximas a ela.

Os viajantes também falaram sobre a marquesa. O pintor Debret, por exemplo, afirmou que d. Pedro, por não ter dinheiro para sustentar a amante, havia criado para ela uma renda "baseada na autorização secreta de retirar uma retribuição voluntária de cada uma das promoções realizadas pelo governo". Assim, Domitila teria se visto rodeada de uma corte de peticionários que lhe davam dinheiro para conseguir suas nomeações.

Outro que menciona as propinas que ela ganharia é o alemão Schlichthorst, que afirmou ter visto com os próprios olhos a favorita receber dinheiro em troca da liberação de uma carga estrangeira no porto. Infelizmente, não existem provas dessa negociata. Além disso, é válido o alerta dado pelo historiador militar Francisco de Paula Cidade: "É, porém, uma necessidade que os livros dos mercenários alemães sejam anotados, não só porque foram escritos cheios de rancor, como porque os seus autores raramente dispuseram de documentos oficiais para compulsar".[104]

Quanto à outra marquesa a que d. Leopoldina se refere, Maintenon,[105] era uma favorita do rei Luís XIV, que, com a morte da rainha, acabou se casando com o monarca em segredo. Além de influir nos negócios da França, ela teria nomeado e demitido bispos. Influência essa também atribuída a Domitila.

No Brasil, a prerrogativa de nomear religiosos, naquela época, pertencia ao imperador, que submetia a sua resolução ao papa, que geralmente a aprovava. Domitila teria influenciado tanto na nomeação de d. Manuel Joaquim Gonçalves de Andrade, como bispo de São Paulo, quanto na de d. Romualdo Antônio de Seixas ao arcebispado da Bahia.

Um artigo anônimo publicado na época da nomeação de d. Romualdo dizia com mordacidade: "O exm. e revm. Sr. d. Romualdo Antônio de Seixas, por mercê de Deus, da Santa Sé Apostólica e da marquesa de Santos, arcebispo da Bahia, metropolitano do Brasil". O texto também informava ter o religioso dado dinheiro para a amante em troca do novo posto.[106] D. Romualdo defendeu-se na autobiografia afirmando que seu contato com Domitila era apenas superficial, conheciam-se em sociedade. Não teria intimidade suficiente para se utilizar da influência da amante imperial para sua ascensão.

Quanto a d. Manuel, ele era sobrinho do quinto bispo de São Paulo, d. Mateus de Abreu Pereira. Já em 16 de agosto de 1797, quando Domitila nasceu, ocupava o posto de vigário-geral e capitular. Ao ser nomeado bispo, era arcediago de São Paulo, posto administrativo que se situa entre o de pároco e o de bispo. Além

---

[104] In Seidler, Carl. *Dez anos no Brasil*, p. 15.

[105] Françoise d'Aubigné (1635-1719).

[106] S/autor. Coleção de documentos relativos ao tratado de comércio concluído entre o Brasil e Portugal, p. 134.

34. D. Romualdo, bispo primaz do Brasil

de proeminente figura da igreja em São Paulo, foi político. Era um dos que compunham a guarda avançada para saudar d. Pedro I quando de sua chegada a São Paulo. Ocupou a presidência da província em três ocasiões.

O bispado de São Paulo teria sido prometido anteriormente ao frei Sampaio,[107] a quem d. Pedro prestigiava nos dias anteriores à Independência. Era amigo de José Bonifácio, o qual, ao tomar conhecimento, no exílio, da nomeação de d. Manuel,

[107] Francisco de Santa Thereza de Jesus Sampaio.

escreveu para o conselheiro Drummond: "O que mais me deu no goto foi o despacho bispal do arcediago de São Paulo, antigo amigo da nova marquesa".

Será que Domitila teve mesmo algo a ver com essa nomeação? Novamente não existem provas, apenas comentários. Mas não é tarde para relembrar o que Maria Benedita, a baronesa de Sorocaba, confessou a Juan Valera: "sobre suas aventuras (...) com o bispo de São Paulo, de quem tem filhos naquela cidade". A irmã de Domitila foi a única pessoa da família imediata da marquesa a ser poupada no furacão que varreu os Canto e Melo e os Toledo Ribas da corte, com a vinda da nova esposa de d. Pedro. Ela viveu até 1857 no Rio de Janeiro, onde criou e casou os filhos. Teria ela, em alguma ida de d. Pedro à Glória, pedido ao imperador que interviesse a favor do antigo amante? Não é improvável.

D. Leopoldina, assim como o Patriarca da Independência, também era amiga de frei Sampaio, e não teria gostado da provável influência de Domitila na escolha do cargo, daí o comentário dela a respeito de Maintenon.

A troca de cargos e favores por parte da monarquia no Brasil havia se fortalecido na época de d. João VI. A Quinta da Boa Vista, por exemplo, foi doada ao monarca pelo seu antigo proprietário, Elias Antônio Lopes, que recebeu o cargo de arrecadador de impostos do reino em várias localidades, conseguindo assim quadriplicar o valor da sua doação. Assim faziam outros comerciantes: em troca de títulos e postos de fortuna, não deixavam de contribuir de alguma forma para que isso acontecesse.

A própria imperatriz Leopoldina, com dificuldades de equilibrar suas finanças, viu-se obrigada a trocar favores por dinheiro, a fim de conseguir pagar as suas contas.

Quando ela veio ao Brasil para se casar com d. Pedro, deveria receber uma mesada, que quase nunca era paga, e, quando era, o marido ficava com tudo ou boa parte. As coisas não melhoraram muito com a Independência. D. Pedro, talvez por não achar que a mulher devesse ter dinheiro, simplesmente dava-lhe um conto e seiscentos mil-réis por mês e, para completar, ainda mandava cortar o custo de sua cozinha. Leopoldina não se adaptava à gordurosa comida portuguesa e sofria de hemorroidas, por isso tinha um cozinheiro próprio. Enquanto isso Domitila recebia, por mês, um conto de réis.[108] Os gastos das duas eram desiguais: Leopoldina tinha, com a sua mesada, que gastar com a manutenção de seu vestuário, pois se esperava que uma imperatriz se vestisse de modo condizente com sua posição, desse esmolas, pagasse pensões de alguns ex-funcionários, etc. Por outro lado, Domitila recebia de d. Pedro joias, comida da mesa do paço e até cuidados para seus cavalos, enquanto Leopoldina tinha de pedir ao seu secretário Flach que arrumasse comida para os seus. Como comparação, o secretário do imperador, Francisco Gomes, o oficial mais graduado das secretarias, recebia 10% desse valor por mês: cem mil-réis.

Se por um lado a imperatriz realmente precisava de dinheiro, por outro, acostumada com a antiga vida que levava em Viena, não sabia determinar prioridades nos gastos. Um exemplo disso é o fato de ter mandado seu secretário ao porto para ver um navio que estava aportando. Os marinheiros trouxeram uma lhama do Peru, e ela achava que deveria comprar o animal para puxar a pequena carruagem de d. Maria da Glória. Por outro lado, *noblesse oblige*, também gastava o dinheiro que não tinha em doações para os pobres, órfãos e necessitados em geral.

---

[108] Pensão anual dos funcionários do Paço em 1829: lista dos pagamentos 1829/1830:

Marquesa de Santos	12.000$000
Francisco Gomes da Silva	1.200$000
Mariana Carlota da Verna	960$000
Açafata (mínimo)	300$000

Temos que lembrar que nessa época não havia uma política pública para subvencionar asilos, orfanatos e hospitais. Esperava-se que a imperatriz cumprisse com essas doações, como de fato o fez. Não somente os desvalidos brasileiros contavam com a proteção de d. Leopoldina; Schlischthorst, por exemplo, o mercenário alemão que teria presenciado o tráfico de influência de Domitila, conseguiu falar com a imperatriz sobre o sufoco financeiro em que se encontrava e lhe entregou um soneto que compusera em sua homenagem. D. Leopoldina mandou que o seu camarista desse ao militar 200 mil-réis, mas o camarista só entregou 150, em troca dos quais Schlischthorst teve de lhe dar um recibo de 200 mil.

Tentando cumprir com as funções que se esperava de uma imperatriz, e desacostumada a contar centavos — afinal, os Habsburgos sempre foram riquíssimos —, d. Leopoldina passou a pedir empréstimos a nobres e negociantes, chegando a criar dívidas novas para saldar as antigas. Essa verdadeira bola de neve só foi resolvida depois de sua morte, pela Assembleia, que determinou uma verba para pagar as suas contas.

D. Leopoldina era obrigada a se virar como podia, as questões de dinheiro com d. Pedro eram sempre complicadas e ela tinha pavor que ele descobrisse sobre suas dívidas. Em julho de 1826, a imperatriz escreveu ao seu secretário, pedindo auxílio para esconder do marido mais um empréstimo, como prova a seguinte carta:

> *Caríssimo Flach! Por amor de Deus tenha a bondade de me arranjar os três contos. Quanto ao homem pequeno não recebi uma resposta má do imperador; no entanto, ao que me parece, o meu esposo quer que ele lhe peça pessoalmente, mas diga-lhe que não mencione nunca o dinheiro.* (...) *Leopoldina. 22 de julho de 1826.*[109]

---

[109] Oberacker Jr., Carlos. *Comentários às cartas da imperatriz Leopoldina a João Maninho Flach*, p.175.

Se até a imperatriz usava do seu posto para aliviar a penúria financeira em que d. Pedro a confinou, com a marquesa não deve ter sido diferente. Afinal, ela dormia com o homem que governava o país e, se os boatos fossem verdade, conseguiria o que quisesse dele. É o que dão a entender as duas cartas que ela recebeu de pessoas ligadas ao seu passado e que tanto a haviam atormentado: o ex-marido e o ex-sogro.

Longe ia a época em que Felício maltratava a esposa. Em 3 de setembro de 1826, pouco antes de ela receber o título de marquesa, ele lhe escreveu pedindo ajuda, aparentemente pela segunda vez:

Ilma. e Exma. Senhora.

Passa-se o tempo da mocidade, seguindo-se o impulso muitas vezes do erro, sem alguma reflexão. Eis chega com o andar dos anos, com os trabalhos, com às penúrias, esse dom precioso da reflexão no Ita amen [sic], *e é quando eles começam a olhar com arrependimento para muitos passos dados, na carreira da vida! Tal me acontece a mim; e para mais agravar a minha aflição, vejo-me por ora carecido e sem parentes, ou benfeitorias; em meio das mais oprimidas combinações, atino para o socorro do mal, o ir valer-me de uma alma verdadeiramente benfazeja; e é por isso que segunda vez vou por esta curvar-me aos pés de V. Exa., para valer como desgraçado que se não tem mérito para isso, ao menos existe o sentimento de caridade no coração de V. Exa, para ser indulgente. Amanhã vou prostrar-me aos pés de S. Majestade Imperial e apresentar-lhe um requerimento à pedir a revogação e a passagem do meu despacho para ser Sargento-Mor do mesmo batalhão do Pilar, e em cujo descrito estou, e situado com a minha agricultura e meus escravos, e aonde para esse canto irei vivendo com sossego. Portanto ouso pedir a V. Exa., que podendo, me valha nesta pretensão, para eu ser feliz, como espero. Se as almas levam desta para melhor vida algumas lembranças, a minha levará as mais puras memórias de gratidão á*

Ilma. Exma. Sra. Viscondessa de Santos, de quem sou com o maior respeito súdito reverente, criado obrigadíssimo. Felício Pinto Coelho de Mendonça[110]

E Felício conseguiu o que queria. Ao falecer, em 1833, tinha a patente de sargento-mor.

A carta do pai de Felício é igualmente curiosa: ele tentou envolver Domitila em uma negociata. Pretendia vender as minas que a família ainda possuía em Minas Gerais aos ingleses, e para isso tentava se aproximar deles por intermédio da influência da ex-nora: "De novo torno a falar (...) na venda das nossas lavras aos ingleses, o que v. exa. pode bem promover". "De novo" significa que não era a primeira vez que o sogro a importunava com tal negócio. Ele advertia que não pretendia se desfazer das lavras por menos de um milhão e tentava Domitila: "V. Exa. proteja este negócio, e eu por esta me obrigo a fazer boa a parte de V. Exa.; como se fossem vendidas pelos dois milhões".[111]

Antônio Gonçalves Gomide, ex-cunhado de Domitila, a marquesa e o marquês de Queluz teriam unido forças para conseguir de d. Pedro a autorização para que os ingleses pudessem comprar e operar a mina, porém a própria família, por falta de consenso entre os herdeiros, acabou desistindo da ideia, só retornando a ela anos depois.

Quanto aos favores que efetivamente a marquesa recebeu, um deles é, sem dúvida, o divórcio. Inegável que o tempo de tramitação foi abreviado por pressão do imperador, o que não impediu que ela tivesse de protocolar a documentação, nomear procuradores e realizar toda a burocracia necessária.

Ser parente da marquesa não parece ter sido suficiente para que os benefícios fossem dados automaticamente, sem se passar pelo

[110] Arquivo do Museu Imperial. I-POB-03.09.1826-Men.c.

[111] Arquivo do Museu Imperial. Maço 67 — Doc. 3177.

trâmite legal. Francisco de Castro, por exemplo, companheiro de d. Pedro na viagem da Independência e amigo pessoal do imperador, requeria por petição protocolada, a 27 de julho de 1827, o oficialato da Ordem do Cruzeiro, que receberia em outubro do mesmo ano. Porém, o cunhado de Domitila, o barão de Sorocaba, que criava o filho bastardo do imperador como seu, teve o seu pedido de elevação do título de barão às "honras de grandeza" indeferido por d. Pedro em 1826, quando o relacionamento entre a marquesa e o imperador estava no auge.

Hoje é comum, com o famoso "jeitinho brasileiro", tentar se livrar do serviço militar. Parece que os irmãos Castro nunca pensaram em usar a irmã para arrumar um trabalho mais sossegado no exército, ao contrário, a folha de serviços deles é extensa. João, o segundo visconde de Castro, irmão mais velho da marquesa, foi um dos heróis da resistência de Porto Alegre. Responsável pela bateria de defesa da cidade, conseguiu ajudá-la a se manter fiel ao governo imperial durante a Guerra dos Farrapos.

Nem tudo em que Domitila se envolvia significava vitória. Ao receber o título de marquesa de Santos, ela passou à categoria de "grande" do Império. Por conta disso, no seu diploma de titulação, lê-se: "E com o dito título haverá o assentamento que lhe tocar, passando-se-lhe alvará pelo Conselho da Fazenda, na forma costumada". A marquesa não perdeu tempo. Deu entrada no Conselho da Fazenda com um requerimento pedindo o que o diploma prometia, ou seja, uma pensão.

Segundo o direito nobiliárquico português, que foi em parte, inclusive nas fórmulas, copiado pelo Brasil Império, o nobre teria direito a uma pensão do monarca. Mas no Brasil não existia legislação para isso, e assim o pedido de Domitila foi indeferido, até que "houvesse ulteriores disposições",[112] o que nunca aconteceu,

---

[112] Coleção das decisões do governo do Império do Brasil de 1827, p. 8.

pois a Assembleia não ratificou nenhuma lei complementar visando pagar pensões aos nobres brasileiros.

Se a lei fosse votada, Domitila não seria a única a ser agraciada. O marquês de Barbacena, por exemplo, que negociava o reconhecimento de d. Maria da Glória como rainha de Portugal e o segundo casamento do imperador, seria um dos contemplados. Fazer *lobby* para que essa lei fosse criada não seria difícil. Entretanto, ela nunca foi, e a mulher a que julgavam capaz de derrubar ministros e nomeá-los a seu bel-prazer, por uma quantia justa, teve o seu processo indeferido pelo procurador da Coroa.

E o que o próprio d. Pedro achava dessa onda de favores à favorita?

Em uma carta, infelizmente sem data para que se possa verificar de quem eram as promoções, Domitila responde a um bilhete de d. Pedro: "Vossa Majestade manda; farei tudo que mo ordena. Mande vir tinta e areia para hoje se assinarem as patentes".[113]

Se a confirmação de alguns favores existe, por outro lado d. Pedro aparentava ter noção de até onde deveria ir:

> *Sinto infinito quando não posso fazer o que mecê pede; mas é o que acontece a quem como eu deseja manter a justiça e a disciplina militar, que muitas vezes tem de dar golpes em sua alma e faltar a quem ama quando lhe pede qualquer coisa.*[114]

Enquanto José Bonifácio esbravejava na França, chamando d. Escolástica de bruxa, aqui parece que os feitiços dela não surtiam muito efeito no imperador.

Em uma carta datada de outubro de 1827 e guardada na Biblioteca Nacional, no Rio de Janeiro,[115] d. Pedro chama a mãe da marquesa, simpaticamente, de "minha querida viscondessa e minha

---

[113] RANGEL, Alberto. *Cartas de Pedro I à marquesa de Santos*, p. 562.

[114] REZZUTTI, Paulo. *Titília e o Demonão*, p. 145.

[115] RANGEL, Alberto. *Cartas de Pedro I à marquesa de Santos*, p. 277.

velha", para logo depois se desculpar: "Não posso ter o gosto de lhe fazer o que me pede, e bem sinto assim praticar". D. Escolástica pedia uma colocação para um afilhado, mas d. Pedro informava que não podia fazer o que ela requeria, pois já havia ajudado essa pessoa antes e agora não poderia preterir criados mais antigos ao seu serviço para aquele cargo. Ou seja, o imperador não podia, ou não queria, favorecer o afilhado de d. Escolástica. Em outra parte da carta, o monarca diz: "Sinto muito que se admirasse que a marquesa me não quisesse mandar pedir: é bom que lhe diga a marquesa, a quem sobre tudo estimo e estimarei, pois sou e serei muito seu amigo, é consequente, e portanto se ela praticasse o contrário então é que deveria ser estranhada".

Embora d. Pedro dê a entender à mãe da marquesa que Domitila era consciente do que podia ou não pedir a ele, as diversas negativas de favores à sua amante entram em contradição com essa resposta a d. Escolástica. A verdade parece ser uma só: o imperador favorecia a marquesa e seus protegidos quando e no que lhe conviesse. Assim, fazendo o que podia e quando queria, estava longe de ser o homem dominado pela amante que os Andradas diziam ser. Nesse caso, ainda completa a carta afirmando que serviria a viscondessa de Castro "em outra coisa que não sofra prejuízo de terceiros".

Mesmo sem sofrer "prejuízo de terceiros", somente em 13 de maio de 1833 d. Escolástica conseguiu receber o meio soldo de viúva do finado coronel João de Castro, sete anos após a morte do marido.

Domitila era chamada carinhosamente por d. Pedro de "filha", e ele incentivava que ela o chamasse de "filho", porém, nas raras cartas dela para ele que sobreviveram, o tratamento usado, geralmente, é "Vossa Majestade", ou "Senhor". Alguém que tratasse com tanta intimidade os negócios de Estado e fizesse do amante um fantoche dificilmente demonstraria tamanho respeito em cartas íntimas.

Os bilhetes e cartas trocadas entre os amantes eram enviados lacrados, como provam as marcas antigas de cera. Não se esperava que algum mensageiro fosse violar a correspondência sem punição. Domitila não foi cortês e reverente devido ao risco de alguém lê-las. Aliás, ninguém as deveria ter lido, se a marquesa houvesse feito o que d. Pedro mandou: queimar as missivas.

35. Largo do Capim

PARTE 3

SÃO PAULO
1829-67

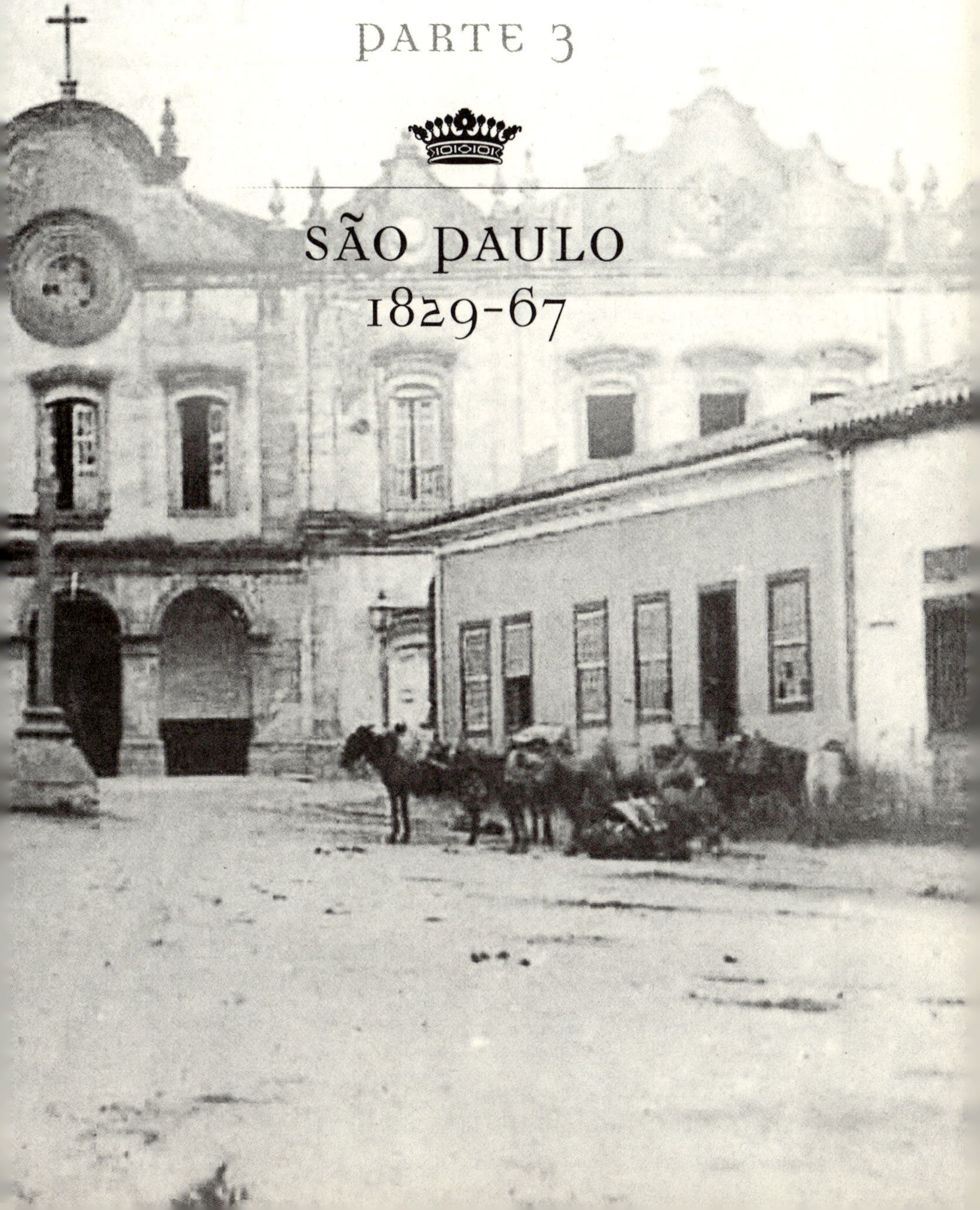

O NOVO FAROL PAULISTANO.

NUMERO 9. SABBADO 3 DE SEPTEMBRO. ANNO DE 1831.

Subscreve-se a 1$200 rs. por trimestre pago adiantado, uma folha às *Quartas* e *Sabbados*, em casa do Sr. J. A. A. ALVIM, *Rua do Commercio n.º 3.*

S. PAULO: NA TYP. DO FAROL PAULISTANO. 1831.

Celui qui dédaigne la modération repousse la justice.

DROZ.

ARTIGOS D'OFFICIO.

S. PAULO.

Proclamação.

Paulistas! Foi no dia sete de Septembro, que alçando o brado da nossa Independencia, rompemos os ferros de uma vergonhosa escravidão, e vimos o Brazil assumir com estrondo, e gloria o lugar, que lhe estava reservado na lista das Nações Soberanas e Livres. Poderemos nós Brazileiros passar com indifferença o Fausto, e Glorioso Anniversario da Emancipação do Brazil? E vós, Paulistas, a quem cabe a honra de haver sido os primeiros, que arvorastes o estandarte da Liberdade da Patria, não vos enchereis de ufania, não sentireis nesse dia aquecido o coração por um nobre e patriotico enthusiasmo?? Ainda nos Campos do Ypiranga resôa o grito — *Independencia*!!! Ah! vinde, vosso Presidente vos convida: corramos todos em tão grande dia ao Ypiranga, e dêmos nova força ao magestoso éco, que alli retumba, fazendo-o repetir numerosos, e multiplicados Vivas á Independencia da Nação Brazileira.

Manoel Theodoro de Araujo e Azambuja.

— EDITAL. — Achando-se vaga a Eschola de primeiras Lettras da Freguezia de Nazareth, termo da Villa de Atibaia, o Ex.mo Sr. Presidente da Provincia manda pôr a concurso a dita Eschola: por tanto todas as pessoas que pertenderem entrar em opposição deverão apresentar na Secretaria do Governo dentro do praso de trinta dias contados da data deste, os seus requerimentos com os Documentos, que justifiquem a qualidade de Cidadãos Brazileiros no gôso de seus direitos Civis e Politicos, e de não terem nota na regularidade de sua conducta. Secretaria do Governo de São Paulo 27 de Agosto de 1831.—José Mathias Ferreira de Abreu.

— Constando-me ter vindo a esta Capital o Thesoureiro d'essa Alfandega, sem que para isso precedesse a competente licença deste Governo; cumpre que V. m. me informe se a concedeo ao mesmo, e no caso de o ter feito com que authoridade. Deos guarde a V. m. Palacio do Governo de S. Paulo 29 de Agosto de 1831.—Manoel Theodoro de Araujo Azambuja.—Sr. Dr. Juiz d'Alfandega da Villa de Santos.

CAMARA MUNICIPAL D'ESTA CIDADE.

3.ª REUNIÃO ORDINARIA DE 1831.

1.ª *Sessão a 23 de Agosto.*

Presidencia do Sr. França.

Sendo presentes 6 Srs. Vereadores, inclusivè o Supplente Sr. X. da Costa em logar do Sr. Nogueira que está com licença, e faltando com causa os Srs. Godoi, foi aberta a Sessão.

Leu-se: Off. do Ex.mo Presid. da Prov. remettendo 3 laminas de pús vaccinico para ser propagado &c.: participou o Sr. Presid. da Camara têl-as enviado ao Cirurg. de partido para empregal-as na forma já deliberada, do que ficou a Camara inteirada.

Do mesmo transmittindo 8 Exemplares de Leis e Decretos ha pouco promulgadas: inteirada.

Dos Srs. Veread. Galvão, e Almeida participando que por enfermos não podem assistir as Sessões d'esta Reunião: inteirada.

Do Ouvidor da Comarca requisitando o Livro para as Actas das Junctas de Paz conforme o art. 3.º do Decreto de 9 de Julho findo: deliberou-se mandar um dos que existem promptos.

De Manoel Francisco de Oliveira Pinto fazendo vêr que não pode tornar a exercer o cargo de Juiz de Paz da Freg. da Conceição por continuar enfermo: resolveu-se que deve comprovar com documento.

Do Fisc. do Braz com o relatorio de sua administração: remettido á Commissão permanente.

Do de S. Amaro participando que o Eleitor Melchor Domingues Paes acha-se enfermo e impossibilitado, e de assistir á proxima eleição, e que são fallecidos 2 Supplentes: deliberou-se convocar ao immediato em votos Manoel Joaquim do Rosario.

Do Procurador com as contas do 2.º trimestre d'este anno, e participando a suspeição do actual Juiz de Paz na causa de infracção de

36. O *Novo Farol Paulistano* de 3/9/1831

I

RECOMEÇO

O que não provoca a minha morte,
faz com que eu fique mais forte.

NIETZSCHE, *CREPÚSCULO DOS ÍDOLOS*

EM OUTUBRO DE 1829, Domitila e a família regressavam definitivamente a São Paulo. Apesar de ter adquirido uma propriedade na visita de 1828, ela se hospedou na chácara de Francisco Inácio de Souza Queirós. Doente, o ex-inimigo dos Andradas — a quem estes acusavam de ter pago a Domitila para acabar com a devassa da Bernarda de 1822 — estava se tratando em Portugal, onde morreria pouco tempo depois.

Diferentemente do que estava acostumada — morar ao lado do paço e a alguns quilômetros das secretarias, que se encontravam instaladas no centro do Rio de Janeiro —, agora Domitila era só mais uma peticionária tentando fazer valer seus direitos. A pensão que deveria receber por decreto não chegava devido à falta de bancos em São Paulo onde se pudesse sacar dinheiro contra a Casa Imperial. O dinheiro prometido pelo imperador da compra de suas propriedades não havia sido integralmente pago. Suas cartas, antes respondidas com diligência pelos funcionários do paço, eram agora, na maioria das vezes, ignoradas. D. Pedro não lhe respondia; quando muito, o secretário dele, Francisco Gomes, mandava informar que a bolsa do imperador estava vazia, mas que logo se daria um jeito de pagá-la. Outros aproveitavam a queda de Domitila para se vingar.

Uma das pessoas que se voltaram contra a marquesa foi o "barbeiro Plácido", como Maria Graham gostava de chamar Plácido de Abreu Pereira, também seu desafeto no palácio. Uma parte do que era devido à marquesa foi deixada à disposição para ela sacar na corte. Por não existirem as facilidades bancárias de hoje naquela época, não havia como ela receber o valor em São Paulo sem perder dinheiro com a transação, portanto, achou que poderia contar com Plácido como seu procurador, afinal era um velho conhecido seu, do círculo íntimo do imperador, além de tesoureiro da Casa Imperial. Ledo engano: no início de 1830, ela recebia dele uma resposta desaforada. O tesoureiro acusava a marquesa de ter falado contra sua honra e por isso se declarava seu inimigo. Afirmava que só tinha sido seu amigo não por ela mesma, "mas por aquele contato que me apresentava a V. Exa., como um pertence, em tais tempos do Meu Soberano e bem feitor e amo". Ou seja: enquanto ela foi um brinquedo do imperador, Plácido respeitava-a; agora que ela caíra em desgraça, ele não precisava mais fingir que a suportava.

O grande ódio do servidor se devia ao fato de Domitila ter contado a d. Pedro que Plácido lhe confessara desejos libidinosos. Agora, ele dizia que ela inventara isso e cobria-a de pragas: "Não receia que um Deus a cubra de lepra e de crostas e de chagas asquerosas que pelo mau é dito (...)". Ainda, tardiamente, denunciava Plácido o dano que Domitila causara ao imperador:

Quanto perigo corria um jovem soberano, com tal malvado gênio ao seu lado e que de boa fé lhe dava o crédito que não merecia e agora conheço quanto é terrível num estado uma mulher como V. Exa. Quem o tivera sabido antes! Eu bem sei que a marcha das mulheres como V. Exa. é afetarem os seus amantes, que os seus amigos as desejam, para mais lhe assegurarem da fidelidade que nunca lhe tiveram (...). Pode V. Exa. viver na persuasão que eu só a verei como maior inimigo do mundo e como a mais perjura e caluniosa pessoa que habita a terra e que, sendo eu só um criado de meu Amo e Senhor, me julgo tão divergente de V. Exa. para com ele quanto difere a minha fidelidade de sua traição e calúnia e ambição.[116]

Um mês depois da afronta de Plácido, Domitila deu à luz em São Paulo a sua última filha com d. Pedro I. Em 28 de fevereiro de 1830, nascia Maria Isabel de Alcântara Brasileira.

Quando d. Pedro pôs fim de vez ao relacionamento, em meados de 1829, Domitila revelou-lhe que estava grávida de dois meses. Segundo um relato familiar, o imperador teria tido um rompante de ira e partido para cima da amante com intenção de matá-la. Dizia que o filho não era dele. José de Castro, presente ao momento da cena, teria evitado que uma desgraça acontecesse. Pôs-se entre d. Pedro e a amante, barrando o caminho do imperador. O irmão de Domitila afirmou ao monarca que, se o filho ou filha que a irmã esperava não fosse dele, José lhe daria sua cabeça em uma bandeja.

Essa versão entra em conflito com tantas cartas que d. Pedro enviava pedindo notícias sobre a saúde dos filhos, ou mesmo as inúmeras subidas à serra para a Fazenda Correia atrás dos bons ares para a filha mais doente, d. Paula. Na mesma época da saída da amante da corte, ele mandava o filho que teve com a baronesa de Sorocaba estudar em Londres e recomendava ao marquês de Barbacena: "Peço que o mande aprender a nossa língua, pois não quero que depois de grande me apareça dizendo: Minha Cavalo,

[116] Arquivo do Museu Imperial. II-POB-20.01.1829-Abr.c 1-10

Minha Pai".[117] Porém, o desespero do imperador com a chegada da nova esposa pode ter sido grande a ponto de fazê-lo perder a cabeça com a gravidez de Domitila.

A marquesa, mesmo após ter sido banida definitivamente para São Paulo, parece não ter perdido a alegria e a vontade de se divertir. Entusiasta dos primeiros carnavais, Domitila brincava no "entrudo", como se chamava a festa importada de Portugal ainda no período do Brasil Colônia. O nome vinha de "entrada", por ser a comemoração que antecedia o início da Quaresma. Nessa época, no Brasil, comemorava-se atirando bolas de ceras, com água dentro, nas pessoas. Essas bolas eram chamadas de laranjas ou limões de cheiro, dependendo da cor da cera utilizada. Se o exterior era diferenciado, o interior também. Enquanto os nobres e burgueses comemoravam o entrudo nas suas residências jogado laranjinhas e limõezinhos com água perfumada, para o povo, nas ruas, elas eram recheadas de farinha, nos melhores casos, e, nos piores, de ovos, urina, fezes e até mesmo esperma.

Domitila, mesmo grávida no nono mês, não perdeu a festa. No dia 2 de fevereiro foi atingida por uma laranjinha de cheiro bem na barriga. Segundo a própria Maria Isabel conta em carta a uma amiga,

> *estando ela por infelicidade dela e minha com uma imagem da Senhora da Conceição que ela sempre trazia ao pescoço estar ela pendente, e justamente caiu a laranjinha sobre ela, e eu, que estava de frente, fui que levei a Conceição na testa. Desde esse dia até o dia 28 eu levei de convulsões no ventre de minha mãe. Nasci com a testa metida para dentro com a imagem perfeita. Foi preciso eu ficar ano e meio presa no quarto e tudo calafetado para eu não apanhar ar para assim eu ficar perfeita da testa.*[118]

---

[117] Arquivo do Museu Imperial. II-POB-12.04.1829-PI.B.c.

[118] Rangel, Alberto. *D. Pedro I e a marquesa de Santos*, p. 394, doc. 62.

37. O entrudo, retratado por Debret. Uma vendedora é pega na rua e tem o rosto enfarinhado, enquanto isso uma criança com uma seringa d'água molha as pessoas. Uma mulher sentada vende laranjinhas e limões de cheiro. Um rapaz, à esquerda, se prepara para jogar uma laranjinha

O bebê, com a imagem de Nossa Senhora na fronte, herdou a epilepsia de d. Pedro I.

Apesar das cartas que continuava a mandar, cobrando o que lhe era devido e querendo saber como proceder em relação à menina, se batizava em seu nome ou se d. Pedro iria reconhecê-la como fizera aos outros filhos, não obtinha resposta alguma.

D. Pedro estava apaixonado pela nova esposa, a jovem imperatriz d. Amélia. O monarca até criou uma condecoração em homenagem a ela. Como a cor preferida da nova imperatriz era rosa, fez a Comenda da Rosa, cujo mote, "Amor e Fidelidade", era, aparentemente, inspirado na divisa do príncipe Eugênio, pai dela, "Honra e

Fidelidade". O imperador parecia disposto a esquecer completamente o seu passado a todo custo, inclusive barrando velhos amigos, como fez a Francisco de Castro.

Em abril, d. Pedro escreveu uma carta ao mordomo-mor do paço, o marquês de São João da Palma, em que falava a respeito de Francisco na corte:

> *O amor que devo, e realmente tenho, levando quase a adoração, pela Imperatriz obriga-me ordenar-lhe que fazendo procurar em casa o Moço da Câmara Francisco de Castro do Canto e Melo lhe intime em meu nome que não compareça no Paço em ocasião alguma, estranhando-lhe muito o ter aparecido no Imperial Palácio da Boa Vista sem consultá-lo primeiro, atentas as circunstâncias que ele não ignora.*[119]

Em julho, Domitila enviou uma carta a um parente seu. Antônio Marcondes Ribas era casado com uma prima afastada da marquesa, mas foi um dos poucos que, no Rio de Janeiro, mantiveram a amizade com a favorita exilada. Continuava a desabafar que ainda não recebera o que haviam lhe prometido e que nem notícias da pequena duquesa de Goiás, enviada para estudar em Paris, lhe eram enviadas. A marquesa ainda ameaçava: "Veja se pode obter alguma resposta, pois senão eu farei todo o possível de ir até lá mostrar o papel que tenho em minha mão de todas as promessas do imperador".[120]

O projeto de Domitila dar um escândalo na corte não vingou, até por conta do momento político.

A São Paulo para onde ela voltava não era a que ela estava acostumada. A cidade, que já tinha jornal desde 1823, inaugurava em

[119] Arquivo do Museu Imperial. II-POB-26.04.1830-PI.B.me 1-9.

[120] Carta de Domitila de Castro Canto e Melo, marquesa de Santos, a Candido (?) tratando de ordenados e contas a serem pagas. São Paulo, 02/7/18--; Fac-símile, manuscrito, 2 pp. Localização: I-02,25,062. Fundo/Coleção Manuscritos Avulsos. Série Correspondência.

1830 os primeiros lampiões de rua. E a Academia de Direito, implantada no semivazio convento de São Francisco pela lei de 11 de agosto de 1827, estava mudando um pouco os ares da cidade.

Professores portugueses e de outras nacionalidades vindos ao Brasil, geralmente fugidos de suas pátrias por suas ideias liberais, encontravam abrigo à sombra do velho convento e acabavam por se tornar lentes. É o que aconteceu com o professor João Maria de Avelar Brotero, que havia sido perseguido em Portugal pelo irmão de d. Pedro, d. Miguel, durante a Abrilada. Brotero foi o primeiro lente da Academia e diversas vezes assumiu como diretor interino. Outro professor dos primórdios da faculdade de Direito foi o médico italiano Líbero Badaró, lente de matemática e geometria no Curso Anexo da Academia de Direito de São Paulo, onde os estudantes frequentavam o curso preparatório para o ingresso na faculdade.

Líbero Badaró era protegido do deputado José da Costa Carvalho, futuro marquês de Monte Alegre, que lhe franqueara sua tipografia, a primeira de São Paulo, na qual o italiano editava o jornal *Observador Constitucional*. Badaró não poupava ninguém do governo, principalmente d. Pedro I. Um de seus desafetos eram os antigos amigos de Domitila, como o bispo d. Manuel Joaquim de Andrade, que em 1830 ocupava interinamente o cargo de presidente da Província de São Paulo.

A revolução que ocorreu na França, em julho de 1830, e depôs o rei Carlos X, fez com que os ventos do liberalismo chegassem ao Brasil em setembro. Os liberais brasileiros queriam mais do que d. Pedro I estava disposto a oferecer, e o descontentamento era crescente.

No Rio de Janeiro e em outras capitais de províncias, os habitantes iluminaram suas casas para comemorar a queda do tirano anticonstitucional francês. Em São Paulo, os estudantes da Academia tomaram a frente das comemorações, cantando e dançando madrugada adentro, com banda de música e tochas. Quem não gostou muito foram as autoridades constituídas. O ouvidor da

38. Líbero Badaró

comarca[121] Cândido Ladislau Japiaçu processou alguns dos estudantes, defendidos por Badaró no seu jornal, que chamava o ouvidor de "Caligulazinho".

Libero Badaró acabou sendo assassinado por suas opiniões políticas contra a classe dirigente da época. Às 22 horas do dia 20 de novembro, foi alvejado perto de sua residência, na rua Nova de São José.[122] Dias depois falecia, pronunciando a famosa frase: "Morre um liberal, mas não morre a liberdade".

O comandante de armas de São Paulo em 1830 era o cunhado de Domitila, o coronel Carlos Maria Oliva. Ele determinou a prisão

[121] Corregedor.

[122] Atual Líbero Badaró.

dos assassinos do médico e encarcerou o ouvidor Japiaçu, mais para salvá-lo da multidão de populares e estudantes, que o apontavam como mandante do crime. Com dificuldade, conseguiu despachar o ouvidor para a corte, onde seria julgado. Japiaçu partiu de Santos ao Rio de Janeiro em uma canoa, tendo por companhia, além dos familiares, os pais do poeta Álvares de Azevedo, amigos de Domitila. Apesar dos acadêmicos, que enchiam São Paulo na época das aulas, a cidade continuava tendo uma população fixa pequena, onde todos se conheciam.

A impopularidade de algumas medidas tomadas por d. Pedro, a aparente incompatibilidade dele com o sistema constitucional — desde a demissão do ministério do marquês de Barbacena —, e até mesmo o assassinato de Libero Badaró, marcaram os últimos tempos do primeiro imperador brasileiro no poder. Ele abdicou em 7 de abril de 1831, partindo com a imperatriz d. Amélia para a Europa, onde iria dar combate ao irmão para devolver o trono português a d. Maria da Glória.

Ainda sem receber o que d. Pedro lhe prometera, com a partida deste do Brasil, Domitila pediu intervenção do regente Francisco de Lima e Silva, pai do futuro duque de Caxias. Ela alegava que, dos 300 contos pelos quais vendera suas propriedades ao imperador, só recebera 80. Não existe documentação de como terminou essa pendenga, porém, no inventário que ela realizou em 1834, constavam 240 contos de réis referentes à venda das suas propriedades no Rio de Janeiro. Aparentemente, ela nunca conseguiu receber o valor total acertado.

Após a partida de d. Pedro, Domitila resolveu batizar Maria Isabel, no dia em que fazia seis anos que d. Pedro nomeara Isabel Maria duquesa de Goiás. Em 24 de maio, na casa da viscondessa de Castro, o bispo Manuel Joaquim batizou a criança. No ato de batismo consta que ela teria sido abandonada na casa da avó, ou seja, de pai e mãe desconhecidos. Domitila tomou a decisão de registrá-la assim na esperança de que d. Pedro ainda se dignasse a reconhecer a filha.

Finalmente, após um ano de espera e com d. Pedro no exílio, Domitila recebeu uma carta do marquês de Rezende, que, em nome do ex-imperador, informava que este não iria se descuidar da educação da criança que ela tivera em São Paulo. Pedia que a marquesa enviasse a filha, que ele a educaria na Europa, assim como estava fazendo com a duquesa de Goiás. Domitila concordou, desde que fosse junto. Já havia perdido uma das filhas, não iria também perder a segunda de suas vistas. Se d. Pedro deixara de receber o velho amigo Francisco de Castro por muito amar a nova imperatriz, o que deve ter pensado com a marquesa convidando a si própria para acompanhar a filha? O projeto não logrou, e o contato esfriou novamente.

Aos trinta e cinco anos, a marquesa era avó. Nascia a 15 de fevereiro de 1832 uma menina, que recebeu o nome de Escolástica Pinto Coelho de Mendonça e Castro, filha do "mano José" e de Francisca. O primeiro nome era uma homenagem à viscondessa de Castro. Um ano depois, a bebê ficaria órfã. "Chiquinha" morreu tuberculosa, em 16 de agosto de 1833. Seu pai, Felício, o primeiro marido de Domitila, acompanharia a filha ao túmulo em 5 de novembro do mesmo ano, aos quarenta e quatro anos; Domitila herdou-lhe os bens, aumentando sua fortuna.

Entre nascimentos e mortes, a marquesa entrava em 1834 grávida novamente, e dessa vez não de um imperador, e sim de um rei.

2

O "REIZINHO DE SÃO PAULO"

Amor: duas solidões protegendo-se uma à outra.

RAINER MARIA RILKE, *CARTAS A UM JOVEM POETA*

APESAR DA LIBERALIDADE da mulher paulista, fruto de gerações de esposas e filhas que tiveram que cuidar de si mesmas durante as ausências prolongadas dos homens, Domitila, com seu relacionamento com d. Pedro, havia extrapolado.

Sua notoriedade como a "moça do imperador" dividia as opiniões. Uns odiavam-na, falavam contra a sua moral, desdenhavam-na. Mesmo sem ter nenhum contato com o imperador caído, Domitila era a representação viva do apogeu dele. Sem d. Pedro por perto e com o Brasil mergulhado no período turbulento das regências, o que os jornais antes falavam nas entrelinhas agora não se censurava. *O Jornal do Comércio*, do Recife, propunha que o nome do navio "Duquesa de Goiás" fosse mudado para "Pernambuco". Diversos jornais cariocas falavam mal da conduta escandalosa do ex-imperador com Domitila. O periódico Sete de Abril foi o que mais usou a imagem da marquesa para escarnecer o Primeiro Reinado. Em 2 de fevereiro de 1833, por exemplo, pediu a queda do ministério por não haver convidado a duquesa de Goiás e a marquesa de Santos para o enterro da princesa d. Paula; insinuando, ironicamente, que essa falta de etiqueta já havia ocorrido quando do falecimento de d. Leopoldina, causando a queda do ministério no início de 1827. Em 28 de maio, o mesmo jornal, em ataque a um discurso elogioso ao ex-imperador pronunciado na câmara, perguntava ao deputado que o pronunciou por que não mencionou o decreto que fez: "Primeira Dama a marquesa de Santos, em desfeita a tantas senhoras honradas (...) os motivos desta promoção cobrem de rubor as faces de quem os conhece". O artigo terminava com a insinuação do envolvimento de Domitila na morte de d. Leopoldina, ocorrida sete anos antes: "(...) célebre marquesa, de quem muitas coisas se disseram na morte da imperatriz, que pareceram confirmadas pelo baronato de Inhomirim".

Em São Paulo, as coisas estavam equilibradas para Domitila. Apesar da divisão das comadres e dos políticos entre "marquesistas" e antimarquesistas" — que perdura até hoje —, os primeiros eram mais bem postos. O bispo de São Paulo, d. Mateus, tinha sido eleito vice-presidente da província; Carlos Oliva, marido de Ana Cândida, era o comandante de armas de São Paulo. Outro marquesista era o coronel Bernardo José Pinto Gavião Peixoto, político e militar, que ocuparia a presidência da província e chegaria ao posto de brigadeiro. Foi um dos mais notórios a cortejar Domitila.

Do lado oposto, um dos antimarquesistas mais empedernidos era o coronel Rafael Tobias de Aguiar. Rico sorocabano, político influente em toda a província de São Paulo, era filho, neto e bisneto de comerciantes de gado. Tinha o apelido de "Reizinho de São Paulo".

Na época do Fico, em 1821, ele foi um dos paulistas endinheirados que contribuíram enviando tropas fiéis a d. Pedro. Armou, à própria custa, mais de cem homens e marchou com eles para a corte. Chegou a contribuir com 12 contos de réis para a causa da Independência. Por ser o único filho homem, não seguiu o destino

39. Rafael Tobias de Aguiar

dos varões ricos de São Paulo, que era estudar em Coimbra; acabou estudando na capital paulista, tendo como um de seus professores Martim Francisco de Andrada. Foi colega de classe do futuro padre e político Diogo Antônio Feijó, que em 1831 assumiria a pasta de ministro da Justiça do Império, enquanto Tobias de Aguiar era escolhido pelo governo imperial para ser o sexto presidente da Província de São Paulo, o primeiro paulista a assumir esse cargo.

Tobias era tão rico que não apenas uma vez fez empréstimos pessoais para cobrir o cofre do Estado, sem cobrar juros. Chegou a adiantar o pagamento dos funcionários com dinheiro próprio quando o Tesouro esteve vazio, e entregou a presidência da província com a contabilidade sanada e os cofres cheios para a administração seguinte. Como não precisava do salário de presidente para viver, durante a sua administração não recebia o ordenado, investia o valor em obras públicas, escolas e instituições de beneficência. Na sua primeira administração,[123] criou o Gabinete Topográfico, dando a direção ao engenheiro militar Daniel Pedro Müller. Essa instituição seria o embrião da futura Escola Politécnica de São Paulo. Assim como Costa Carvalho havia protegido Líbero Badaró, o mesmo fez Tobias de Aguiar com o alemão Júlio Frank, que se tornou professor do Curso Anexo e fundador da Bucha, sociedade secreta estudantil da Academia de Direito.

Um dos primeiros decretos do presidente sorocabano tornou-se famoso. Em 15 de dezembro de 1831, ele criou a Força Pública de São Paulo, embrião da Polícia Militar, que o tem por patrono e fundador. A famosa ROTA, força de elite da PM de São Paulo, é sigla de Rondas Ostensivas Tobias de Aguiar, tendo como brasão da corporação o brasão pessoal do sorocabano. Outra homenagem feita a Tobias que perdura até hoje é o nome de uma pelagem específica de cavalo, tobiana, que teria sido criada por ele.

A tradição paulista conta que a antipatia de Tobias por Domitila era tanta, que ele dera o nome dela a uma escrava que tinha o hábito de fugir.

Porém, em meados de 1832 e início de 1833, a prevenção dele contra a marquesa abrandou. Talvez um contato mais próximo com ela tenha desfeito a imagem construída a partir do que os outros falavam a seu respeito. Não sabemos como teve início o romance entre eles, mas seus nomes aparecem juntos, como padrinhos de uma menina, em janeiro de 1833. Em fevereiro do mesmo ano, Tobias passou a atuar como administrador dos bens da marquesa. O primeiro filho do casal, Rafael Tobias de Aguiar e Castro, nasceu em 1834. Nesse mesmo ano, ela adquiriu de Maria

[123] Rafael Tobias de Aguiar ocupou o cargo de presidente da Província de São Paulo de 17/11/1831 até 11/5/1835 e depois de 6/10/1840 até 15/4/1841.

da Anunciação Lara Gavião, mãe do seu antigo *affair*, Bernardo José Pinto Gavião Peixoto, a grande e aristocrática residência da rua de Nossa Senhora do Carmo, que entraria para a história paulista como o Solar da Marquesa de Santos.

O vasto casarão, em que ela morou com os filhos, mãe e escravaria, localizava-se em um local nobre da cidade. A rua era uma das portas de entrada de São Paulo. Tinha quase à frente o teatro onde d. Pedro I comemorou a Independência com os paulistas, em 1822, e, de outro lado, o Convento de Santa Teresa. Também ficava bem perto do Palácio do Governo, no Pátio do Colégio, onde Tobias de Aguiar despachava. Ouve-se falar muito em casais que dormem em camas separadas, mas e aqueles que têm casas separadas? O insólito casal tinha duas residências. A marquesa possuía essa, que era considerada a sua moradia da cidade, enquanto a casa de Tobias ficava do outro lado do Anhangabaú e estava mais para uma grande chácara. Eles não viviam cada um na sua residência, mas utilizavam-nas juntos.

Com a morte de Felício, em 1833, Domitila ficava livre aos olhos da Igreja, que controlava o registro civil na época, para se casar novamente. Entretanto, a marquesa e Tobias ficariam anos amancebados, tendo diversos filhos, com a sociedade paulistana fazendo vistas grossas. Ao todo, entre 1834 e meados da década de 1840, Domitila daria seis filhos a ele: João, Rafael, Antônio, Brasílico, Gertrudes e Heitor. Estes, junto aos cinco que teve com d. Pedro e aos três com Felício, somariam quatorze crianças, das quais oito chegaram à idade adulta.

Houve um projeto de alguns políticos brasileiros de trazer d. Pedro I de volta para assumir a regência em nome do filho, d. Pedro II. A proposta era encabeçada pelo partido Caramuru, em que despontavam os ex-desafetos do monarca, os irmãos Andradas.

Na Europa, acompanhando o desenvolvimento dos acontecimentos e servindo de agente duplo, estava o genro da baronesa de Sorocaba, José Buschental. Esse personagem, digno de opereta,

40. D. Pedro, em Portugal, lutando pelos direitos da filha, d. Maria II

ainda precisa ser mais estudado. Buschental foi agente financeiro e um grande espertalhão. Atento a oportunidades para fazer fortunas, tentou casar d. Pedro II com uma infanta espanhola — à revelia da legação brasileira em Madri — e causou asco no barão de Mauá, que se viu em maus lençóis com um golpe praticado pelo genro de Maria Benedita contra um de seus bancos na Argentina.

Com uma mão, Buschental entregava as cartas dos caramurus para o secretário particular de d. Pedro, o Chalaça, em Londres, e, com a outra, escrevia o que estava acontecendo para um dos regentes do Império, José Costa Carvalho, futuro marquês de Monte Alegre. O antigo juiz de fora de São Paulo, que participara da Bernarda de

Francisco Inácio em 1822, era, nessa época, amigo de Tobias de Aguiar, e os dois trocavam correspondência. Em uma delas, o companheiro de Domitila referia-se da seguinte maneira ao ex-amante dela:

> *Pior será se vier esse diabo, o duque de Bragança, pois ainda que não vença, como estou certo, há de nos dar muito que fazer, muito particularmente porque os "chumbos" são muito asnos.*[124]

A antipatia nutrida por Tobias contra o ex-monarca não era extensiva à filha dele com a marquesa, Maria Isabel. Esta recordaria, com carinho, daquele a quem chamava de "compadre" por ter sido madrinha de uma das suas filhas com Domitila. Até d. Gertrudes, mãe de Tobias de Aguiar, gostava da menina e defendia-a da marquesa. Quando Maria Isabel não sabia a lição, Domitila trancava-a no quarto de castigo, para logo depois ser obrigada pela sogra a tirá-la e levá-la para junto da cadeira de rodas dela.[125]

Talvez a doença herdada do pai tenha feito Maria Isabel ser bastante mimada. Em sete anos sofreu três convulsões, sendo a última a mais grave, a ponto de o médico, dr. Ellis, achar que ela não se recuperaria mais.

Os temores de Tobias e Costa Carvalho não se concretizaram. No mesmo ano em que nascia o primeiro filho de Domitila e Tobias, d. Pedro falecia tuberculoso em Portugal. Legou o coração — que amara democraticamente tantas brasileiras, mas uma em particular — à cidade do Porto, onde enfrentou o célebre cerco contra d. Miguel.

Mas nem morto d. Pedro deixou a aventura de lado, tampouco a dualidade de ser português e brasileiro. Seu corpo, depois de descansar por 138 anos no Panteão Real da Dinastia de Bragança, situado

---

[124] Leite, Aureliano. *Vida e obra do brigadeiro Rafael Tobias de Aguiar*, p. 19.

[125] "História da vida da filha bastarda de d. Pedro I", apud. Rangel, Alberto. *D. Pedro I e a marquesa de Santos*, p. 394.

no mosteiro da igreja de São Vicente de Fora, em Lisboa, foi trasladado para o Brasil durante as comemorações dos 150 anos da Independência, em 1972. Após embarcar e desembarcar de aviões da Força Aérea Brasileira, ser transportado por veículos de guerra em desfiles pelas grandes capitais, onde o caixão foi velado nas catedrais de norte a sul do país, acabou depositado na cripta imperial sob o Monumento da Independência, em São Paulo, de onde saiu quarenta anos depois, na madrugada de 19 para 20 de março de 2012, para uma tomografia no Instituto de Radiologia da USP, durante os trabalhos realizados pela arqueóloga Valdirene do Carmo Ambiel.

Em seu testamento, d. Pedro não se esqueceu dos filhos bastardos. A duquesa de Goiás recebeu parte da herança que lhe cabia, além de ser posta sob os cuidados de d. Amélia. Rodrigo Delfim Pereira foi mencionado também, assim como o filho do imperador com madame Saisset. Quanto a Maria Isabel, Pedro recomendou à sua viúva que a chamasse para junto de si e a educasse, ao lado da irmã.

O que Domitila deve ter pensado e sentido quando soube da morte do seu ex-amante, os paulistas da época devem ter tentado perceber pelas suas atitudes e expressões, sem sucesso. A marquesa ocupava-se em mover processos contra a Câmara Municipal pela derrubada de um muro que dividia a sua propriedade do famoso "Beco do Colégio". O antigo proprietário havia invadido a área do beco com um muro, que foi derrubado a mando da Câmara. Domitila moveu-lhe um processo até que a edilidade, em 1838, concordou em reconstruí-lo no local correto. A problemática era um pouco mais extensa do que apenas um muro. O beco, que ainda hoje existe, é um dos caminhos primordiais da Pauliceia. Por eles os jesuítas e índios subiam da margem do Tamanduateí até o Pátio do Colégio. Na época de Domitila, os escravos jogavam o lixo na várzea do Carmo e desciam por esse caminho, porém alguns mais preguiçosos acabavam abandonando seus monturos nos terrenos do Solar da Marquesa.

41. D. Amélia, ex-imperatriz brasileira, e a princesa Maria Amélia, única filha que teve de d. Pedro I

Em julho de 1839, Domitila seguiu com Maria Isabel para o Rio de Janeiro. Por conselho médico, mudava a filha de "ares". Junto à marquesa, no navio, viajaram também o filho mais velho, Felício, e Rafael Tobias de Aguiar e Castro, de cinco anos, bem como seu companheiro e, surpreendentemente, a baronesa de Sorocaba. Doze escravos acompanhavam a família.

A viagem para a corte foi infernal. O vapor foi apanhado por uma forte tempestade, obrigando-os a parar durante três dias em São Sebastião. As opiniões desencontradas, com uns dizendo que o navio fazia água e outros que havia batido nas pedras, desesperaram mãe e filha. Domitila agarrou a menina, chorava e rezava e dizia:

— Tu és muito infeliz, minha filha. Se na primeira viagem que fazes sofres tanto, o que será da tua vida daqui por diante?[126]

Depois de nove anos, Domitila retornava para onde havia imperado: São Cristóvão. Hospedou-se na casa da marquesa de Jacarepaguá. Em agosto, Maria Isabel foi matriculada no colégio Hitchings, escola exclusiva para meninas da elite carioca. Junto foi matriculada também a escrava Vicência, "mãe-preta" da menina. No colégio a menina foi igualmente mimada por *miss* Potter, sua mestra, a ponto de ser a interlocutora das crianças com a diretora da escola. Quando queriam algo, as meninas mandavam Maria Isabel como embaixadora e sempre recebiam um "sim" às suas pretensões.

Nessa época, no Rio, Domitila recebeu a visita de um representante da ex-imperatriz d. Amélia, que tentava cumprir a vontade de d. Pedro e levar Maria Isabel para ser educada na Europa. A marquesa, apesar de se dizer favorável a fazer a vontade do pai da criança no leito de morte, informou que a menina não lhe era um fardo pesado para carregar e que, devido à doença desta, seria melhor adiar por mais algum tempo a viagem. Em 1840, a duquesa de Bragança voltaria à carga e seria novamente dispensada diplomaticamente pela marquesa. Afinal, já não lhe haviam tirado uma filha? Não queria perder mais uma.

No ano seguinte, em 20 de abril de 1841, falecia a única menina que teve com Tobias, Gertrudes, que foi enterrada com toda a pompa no jazigo da Ordem Terceira de São Francisco pelo vigário de Santa Ifigênia e numerosos sacerdotes.

---

[126] Idem.

3

TEMPO DE REVOLUÇÃO

Não insistas que te deixe e me obrigue a não te seguir, porque aonde fores, irei eu e onde pousares, ali pousarei eu (...). Faça-me o Senhor o que bem lhe aprouver, se outra coisa que não seja a morte me separar de ti.

RUTE 1,16-17

APÓS UM PERÍODO DE CINCO anos fora do governo da província, Rafael Tobias de Aguiar tomou novamente posse como presidente em 1840. Por essa época, uma nova estrada, mais larga e que permitia maior tráfego entre o porto de Santos e o planalto paulista, entrava em funcionamento, sendo conhecida como Estrada da Maioridade.

O nome era uma homenagem a d. Pedro II e ao projeto político de antecipar a maioridade do jovem monarca, permitindo-lhe reinar em vez de se fazer representar pelos regentes. Os liberais acreditavam que a figura do governante de fato, mesmo que jovem e inexperiente, teria o poder de estabilizar a nação e acabar com as revoltas nas províncias, como a Cabanagem, a Sabinada, a Farroupilha, entre outras.

Em 23 de julho de 1840, o Senado, graças ao levante popular coordenado pelos liberais e pelo povo do Rio de Janeiro, declarou

d. Pedro II maior e apto a assumir o trono, acabando com a regência do conservador Araújo Lima.

Durante o governo dos liberais na década de 1830, foi criado o Ato Adicional de 1834, que reformou a Constituição para descentralizar o poder nas províncias, dando a estas mais autonomia, e acabar com o Conselho de Estado. Os conservadores, quando subiram ao poder, aprovaram um ato que reinterpretava essa lei, tirando parte das conquistas políticas das províncias, e ainda recriaram o Conselho de Estado. Com o golpe dado pelos liberais, os conservadores deixavam o poder nas mãos de quem de direito. Mas d. Pedro manteve o que já havia sido aprovado: as assembleias provinciais teriam que acatar as decisões do poder central, e o Conselho de Estado, dominado pelos conservadores, permaneceria.

Para conseguir a maioria na Câmara dos Deputados, os liberais não tiveram escrúpulos, tanto que as eleições de 1840 entraram para a história como "Eleições do Cacete". Agrupamentos de partidários conservadores eram dissolvidos na base da pancada pelos liberais. Houve roubo de urnas, falsificação de votos e até assassinatos, e os liberais conseguiram, dessa forma, o domínio. Porém d. Pedro II, utilizando-se das prerrogativas que o Poder Moderador lhe dava, dissolveu a Assembleia e convocou novas eleições. Tentando reverter a decisão do imperador, os liberais paulistas enviaram à corte uma comissão para conversar com ele, mas o monarca se recusou a recebê-los. Os liberais acabaram se revoltando em São Paulo e Minas Gerais, pondo-se contra o governo central.

Claro que, como principal político liberal de São Paulo, Rafael Tobias de Aguiar encontrava-se no olho do furacão. Apesar de a assembleia paulista tentar a todo custo mantê-lo como presidente da província, o agora conservador Costa Carvalho foi nomeado pelo governo central para o cargo. Os ânimos acirraram-se, falava-se em sublevação contra a nova autoridade, e uma espécie de acordo foi feito entre Tobias e os conservadores Costa Carvalho e o dr. Pires da Mota, vice deste. Porém, assim que as coisas começaram a se tranquilizar, Costa Carvalho pôs-se a demitir os membros do governo da província e a nomear gente sua. Logo partiu para o Rio de Janeiro a fim de obter autorização para a dissolução da assembleia paulista, onde Tobias agora era deputado.

Em maio de 1842, a revolta estourou. Francisco de Castro, irmão de Domitila, ficou encarregado de tomar o quartel da cidade, porém o plano fracassou e ele acabou sendo preso. Foi expedida ordem de prisão contra Tobias de Aguiar. O delegado revistou o Solar da Marquesa, na rua do Carmo, e nada. Também a chácara de Tobias em Santa Ifigênia foi revistada, mas lá só encontraram o outro irmão de Domitila, o brigadeiro José de Castro, sua mãe, a viscondessa de Castro, e outros parentes e amigos. Tobias estava escondido na casa de um amigo na rua da Imperatriz.[127] Junto com o filho mais velho de Domitila, Felício, ele saiu da capital e foi se hospedar em Itu, na casa do cunhado, o barão de Piracicaba. Enquanto isso, Sorocaba levantava-se em armas. Instado pelo amigo Francisco Manuel Campolim, Tobias dirigiu-se à sua cidade natal, onde chegou em 16 de maio. No dia seguinte, a câmara local decidiu nomeá-lo presidente da província, em oposição a Costa Carvalho, a quem chamaram de procônsul e ditador.

Junto com Sorocaba também se rebelaram Porto Feliz, Itu, Pindamonhangaba, São Roque, Silveiras, Taubaté e Lorena. Assim, formou-se uma tropa com cerca de 1.500 homens, que iriam dar combate às tropas legalistas do Império. Ao menos era essa a ideia. Mas Tobias, apesar de ter se colocado à frente do movimento, não devia estar feliz com o que via. O exército era mal fardado, grande parte dos homens não tinha treinamento militar e o armamento não era dos melhores.

Do lado da legalidade estava Luís Alves de Lima e Silva, futuro duque de Caxias, comandando o Batalhão nº 12, com 700 soldados bem armados e bem treinados.

[127] Atual 15 de Novembro.

42. Luís Alves de Lima e Silva,
duque de Caxias

Com a batalha avizinhando-se, Tobias enviou o enteado, Felício, de volta a São Paulo para trazer Domitila.

Maria Isabel havia sido retirada do colégio de Botafogo pela mãe, após três anos interna, e acabava de chegar a São Paulo quando a família se preparava para partir rumo a Sorocaba. A viagem foi um pesadelo. Felício errou o caminho, e Domitila viu-se aflita com a noite caindo e tendo que cuidar de cinco crianças em meio à movimentação de dois exércitos. Depois de vagarem a esmo por horas, finalmente a marquesa conseguiu, perguntando nas fazendas, descobrir onde estavam. Na primeira noite, pousaram em São Roque. No dia seguinte, chegavam sãos e salvos a Sorocaba, onde ficaram hospedados na casa de d. Gertrudes, mãe de Aguiar.

Após diversas escaramuças, o exército de Tobias, em frangalhos, voltou a Sorocaba, onde os esposos se reencontraram. Em 14 de junho, às vésperas da entrada do exército de Caxias na cidade, Maria Isabel notou que a casa da avó postiça fervilhava. O altar da casa foi preparado, e ela viu quando a mãe e Tobias saíram do quarto e foram até o altar. A marquesa estava vestida com grande luxo, e Aguiar envergava casaca. Diante da garota estupefata, realizava-se o casamento de Domitila com seu segundo marido. Maria Isabel achava que sua mãe já era casada com Tobias. Após a cerimônia, Domitila aproximou-se da filha e cobriu-a de beijos, dizendo que havia se casado para que Maria Isabel nunca se envergonhasse da mãe.[128] Na realidade, diante do futuro incerto que se avizinhava, essa medida era a mais sensata. Todos os filhos de Domitila e Tobias foram registrados somente com o nome do pai. Se algo ocorresse a ele, a marquesa poderia ver-se numa situação jurídica irregular em relação aos filhos. Os bens em comum também seriam difíceis de gerir sem o amparo jurídico que o casamento proporcionava.

Domitila, aparentemente, relutou em oficializar seu relacionamento com Tobias. Ele possuía, desde 1841, uma dispensa dada pelo bispo de São Paulo para que pudessem se casar em qualquer cidade da província. Mas tal documento só foi utilizado em um momento crítico, com as tropas imperiais às portas de Sorocaba, e, mesmo assim, a união se realizou, conforme a própria Domitila cita em seu testamento, "não pelo costume e leis do Império, mas por pacto exclusivo da comunhão de bens". Ou seja, o que cada um possuía era seu, cada qual geria suas propriedades e bens.

[128] "História da vida da filha bastarda de d. Pedro I", apud. Rangel, Alberto. *D. Pedro I e a marquesa de Santos*, p. 394.

Depois de tomar o gosto pela liberdade que o dinheiro proporcionara, a marquesa não sacrificaria isso por nada.

Tobias e Felício partiram de madrugada, rompendo o cerco de Caxias e seguindo na direção sul. A marquesa, os filhos e a sogra refugiaram-se no convento de Santa Clara, em Sorocaba, cuja abadessa era prima de Tobias. Passados alguns dias, receberam a notícia de que as tropas de Caxias revistariam o local, pois havia suspeita de que Tobias estivesse escondido ali. Em meio à histeria que se seguiu entre as mulheres, Domitila destacou-se pelo seu sangue-frio. Conhecia Luís Alves de Lima e Silva desde a época do seu apogeu, na corte do Primeiro Reinado, e achava que ele não seria capaz de invadir e pilhar o convento como se propagava. Contudo, pelo sim, pelo não, resolveram enterrar caixas com ouro e prata, tanto do mosteiro quanto da mãe de Tobias, no pátio.

O chão do pátio era de terra compactada, difícil de cavar. Vendo a dificuldade enfrentada pelas irmãs, a marquesa tomou uma enxada e pôs-se a abrir uma vala para enterrar o tesouro. Segundo Maria Isabel:

> (...) *de repente vi mamãe pegar no machado. Quando mamãe o deixou cair, vimos faíscas de fogo e pedaços de terra saltar* (...). *Batíamos palmas nas janelas e dávamos bravos a mamãe. Eu não pude me conter, gritei: Logo vi que havia de ser mamãe quem devia de abrir os buracos, todas as que lá estão são umas moleironas, nenhuma tem força como mamãe, viva mamãe.*[129]

Logo após enterrarem as caixas, a porteira do convento chegou avisando que o secretário de Caxias queria falar com a abadessa. Mais morta que viva, lá foi a prima de Tobias recebê-lo. Voltou pouco depois para lhe apresentar d. Gertrudes. O secretário, muito educado, pediu desculpas pela inconveniência, mas teria de re-

[129] Idem, p. 398.

vistar o convento. Quando a abadessa apresentou Domitila ao secretário, este, constrangido e respeitoso, deu três passos para trás, desdobrando-se em desculpas e dizendo que, se o barão de Caxias soubesse que ela estava lá, com toda a família, nunca teria dado a ordem, uma vez que Tobias não se refugiaria junto com todos os seus entes queridos.

Domitila disse a ele para cumprir as ordens que havia recebido de Caxias. Após vistoriar todo o prédio, o secretário deixou dois soldados de guarda para proteger o convento de possíveis saques. A família de Tobias continuou ali por mais alguns dias, enquanto Caxias mandava dar buscas nas casas e fazendas que Aguiar possuía na região. Por fim, acabou fornecendo uma escolta para acompanhar Domitila e os filhos de volta a São Paulo. Frustrado por não ter conseguido prender um dos líderes da revolta, Caxias comentaria por carta com Costa Carvalho:

> *Estimei que a marquesa se vá conservando fresca, e ainda mais que lhe apareça perto o seu noivo o Tobias, que bem podia ter vindo fazer companhia ao Galvão e aos outros que já lá vão para as delícias da corte.*[130]

Enquanto Caxias elogiava Domitila, que completaria quarenta e cinco anos em dezembro, Felício e Tobias escondiam-se nos pampas. Buscando abrigo em fazendas de amigos e correligionários, dormindo pelos campos, procuraram chegar até o Uruguai. Mas seus planos foram frustrados. Caxias conseguiu capturá-los em Passo Fundo, em dezembro de 1842, e despachou-os para o Rio de Janeiro.

Tobias reclamaria do tratamento dispensado enquanto esteve prisioneiro do barão de Caxias. Todas as suas cartas eram censuradas, e seu escravo não podia sair para comprar o que os prisioneiros precisavam. Mas as coisas ainda piorariam. Em janeiro, Tobias foi trancafiado na Fortaleza da Laje. O forte havia sido

[130] CAXIAS, Barão de. *Cartas sobre a Revolução de 1842*, p. 61.

instalado em uma ilha rochosa em plena baía da Guanabara, no Rio de Janeiro, local de acesso difícil e impossível de ser abordado durante os períodos de ressaca.

Após alguns dias de prisão, Tobias solicitou a visita de um médico, pois não se sentia bem. Foi diagnosticada uma forte crise de gastrite, e o governo foi alertado pelo relatório do doutor de que aquele local extremamente úmido poderia fragilizar ainda mais o abatido ex-presidente de São Paulo.

Domitila, ao saber da prisão do marido, partiu com os filhos para a corte. Lá, ao se inteirar das condições físicas dele, solicitou que a deixassem morar junto com Tobias na fortaleza. O governo primeiramente permitiu, porém voltou atrás. A marquesa resolveu, por intermédio de um procurador, pedir o favor diretamente ao imperador d. Pedro II:

> *Senhor, com toda a submissão e respeito comparece perante Vossa Majestade Imperial a marquesa de Santos implorando a graça de poder residir na prisão em que está ou estiver preso seu marido Rafael Tobias de Aguiar, como até há pouco, lhe tinha sido facultado e ao depois lhe foi proibido.*
>
> *O marido da suplicante senhora acha-se gravemente enfermo, dependendo portanto... dos cuidados e zelo da suplicante: não é preferível que seja das paternais e retas instruções de V.M.I. ficar ele, embora indicado de crimes, fato dos... que prescreve a humanidade e que ela, como sua esposa, tem dever restrito de prestar-lhe. Espera pois a suplicante e procurador a V.M.I. seja servido deferir à suplicante como requer, facultando-lhe o residir onde estiver preso seu marido.*
>
> *Rio de Janeiro, 23 de janeiro de 1843.*
>
> *Como procurador*
>
> *Francisco de Santa Bárbara Garcia*[131]

[131] IRMÃO, José Aleixo. *Rafael Tobias de Aguiar: o homem, o político*, p. 401.

43. D. Pedro II na época
da Revolução Liberal

Tobias de Aguiar acabou sendo transferido para a Fortaleza de Villegaignon, a 15 de fevereiro de 1843. Mais próximo da terra, tinha mais facilidade em receber alimentos frescos e atendimento médico. Por decisão do imperador, juntaram-se ao prisioneiro a marquesa de Santos, um filho menor do casal, quatro escravos, João Carlos, sobrinho de Domitila, Felício e um amigo de Tobias chamado João Câncio.

Apesar da vitória militar contra os liberais revoltosos, o gabinete conservador não conseguiu se manter, e um novo tomou posse em fevereiro. Em março de 1844, o imperador anunciava a anistia de todos os prisioneiros que participaram da Revolta Liberal. Tobias não se demorou mais do que o necessário no Rio de Janeiro e partiu logo para São Paulo com a mulher, os filhos e diversos amigos. Foi recebido em triunfo. Uma grande multidão formada por indivíduos de diversas classes sociais esperava-o a uma légua da cidade. Pela festa que os paulistas lhe fizeram, parecia que ele havia sido o grande vencedor da revolta. Anos depois, comentaria que a recepção que teve apagou os dissabores vividos desde que saíra de Sorocaba. O povo afluiu ao Solar da Marquesa de Santos, onde um grande banquete de boas-vindas fora preparado. Houve discursos e brindes a granel.

Tobias acabou sendo eleito deputado por São Paulo para a sexta e sétima legislaturas, 1845-1848. Voltava para a corte com Domitila, dessa vez para se dedicar à política em âmbito nacional. Candidatou-se a uma vaga no Senado do Império, que era vitalícia. Obteve 514 votos, contra 423 de Francisco Antônio de Souza Queiroz e 350 de Manuel Francisco de Lima e Silva. Porém, ao ser apresentada a lista tríplice ao imperador, este preteriu Aguiar, escolhendo Souza Queiroz.

Em 1846, Aguiar ciceroneou d. Pedro II em sua primeira visita à província de São Paulo. No dia 7 de abril, receberia do imperador a Ordem da Rosa. Domitila deve ter recebido com gosto amargo essa nova condecoração do marido, que lhe trazia à lembrança a imperatriz Amélia. Em agosto, Tobias era reformado no posto de brigadeiro. De rei, passou a ser conhecido como "Brigador Tebas". Se brigador dispensa explicação, Tebas não. Foi um mítico escravo operário que teria construído chafarizes e torres de igrejas na cidade de São Paulo, ou seja, alguém que realizava, como Tobias.

Mas a idade acaba chegando para todos. Em 1855, sofrendo de reumatismo e problemas renais, Tobias, junto da mulher, foi para Águas Virtuosas[132] em busca de tratamento.

---

[132] Atual Lambari, MG.

44. Fortaleza de Villegaignon, no Rio de Janeiro, onde Tobias de Aguiar esteve confinado

Novamente eleito deputado, partiu para a corte com Domitila, em 1857. Mais uma vez, abria-se uma nova vaga no Senado, mas o imperador fechava-lhe a porta, como anteriormente. Em fins de setembro, o brigadeiro e a marquesa retornavam a São Paulo no barco a vapor Piratininga, mas, ao chegar à barra de Santos, entre os dias 4 e 5, Tobias teve de se alojar na casa de um amigo na cidade. Sua condição era péssima: os rins falhavam, estava inchado. Queria subir a serra, mas os filhos e a mulher eram unânimes: voltariam para o Rio de Janeiro, onde a medicina era melhor.

Tobias foi reembarcado às pressas e aos gritos, provocados pelas fortes cólicas renais. Em 7 de outubro, o Piratininga chegava novamente à baía da Guanabara. Agora o brigadeiro agonizava. Sem um sacerdote a bordo, Domitila puxou as orações em voz alta, recomendando a Deus a vida do marido que partia. Era acompanhada pelos filhos. Segundo narra Martim Francisco III na oração fúnebre que pronunciaria dias depois em São Paulo, o brigadeiro reavivou-se uma vez mais e disse suas últimas palavras:

— Meus filhos, continuem por mim a servir ao Partido Liberal e a não poupar sacrifícios por São Paulo.

Nos estertores da dor, despediu-se da mulher, exigindo ser enterrado em São Paulo. Morreu a bordo, próximo da Fortaleza da Laje, onde estivera preso anos antes.

São Paulo cobriu-se de luto. O *Correio Paulistano*, com uma tarja preta, anunciava a partida do "Rei de São Paulo" com a primeira página inteira dedicada ao seu ilustre ex-presidente. O corpo de Tobias foi embalsamado no Rio de Janeiro e chegou no dia 20 a São Paulo, onde um enorme funeral teve lugar. Seu corpo foi depositado no jazigo da Ordem Terceira de São Francisco, ao lado da Academia de Direito, em 25 de outubro.

4

ESTUDANTADAS

A moça que eu namoro,
E que me quer muito bem,
Tem um sorriso que encanta,
Quinhentos contos também...

TROVAS ACADÊMICAS

TOBIAS HAVIA NOMEADO em seu testamento sua mulher, a marquesa, como tutora dos filhos: "Para fazer que concluam seus estudos, e assim obtenham os frutos de nossos desvelos".[133]

Dos quatro filhos homens que ela teve com Tobias, três formaram-se na Academia de Direito: Rafael em novembro de 1857, João em 1858 e Antônio em 1861. Mas a ligação entre Domitila e a faculdade não ficou restrita apenas aos filhos. Desde a criação desta, o povo associou a imagem da marquesa de Santos à escola que deu vida nova à pacata São Paulo em 1828.

Diferentemente da lenda de que Domitila teria sido a responsável por trazer a faculdade de Direito para São Paulo, a realidade é outra. Segundo uma carta encontrada na Torre do Tombo, em Lisboa, a

---

[133] IRMÃO, José Aleixo. *Rafael Tobias de Aguiar: o homem, o político*, p. 456.

intenção de estabelecer uma faculdade em São Paulo foi ideia vinda com a chegada da corte ao Rio de Janeiro. Em fevereiro de 1809, um comerciante português na capital escrevia para um seu parente em Portugal: "Fala-se em, brevemente, se fundar uma Universidade Brasílica na cidade de São Paulo".[134]

Se São Paulo deve a alguém a vinda da Academia de Direito é aos Andradas e a José Feliciano Fernandes Pinheiro, visconde de São Leopoldo. José Bonifácio, em 1821, num memorial dirigido aos deputados paulistas que iriam para as Cortes de Lisboa, propunha a criação de um curso jurídico na capital paulista. José Feliciano, um desses deputados, defendeu perante a Assembleia portuguesa as ideias do Patriarca. Martim Francisco e Antônio Carlos, como deputados à Assembleia Constituinte de 1823, trabalharam para que São Paulo fosse a cidade escolhida para a implantação da Academia. Seis anos depois, como ministro da Justiça, o visconde de São Leopoldo iria concretizar esse projeto, fazendo com que a elite administrativa e política brasileira pudesse completar os estudos no Brasil, em vez de na tradicional Universidade de Coimbra, em Portugal.

Em 11 de agosto de 1827, o imperador assinou o decreto que criava duas escolas de Direito no Brasil, uma em São Paulo e outra em Olinda. A paulista foi a primeira a entrar em funcionamento. Inaugurada em 1º de março de 1828, formou os primeiros seis alunos em 1831. A segunda turma era formada por trinta e três alunos vindos de diversas partes do país.

O local escolhido para a faculdade foi o velho mosteiro de São Francisco, local amplo que havia se tornado grande para tão poucos monges que lá ainda viviam. O prédio foi dividido, e o tumulto entre os religiosos e a faculdade começava. Entre as reclamações

---

[134] Arquivo Nacional da Torre do Tombo, Manuscritos da Livraria, nº 2.554, caixa 468. Apud Faria, Ana Leal de e Amorim, Maria Adelina (coord.). *O reino sem corte: a vida em Portugal com a corte no Brasil 1807-1821*, p. 71.

COLLEGIO PYRATININGA

« O Edificio deste Collegio é o sobrado da Exmª. Srª. Marqueza de Santos, na sua chacara da Figueira, Fregnezia do Braz. »

A ARCHITECTURA DO EDIFICIO, suas commodidades, a topographia do lugar, os grandes recreios arborisados, ár livre e não contido, como se observa em alguns edificios no centro da Capital, a proximidade da varzea e do rio que estão á distancia de poucas braças, offerecem vantagens incontestaveis como estão patentes para este Collegio ter todas as qualidades hygienicas requeridas em um estabelecimento desta ordem.

O grande numero de alumnos matriculados na Faculdade, é a prova da actividade e zêlo, do exforço e dedicação dos seus Directores em diversas epochas.

Rege-se por estatutos approvados pelo Inspector da Instrucção Publica.

Ensina-se todas as materias que são exigidas para o curso de preparatorios nesta e na Faculdade do Recife.

Além destas materias ensigna-se primeiras lettras, grammatica nacional, caligraphia e doutrina christã.

SÃO DIRECTORES,

Vicente R. da Silva, e J. J. Pessanha Póvoa.

SÃO PROFESSORES,

Latim. —1.ª Classe.—O Sr. Arcipreste Joaquim Anselmo de Oliveira.
Dito —2.ª dita. —O Academico do 3.º anno João Baptista de Carvalho Drumond.
Dito —3.ª dita. —O Academico do 2.º anno João Chrysostomo T. e Magalhães.
Inglez. —O Academico do 5.º anno Jeorge Frederico Moller.
Francez.—O Academico do 2.º anno Luiz de Vasconcellos L ns.
Rhetorica.—O academico do 5.º anno Olympio Pinheiro de Lemos.
Geometria.—O Academico do 5.º anno José Pereira do Nascimento Malta.
Historia Universal e Geographia.—Francisco de Paula Prestes Pimentel.
Philosophia.—O Academico do 5º. anno José Joaquim Pessanha Póvoa.
Primeiras lettras.—O Academico do 5.º anno José Emilio Ribeiro de Campos.

As condições e tudo o mais que se refere ao regimento interno, achão-se consignadas nos estatutos.

45. A relação de Domitila com os estudantes pode ser vista até neste anúncio do *Correio Paulistano* de 1864: uma das propriedades da marquesa abrigava uma escola dirigida por alunos da Academia de Direito de São Paulo

dos professores e dos alunos estavam a quantidade de badaladas que eram obrigados a ouvir, interrompendo as aulas.

Ainda quando Tobias era vivo, Domitila não perdia a oportunidade de festejar em seu solar na rua do Carmo duas datas: 7 de setembro e 11 de agosto. Se a primeira era considerada a data de nossa independência política, a segunda representava a nossa independência intelectual.[135]

Com o tempo, os estudantes de outros estados, sem família por perto, acabaram tendo na marquesa um apoio quando adoeciam ou necessitavam de algum auxílio material.

Um exemplo disso foi o estudante mineiro Afonso Celso de Assis Figueiredo, que experimentou a bondade da marquesa. Doente com tifo, sem dinheiro, Afonso Celso foi cuidado pela matriarca, que lhe levava remédio e comida ao seu quarto de pensão. Depois de formado, ingressou na política, foi ministro, abolicionista e o último presidente do conselho de ministros do Império. Outro que se lembrou, em suas memórias de estudante em São Paulo, de ter sido cuidado por Domitila, foi o dr. Pires de Almeida. Depois de atacado por um bando de vadios e abandonado semimorto, foi recolhido da rua pela marquesa, que tratou dele pessoalmente.

A influência do casal na criação política liberal desses jovens também foi marcante. O professor Júlio Frank,[136] protegido de Tobias, foi um dos elementos liberais que influenciaram uma geração

---

[135] Apesar de a primeira faculdade brasileira ter sido fundada na Bahia em 1808, era uma faculdade de Medicina. Coimbra continuava sendo o destino de grande parte dos jovens da elite brasileira.

[136] Júlio Frank (1808-1841) é o único professor da Faculdade de Direito enterrado na escola. Em um dos pátios, o seu centenário túmulo em forma de obelisco, cercado por velhas grades de ferro com mochos soturnos pousados sobre elas, pode ser admirado. Frank foi enterrado dentro da velha Academia, pois, na época, o destino de seu corpo seria o cemitério dos Aflitos, onde eram enterrados os pobres e os escravos. Como o professor era protestante, não podia ser enterrado dentro das igrejas católicas, então local de sepulto dos paulistas.

46. Academia de Direito de São Paulo em 1862

de formados da São Francisco. Estudante alemão que veio fugido para o Brasil, Frank acabou na colônia alemã da Fábrica de Ferro Ipanema. De lá, seguiu para Sorocaba, onde passou a ensinar latim, história e outras matérias para os jovens que pretendiam estudar na Academia. Tobias, durante a sua primeira gestão como presidente da província, levou-o para São Paulo, onde foi contratado para dar aula no Curso Anexo da Academia. Lá, inculcou nos alunos o liberalismo político e criou uma sociedade secreta chamada Burschenschaft,[137] apelidada de Bucha, Bucha Paulista, ou B.P., que visava, inicialmente, dar suporte aos estudantes mais carentes, mas que, com o passar do tempo, acabaria por se tornar uma poderosa arma política.

O envolvimento de Domitila e Tobias com sociedades secretas e políticas não era de todo estranho. Tanto Tobias quanto o cunhado,

[137] Fraternidade, ou União dos Camaradas.

Francisco de Castro, pertenciam à Sociedade dos Patriarcas Invisíveis, organização nacional que visava defender a Independência e a Constituição e era contrária às arbitrariedades do governo. Seu presidente era o senador José Martiniano Pereira de Alencar, pai do futuro escritor José de Alencar. Foi do seio dessa sociedade que partiu o Golpe da Maioridade e a Revolução Liberal de 1842.

Outra sociedade de que Domitila teria feito parte, segundo Pires de Almeida, seria a maçonaria. A marquesa teria participado da Loja Sete de Setembro, uma "loja de adoção".[138] O estudante que devia sua vida a Domitila lembrava-se de tê-la visto presidir a uma sessão magna, assessorada pelos vigilantes Clemente Falcão Filho e João Teodoro Xavier, ambos professores da Academia de Direito. O venerável[139] era o padre Manuel Joaquim do Amaral Gurgel, futuro diretor da faculdade.

Outro estudante da Academia, vindo do Rio de Janeiro e protegido de Domitila, foi o poeta Álvares de Azevedo. A marquesa era amiga da mãe dele e sempre o convidava para almoços e festas. Em 5 de setembro de 1844, ele escreveu para a mãe: "Ontem a marquesa de Santos me mandou convidar para ir jantar em sua casa por ser o dia de anos do Tobias". Quatro anos depois, lá estava o poeta assistindo à procissão de sábado de Aleluia na casa de Domitila: "Aqui houve procissão do triunfo no sábado — eu estive presente — de casa da marquesa — que entre parênteses digo — manda-lhe muitas lembranças".

Mas não apenas em datas felizes Álvares de Azevedo frequentava a família. Em 19 de julho de 1849, ele descreveu uma tragédia familiar ocorrida com uma neta de Domitila, a primeira filha de Maria Isabel com seu marido, o conde de Iguaçu, filho do marquês de

[138] Loja de adoção é uma loja maçônica feminina, que, como o próprio nome diz, é adotada por uma loja maçônica masculina, tornando-se subordinada a esta.

[139] Maçom responsável pela administração da loja.

47. O poeta Álvares de Azevedo, sempre presente aos eventos sociais de Domitila

48. Maria Isabel, condessa de Iguaçu,
filha de Domitila e d. Pedro I

Barbacena: "O baile que tinha de haver no dia 23 pelo batizado da neta da marquesa, da nobre descendente da casa de Bragança a senhora d. Maria Isabel de Alcântara, transformou-se num enterro. Morreu a linda criancinha de um ataque de convulsões na madrugada da segunda-feira, e nessa noite enterrou-se, com a maior pompa possível em S. Paulo".

Mas a família tiraria o luto para comemorar o 11 de agosto, dois meses depois: "No dia 11 aqui houve o baile Acadêmico", registra Azevedo, convidado por Domitila, que chamou sua atenção pela "sobrecarga de pedrarias": "Lá estava a senhora marquesa com todo o seu luxo de brilhantes — para mamãe que lhe conhece de criança as joias não seria nova a descrição que eu lhe fizesse delas".

Outras joias e mulheres mais jovens despertaram o interesse do poeta:

> *A Bela*[140] *tinha um vestido cinzento que lhe fazia uma cinturinha de sílfide. No colo, numa volta só, lhe corria um colar de finíssimas, digo, grossíssimas pérolas. Nem havia dizer-se as pérolas aí eram o enfeite ou o enfeitado (...). A senhora dona condessa (...) tinha-me mandado prometer um ramo de flores caso eu brilhasse no meu discurso — e uma repreensão no caso contrário. Bem vê, mamãe, que era esse um negócio sempre lucrativo, não só porque ninguém quereria ir dizer-lhe que eu tinha feito mau discurso, mas até porque de uma moça até uma repreensão é prêmio.*

As formaturas dos filhos eram motivo de regozijo para Domitila, que, cumprindo a promessa que fizera a Tobias, exibia toda a sua pompa e seu prestígio social e político. No banquete que deu por ocasião da formatura de João Tobias de Aguiar, em 23 de novembro de 1858, o faqueiro com seu monograma encimado por

[140] Apelido de Maria Isabel, filha de Domitila, a quem Álvares de Azevedo igualmente se refere nessa carta como "a senhora dona condessa".

uma coroa e o jogo de porcelanas haviam sido encomendados no exterior. Todos os amigos bacharelandos junto com o filho foram convidados, como Afonso Celso e Tavares Bastos. O presidente da província, Joaquim Fernandes Torres, também estava presente, além da nata do funcionalismo militar e civil. Porém, nem toda São Paulo era a favor de Domitila. Existiam ainda aqueles que a evitavam socialmente. Maria da Glória Quartim de Moraes lembrava-se de que a mãe dela se recusou a ir a uma festa promovida pela marquesa:

> *Na festa de formatura de seu filho, Antônio Francisco, assisti a vários e reiterados recados para mamãe ir ao baile. Afinal, eu fui com papai e, como era admiradora de seus gestos e graças, fitava-a enlevada. Quantos beatos lhe seriam inferiores!*[141]

Os estudantes de Direito que vinham de outras províncias do Império já tinham contato com a lendária marquesa de Santos antes de chegar a São Paulo. Um dos primeiros trotes da faculdade consistia em os veteranos pegarem os "bichos" que vinham fazer a matrícula ainda no vapor que ligava o Rio de Janeiro a Santos. Na entrada do porto, diante de um rochedo de explícita forma fálica,[142] os novatos tinham que pronunciar o "juramento às armas da marquesa":

> *Juro e prometo,*
> *Por esta zorra,*
> *Que hei de ser burro*
> *Até que morra.*

---

[141] Quartim de Moraes, Maria da Glória. *Reminiscências de uma velha.* p. 34.

[142] Essa rocha foi implodida durante as obras para o alargamento do porto de Santos.

49. João Tobias de Aguiar e Castro, segundo filho de Domitila com Rafael Tobias de Aguiar.

Nem todos os estudantes, porém, nutriam respeito pela velha dama, como foi o caso de Pontes Visgueiro, que apedrejou os vidros do solar de Domitila por não ter sido convidado a um baile dado por ela.

Também é famosa a história de uma peça de teatro chamada *O voto livre*, escrita por Pedro Taques de Almeida Alvim e levada à cena no Teatro São José. O texto tratava das mazelas do nosso sistema eleitoral da época. O disse me disse às vésperas da estreia apontava que uma das cenas representaria a marquesa de Santos levando à urna o voto de um morto, que, coberto em uma rede, faziam passar por doente. No dia da estreia, lá estava Domitila no teatro, soberana, pronta para o que desse e viesse. No final, tudo não passara de boato, e a montagem não tinha cena alguma semelhante à do rumor. Porém, como a peça contasse determinados fatos de modo distorcido, Domitila protestou, levando os estudantes na plateia a tomar posição junto a ela e vaiar.

De outra feita, Domitila não deu tanta sorte. Quando entrou no teatro, a plateia levantou-se em apupos, por conta de entreveros entre o Partido Conservador e o Liberal. A peça passava-se na antiga Roma, e um estudante fantasiado de centurião romano, tomando ares de protetor galante, brandiu a espada de lata, tomou um dos braços da marquesa e a conduziu para fora da sala, dizendo: "Retire-se, excelentíssima sra. marquesa, o lugar de vossa excelência não é aqui, onde há canalha que ousa apupar uma senhora!"[143]

Mas, sem dúvida, o caso mais pitoresco é o que narra Almeida Nogueira,[144] baseado nas tradições acadêmicas da São Francisco.

Albino dos Santos Pereira, filho de um funcionário do paço da época em que Domitila frequentava São Cristóvão, era conhecido como um grande pregador de peças. Como estudou na Academia de Direito entre 1855 e 1859, depreende-se que o acontecimento narrado por Nogueira tenha ocorrido nesse período. Ciente de que a marquesa de Santos havia mandado reformar a sua carruagem nas oficinas da Casa Sydow, na rua São Bento, Albino foi dar uma olhada no que haviam feito com o carro. Estava como novo, a pintura refeita, e as ferragens brilhavam. O estudante correu ao palacete de Domitila e pediu para falar com ela:

— Sra. marquesa, venho da Casa Sydow. Ele declara que a sua caleça não pode, por melhor que seja reformada, ficar coisa decente; lembrei-me, por isso, de vir oferecer a V. Exa. uma carruagem

---

[143] Rangel, Alberto. *D. Pedro I e a marquesa de Santos*, p. 300.

[144] Almeida Nogueira. *A Academia de São Paulo*, vol. 5, pp. 13 e 14.

que comprei, completamente nova, e de que me vejo obrigado a dispor, por apertos financeiros. Cedo-a muito barato; uma verdadeira ocasião...

— Quanto quer por ela?

— Um conto e quinhentos... apenas.

Domitila teria incumbido o filho Brasílico de examinar a carruagem que lhe era oferecida. Este, confundido devido à excelência do trabalho executado, realmente pensou se tratar de um veículo novo, e a marquesa pagou o que Albino pediu. No dia seguinte, quando descobriram que haviam sido ludibriados, Brasílico partiu ao encalço do estudante, que já havia deixado São Paulo no dia anterior em direção a Santos, onde tomaria o primeiro vapor para o Rio de Janeiro.

Albino, imaginando que poderia ser perseguido pela arte aprontada, preparou-se para qualquer eventualidade. Vestiu roupas esfarrapadas. Quando Brasílico o alcançou, encontrou-o todo desalinhado, com fisionomia consternada e olhos lacrimosos.

— Nada me diga, você está cheio de razão, mas completamente vingado! Uma ação má não demora a ser castigada. Fui assaltado e espancado em caminho por dois malfeitores. Roubaram-me tudo, inclusive a montaria, e eu tive de descer a pé a serra.

Compadecido, Brasílico perdoou-o e ainda emprestou-lhe dinheiro para que pudesse viajar até a corte.

5

CREPÚSCULO

E tu, divina morte, para onde tudo volta e se apaga,
Acolhe teus filhos em teu seio estrelado,
Liberta-nos do tempo, do número e do espaço
E dá-nos o repouso que a vida tirou.

LECONTE DE LISLE, "*DIES IRAE*"

ÀS VÉSPERAS DO NASCIMENTO de uma nova década, morria, aos noventa e quatro anos, a mãe de Domitila, a viscondessa de Castro, em 31 de maio de 1859. Foi a primeira da família a ocupar uma das três sepulturas compradas por Domitila no cemitério da Consolação, inaugurado no ano anterior.

Na verdade, a marquesa tentou comprar as sepulturas, mas a Câmara fez questão de devolver o valor, pois, além do dinheiro para pagá-las, Domitila doou uma quantia muito maior: dois contos de réis para a construção da capela.[145] Além disso, em testamento, a marquesa daria mais quatro contos de réis à Consolação, o suficiente para a municipalidade comprar,[146] na Europa, uma imagem de Nossa Senhora das

[145] Prefeitura do Município de São Paulo. Atas da Câmara da Cidade de São Paulo, 1859, pp. 191 a 198.

[146] Atas da Câmara da Cidade de São Paulo, 1887, pp. 319 e 320.

50. Cemitério da Consolação no final do século XIX. Ao fundo, a capela original cuja construção foi custeada pela doação da marquesa de Santos

Dores e outra de são João Evangelista, dourar o oratório da capela e a respectiva banqueta, e encomendar um catafalco e duas credências envernizadas, com tampas de mármore, bem como um armário grande para guardar os paramentos de celebração de missas.[147]

São Paulo modernizava-se. Fora abolido o costume de enterrar os mortos no chão de terra batida, dentro das igrejas, onde os fiéis assistiam à missa, prática que disseminava mau cheiro e doenças. A cidade estava longe de ser a vila provinciana que vira Domitila nascer.

O francês Anatole Louis Garraux abriu, em 1860, a sua livraria, que ficaria famosa com o passar dos anos. Recebia livros novos vindos da Europa antes que chegassem ao Rio de Janeiro. Em 1862, o

[147] São essas "somente" as contribuições de Domitila para o cemitério da Consolação. Ela não doou nenhum terreno para a construção dele, como pregam a lenda e uma placa errônea colocada em seu túmulo.

polivalente Augusto de Militão, misto de tenor e fotógrafo, mudava-se para São Paulo, onde acabou registrando a cidade e a sociedade local. Domitila deixou-se fotografar algumas vezes por ele.

A Estrada da Maioridade, inaugurada no segundo governo de Tobias de Aguiar, por onde transitavam agora diligências ligando São Paulo a Santos, logo ficaria obsoleta. Em 1860 tinham início as obras da estrada de ferro que ligaria Santos a Jundiaí, passando por São Paulo, que escoaria a produção cafeeira com mais agilidade, trazendo igualmente mais rápido as últimas novidades europeias. O autor da façanha era o barão de Mauá, que na época morava no antigo palacete da favorita do imperador, em São Cristóvão. Cinco anos depois, no dia da inauguração, o primeiro desastre: o trem que transportava o presidente da província e grandes nomes paulistas e do Império descarrilou perto da ponte do Tamanduateí. Domitila, da varanda de sua residência no palacete do Carmo, tinha visão para essa ponte e pode ter escutado o barulho produzido pelo acidente. A festa preparada no Jardim da Luz, onde um grande banquete esperava os ilustres passageiros, foi esquecida no atropelo para salvar os acidentados. No dia seguinte, os cristais, a porcelana e a comida foram encontrados do mesmo modo como haviam sido abandonados no dia anterior.

Se algumas coisas mudaram, outras nem tanto. Novamente tropas paulistas batiam-se na fronteira sul do Império em 1864, como nos tempos da juventude de Domitila. Era a Guerra do Paraguai. Assim como na Guerra da Cisplatina, a marquesa também contribuiu para a causa, segundo noticiou o jornal *Correio Paulistano* de 26 de fevereiro de 1865:

> *A Exma. senhora marquesa de Santos praticou ontem um ato que atraiu a admiração e o louvor geral, mandando distribuir, no Ipiranga, por todos os praças das forças que marcharam, um quantia avultada de dinheiro que dividiu, veio a caber 5$000rs. a cada homem. (...) Adornada com a faixa da ordem de Santa Isabel de Portugal, apresentou-se*

a sra. marquesa a distribuir em pessoa (a princípio) a sua dádiva e a abraçar chorando a oficialidade. Mas s. ex. animando aos soldados e perguntando-lhe se iam contentes, obtinha de todos a resposta do bom e verdadeiro militar, a que s. ex. retrucava dizendo que suas lágrimas eram de satisfação. (...) O valor do donativo de s. ex. calculado pelos números de praças, deve andar em 3.600$000, senão mais. (...) Abalou profundamente o coração a quantos presenciara o feito, que deixamos registrado para apreciação e aplauso dos leitores.

Não foi apenas ofertando dinheiro que Domitila tentou ajudar a causa brasileira. Chegou a ceder a Fazenda do Anastácio, que havia comprado junto com Tobias e que ficava próxima do Rio Tietê, para hospedar o 7º Batalhão dos Voluntários da Pátria. O ato valeu-lhe um elogio do major comandante Bento Machado Gomes, que oficiou ao vice-presidente de São Paulo, em agosto de 1865: "É dever meu comunicar a v. ex. que o tratamento a mim, aos oficiais e praças sob o meu comando proporcionado pela

51. Ilustração publicada na revista paulista *O Cabrião*, nº 3 de 1866, mostrando a desconfiança do povo com a ferrovia que vencia a serra do Mar

Exma. sra. marquesa de Santos enquanto hospedados na sua fazenda foi além de todo o elogio e digno da mais sincera gratidão".

Esse tipo de generosidade por parte de Domitila já era bem conhecida em São Paulo. O *Novo Farol Paulistano* noticiava, em 1832,[148] a doação por parte dela de 100 mil-réis à subscrição para construir o novo hospital da Santa Casa de Misericórdia. Em 1856,[149] Domitila doou 50 mil-réis para que fosse criada uma enfermaria para os pobres; oito anos depois, seu nome aparece na subscrição feita em São Paulo para combater a fome em Cabo Verde, na África.[150] Finalmente, em 1866, ela doou uma casa no largo da Consolação para a instalação de um dispensário para os necessitados.[151]

Domitila era uma das pessoas mais ricas da província de São Paulo. Além da fortuna e dos bens que possuía, e que foram sendo aumentados com o passar do tempo, a morte de Tobias veio acrescentar-lhe mais patrimônio e dinheiro. Em 1858, o nome da marquesa de Santos constava entre os quinze capitalistas listados no *Almanak* da Província de São Paulo,[152] sendo ela a única mulher a fazer parte do seleto número de milionários locais.

Mas, se dinheiro existia, não era para ser esbanjando com qualquer um além da família e da caridade. Que o diga Luís Pereira Machado, testamenteiro nomeado por Rafael Tobias de Aguiar no próprio testamento.

Em 1860, perto de completar três anos da morte do brigadeiro, Luís Pereira entrou com um embargo contra o inventário alegando diversas discordâncias, entre elas:

a) As partilhas foram feitas de maneira desordenada.

---

148 *Novo Farol Paulistano*, 11 de abril de 1832, p. 276.

149 *Correio Paulistano*, 7 de janeiro de 1856, p. 7.

150 *Correio Paulistano*, 16 de setembro de 1864, p. 3.

151 *Diário de São Paulo*, 1º de novembro de 1866, p. 2.

152 *Almanak* administrativo, mercantil e industrial da Província de São Paulo de 1858, p. 108.

b) A marquesa de Santos não podia ter sido considerada "Cabeça de Casal" como constava nos autos do inventário do marido, "quando é certo que nenhum direito e posse tinha sobre os bens da herança pela separação de bens resultantes do contrato antenupcial".
c) Porque a marquesa foi ao mesmo tempo inventariante, curadora dos filhos órfãos e credora da herança, defendendo direitos e interesses contrários.
d) E, principalmente, porque Domitila havia antecipado a parte que caberia ao filho mais velho, Rafael Tobias de Aguiar e Castro, apesar de o brigadeiro ter proibido em testamento que lhe desse a parte que cabia a ele se teimasse em se casar com Ana Cândida de Oliveira Gomes,[153] uma afilhada de Domitila. Infelizmente, no testamento ele não disse os motivos pelos quais considerava inconveniente esse matrimônio.

A análise cuidadosa desse embargo leva ao real motivo pelo qual ele foi feito: Luís Pereira ficou descontente com a parte que lhe coube como testamenteiro do brigadeiro, a quem Tobias gratificou com "a quarta parte da terça" pelos serviços prestados. Se fosse pago o que o inventário havia apurado, ele receberia bem menos da metade, uma vez que acusava Domitila de não ter incluído o valor do gado das fazendas e avaliado todos os outros bens por menos do que realmente valiam.

No ano seguinte, o barão de Ramalho,[154] advogado de Domitila, que viria a redigir o seu testamento, tentou derrubar o embargo

[153] Ana Cândida de Oliveira Gomes, além de afilhada da marquesa, era sua sobrinha-neta. Era filha de Maria Carlota de Castro Oliva, cujos pais eram Ana Cândida, irmã de Domitila, e Carlos Maria de Oliva.

[154] O barão de Ramalho, dr. Joaquim Inácio Ramalho, era padrasto de Placidina Adélia de Brito, que se casou em 1858 com Antônio Francisco de Aguiar e Castro, filho de Domitila e de Tobias. O barão de Ramalho foi diretor da Academia de Direito, presidente da Província de Goiás, conselheiro imperial e maçom ilustre.

ATTENÇÃO

Gratifica-se a quem apprehender ou der noticia certa e infallivel do escravo Aurelio, fugido a 4 do corrente, pertencente á marqueza de Santos:

Official de carpinteiro, alto, robusto, de quarenta e tantos annos de idade, tem em ambas as fontes o signal distintivo da nação Muntange, á que pertence, e ambas as mãos mostrão ter nascido com seis dedos (mas, operado em pequeno). Foi vestido de camisola de baeta azul, camisa branca de algodãozinho, e calça azul da mesma fazenda.

Protesta-se com todo o rigor da lei contra alguem que o tiver acoutado. 3—2

52. Anúncio de escravo desaparecido pertencente à marquesa de Santos, publicado no jornal *Correio Paulistano* em 10/2/1867

ao inventário, sem sucesso. Em 1863, as partes finalmente acertaram-se. A viúva e os filhos do brigadeiro resolveram pagar pelo prejuízo que o testamenteiro afirmava ter tido com a má avaliação dos bens e este, satisfeito, retirou o embargo, e todos viveram felizes para sempre, ou quase...

Apesar de rica e respeitada por grande parte do povo, dos políticos e da sociedade em geral, Domitila às vezes ainda era evitada socialmente devido ao seu passado.

A cafeicultora Veridiana Valéria da Silva Prado era outra matrona que ficaria famosa na Pauliceia por sua fortuna, opiniões políticas e ideias avançadas. Quando criança, era enviada pelo pai, Antônio da Silva Prado, para apresentar os respeitos a Domitila, que a chamava de "menina mesureira". Mas um dia a menina cresceu e, ao formar seu primogênito, também Antônio da Silva Prado, na Academia de Direito, deu um grande banquete, em 1861. Um parente de d. Veridiana conta que, segundo a tradição oral da família, Domitila, talvez na esperança de ser convidada, passou pelo sobrado na rua da Consolação onde moravam os Prados. Entrou, viu os preparativos e exclamou: "Está tudo tão bom, faz-me recordar os tempos do Primeiro Império!"[155] Mas, apesar de Veridiana manter bom relacionamento com Domitila, não a aceitava socialmente, e a marquesa não foi convidada para a festa.

Se alguns paulistas ainda torciam o nariz para Domitila, o mesmo não ocorreu com a esposa do cônsul britânico em Santos, quando transferiram o consulado serra acima. Isabel Burton, nas memórias que publicou em 1893 a respeito de seu marido, *sir* Richard Burton, lembrava-se bem de Domitila, a ponto de dedicar-lhe algumas linhas. Entre 1865 e 1867, foram vizinhas. Isabel também morava na rua do Carmo, onde tentava civilizar seus escravos; acabou desistindo depois que um deles assou vivo o gato de estimação dela. Foi várias vezes visitar a marquesa, a quem considerava uma grande dama, muito interessante e cheia de histórias para contar sobre a corte e sobre a família imperial. Segundo ela, a idosa marquesa, que a recebeu certa vez fumando um cachimbo, sentada no chão da cozinha, "possuía belos olhos negros, cheios de compaixão, inteligência e sabedoria".[156]

Em 1865, Domitila deu um de seus últimos grandes bailes. Segundo os cronistas, por cima do seu vestido de cauda azul ferrete, caía um grande manto de veludo negro bordado a ouro que lhe

---

[155] Apud: PRADO, Luís da Silva. "Biografia de d. Veridiana Valéria da Silva Prado", manuscrito, São Paulo, 1948. In NACLÉRIO HOMEM, Maria Cecília, *O palacete paulistano*.

[156] BURTON, Isabel. *The life of captain sir Richard F. Burton*, vol. 1, p. 432.

deixava uma impressão majestosa. Havia aqueles que, naquela noite, ainda notavam nela os últimos vestígios da beleza de sua juventude. Se esses vestígios podiam, na verdade, fazer parte de sua fama, que já se tornava lendária, o espírito continuava tão vivo quanto o daquela jovem que, décadas antes, havia ultrajado toda a corte do Primeiro Reinado. A sequidão com que foi cumprimentada por José Caetano de Andrade Pinto, filho de um antigo conhecido seu da corte, foi repreendida com um comentário cortante em voz alta: "Soberbo como o pai!"

Se Domitila não suportava desaforos quando jovem, chegando a afrontar até d. Pedro I, com a idade avançada os falsos pruridos, se algum dia os teve, deixaram completamente de existir. Respeitava as pessoas e gostava de ser respeitada. O conselheiro Brotero, lente da Academia, ao lhe dirigir uma piada de gosto duvidoso, foi surpreendido por uma resposta de pronto da marquesa, que o deixou encabulado.

Não só com os bailes Domitila se divertia no final da vida. Adorava corridas de cavalo, e mais: a ela era confiado o dinheiro das apostas. Nos campos da Luz, da Penha e da Mooca, juntavam-se pessoas da sociedade, estudantes e professores, fazendeiros e tropeiros, além da marquesa de Santos, para assistir aos páreos.

As raias eram traçadas no momento da corrida, tudo meio improvisado. Não havia arquibancadas. Quem quisesse sentar que levasse a própria cadeira ou se alojasse em alguma caleça.[157]

Domitila, antes dos páreos, passava arrecadando o dinheiro das apostas e os papéis com o nome dos apostadores, o valor e o palpite. O dinheiro era depositado em sua bolsa de veludo azul bordada a ouro. Era ela a grande juíza. Os filhos acabaram sendo influenciados por sua paixão e foram grandes criadores de cavalos. O entusiasmo pelos cavalos chegou até sua neta, Maria

[157] Carruagem de quatro rodas, com capota conversível.

Domitila de Aguiar e Castro,[158] proprietária de Corisco, cavalo que venceu o terceiro páreo nas provas inaugurais do Jóquei Clube de São Paulo,[159] em 29 de outubro de 1876.

Mesmo viúva, Domitila continuava sendo um animal político. Havia se batido contra os Andradas, ou melhor, eles se bateram contra ela no Primeiro Reinado. Em 1842, porém, juntou-se a Antônio Carlos e Martim Francisco contra o gabinete conservador. O padre Feijó, que estava ao lado do amigo Tobias de Aguiar em Sorocaba às vésperas da invasão de Caxias e que serviu de testemunha do casamento entre Domitila e o brigadeiro, era o mesmo padre que a havia ameaçado de morte se subisse ao trono como imperatriz do Brasil após a morte de d. Leopoldina. A marquesa, como havia ajudado o marido, deve também ter colaborado para a eleição do filho Rafael Tobias de Aguiar e Castro, que conquistou, em 1860, uma vaga como deputado da província.[160] Domitila não poupava os adversários do marido, muito menos dos filhos. Certa vez, o Partido Conservador ganhou as eleições em São Paulo. Ela não teve dúvida: contratou a única banda da cidade e escondeu-a em sua casa. A festa dos opositores políticos foi bem silenciosa.

---

[158] Diferentemente da lenda, Maria Domitila não montou o cavalo. O nome do jóquei era Rufino. Muita gente confunde Maria Domitila com a avó. A rua no bairro do Brás em São Paulo que leva esse nome homenageia a neta, não a marquesa, e não é verdade que Domitila não usava o "Maria" porque não gostava, era simplesmente porque não tinha "Maria" no nome. A rua foi aberta nas terras que formavam a famosa Chácara da Figueira, de propriedade de Domitila, que passou, por herança, ao filho Brasílico e, deste, para sua única filha, Maria Domitila. Também cabe aqui desfazer outra lenda. O bairro do Brás, em São Paulo, não tem esse nome por causa do apelido "Brás" atribuído a Brasílico. Na planta cadastral de 1841, feita pelo engenheiro Bresser, já aparece a indicação da "Freguesia do Brás". Brasílico nessa época tinha apenas um ano, e a Chácara da Figueira não pertencia à sua família.

[159] O grande idealizador do Clube de Corridas Paulistano, que deu origem ao Jóquei Clube, foi Rafael de Aguiar Paes de Barros, sobrinho de Domitila e de Tobias de Aguiar, de quem recebeu o primeiro nome.

[160] Cargo equivalente hoje a deputado estadual.

A velha marquesa, como irmã professa da Ordem Terceira[161] do Carmo, era observadora do ideal carmelita. Era comum vê-la, perto do fim da vida, sair de casa bem cedo acompanhada de uma escrava, que às vezes segurava o guarda-chuva para proteger a sexagenária da garoa. Titília, bem-vestida, coberta de xale sobre o vestido de veludo no qual trazia uma imagem em miniatura de d. Pedro I criança, levava um pouco de conforto a famílias carentes.

Ainda em maio de 1867, foi madrinha de casamento do pianista e compositor Emílio Eutiquiano Correia do Lago e de d. Rafaela de Souza Coelho, que o povo dizia ser uma neta postiça de Domitila. O casal de afilhados pobres teve nela mais que uma madrinha, teve uma protetora. Emílio teria chegado a dar aulas de piano para os netos da marquesa.

Os transeuntes que passavam pela rua do Carmo podiam observar a idosa Titília dormitando em uma das janelas-balcão do seu palacete, no centro da cidade. Às vezes ficava na varanda dos fundos, de onde via o quintal da propriedade descer em direção à Várzea do Carmo. O local não era o mesmo da sua juventude, nem de quando o comprou. O crescimento da cidade modificou a paisagem. Quando o governo resolveu retificar o rio Tamanduateí, os vizinhos começaram a discutir quanto iam querer pelo pedaço de seus terrenos, enquanto Domitila cedeu parte do fundo do seu lote gratuitamente. Com a abertura da rua 25 de Março, o vasto terreno do palacete ganhou uma nova frente. Ao longe, do outro lado do rio, a marquesa podia contemplar a imensa figueira que dava nome à sua outra propriedade, a Chácara da Figueira, que chegou a abrigar uma escola dirigida por jovens estudantes da Academia de Direito. Quando o sol se punha e o frescor chegava

[161] A Ordem Terceira é formada por irmãos leigos que seguem os preceitos religiosos da Ordem Carmelita. A primeira ordem é formada por monges, a segunda ordem, por monjas, e a terceira, pelos irmãos leigos. O irmão leigo é aquele que abraça, de certa forma, a vida religiosa sem entrar para o sacerdócio.

53. Em pé, Domitila Tobias de Aguiar, filha de João Tobias de Aguiar, neta mais velha da marquesa de Santos.

com a garoa, ela ia para dentro do velho solar, onde agora tudo recendia a lembranças.

O andar térreo do casarão continuava sendo utilizado para depósito e despensa. A parte superior dividia-se em área social e de estar, e a parte íntima, dos quartos. Os três salões que dão para a rua[162] eram onde a marquesa continuava recebendo a sociedade que ainda a visitava. O primeiro salão, diante de quem hoje sobe a esca-

[162] Atual Roberto Simonsen.

daria principal do Solar,[163] possuía um reposteiro com as armas dos Castro Canto e Melo e era denominado "sala dos retratos". Nesse aposento, além de retratos dos filhos, dos pais, o visconde e a viscondessa de Castro, e de algumas fotografias, ficava o seu famoso retrato que hoje se encontra no Museu Histórico Nacional. Tão polêmico como sua famosa retratada, suscita discussões sobre quem teria sido o autor da pintura e em qual época foi feita. Baseando-se no modelo do vestido, na cintura baixa terminando em ponta, no volume da saia, no decote desnudo com uma larga renda em volta dos ombros, nos cachinhos nas laterais do rosto, na tiara, alguns historiadores de moda e de joalheria consultados afirmaram que o quadro possivelmente foi feito após a saída de Domitila da corte. Um retrato da princesa d. Januária, feito em 1834[164] — portanto cinco anos após a partida definitiva da marquesa do Rio de Janeiro —, apresenta características de vestuário idênticas às do quadro da marquesa.

A sala do meio, além do mobiliário de palhinha, tinha quadros representando as façanhas do exército napoleônico, talvez lembranças de sua época em São Cristóvão — d. Pedro era fascinado pelo Corso. A última sala, que fica de quina entre a rua e o beco do Pinto, era a mais esplendorosa, com mobiliário todo forrado de veludo. Seria aí que rememorava o seu passado na corte, relendo as cartas apaixonadas do primeiro imperador brasileiro para ela?

Em 12 de outubro de 1867, se d. Pedro estivesse vivo, completaria sessenta e nove anos. Talvez Domitila tenha se lembrado dessa efeméride, talvez não. Logo após essa data, começou a se sentir fraca, teve náuseas e ia muitas vezes ao banheiro. Uma febre, fraca a princípio, tornou-se preocupante, levando o dr. Luís Lopes Batista dos Anjos a recomendar que a velha senhora se recolhesse ao leito que dividira com o primeiro imperador e com o último marido. Dele não sairia

---

[163] O Solar da Marquesa de Santos hoje é parte integrante do sistema de museus da cidade de São Paulo.

[164] PESSOA, Ana et al. *Pallière e o Brasil*, p. 112.

com vida. Domitila havia contraído uma enterocolite aguda, provavelmente devido a uma salmonelose adquirida por meio de alimentos ou água contaminados. Após uma semana de agonia, melhoraria um pouco no Dia de Finados, 2 de novembro. Mas seria apenas a "melhora da morte". No final da tarde, suas forças esvaíram-se.

Na manhã de 3 de novembro, uma missa foi rezada no quarto da marquesa na presença dos irmãos da Ordem Terceira do Carmo, tendo à frente o cônego José Joaquim da Silva e a prioresa d. Luiza Eufrosina Quartim Garneiro, além dos amigos mais íntimos, parentes e escravos. A idosa marquesa comungou pela última vez. Logo após, foi rezado o ofício de Nossa Senhora, e Titília recebeu a extrema-unção.

A velha senhora que espantara a sociedade com seus vestidos luxuosos vestia uma túnica marrom e a capa amarelo-clara da Ordem Terceira. Na cabeça, em vez de uma borboleta ou uma pena de diamantes, um singelo véu preto das irmãs leigas professas. Às 16h30, seu sofrimento teve fim. Domitila morreu, às vésperas de completar setenta anos. O Império que ela viu surgir em 1822 teria mais vinte e dois anos de vida somente.

O corpo da marquesa de Santos foi velado por algum tempo no velho solar. Depois seguiu para a Igreja da Ordem Terceira do Carmo, com uma guarda de honra formada pelos irmãos terceiros, para a celebração da missa de corpo presente. Uma multidão de amigos, parentes, admiradores e curiosos lotou a igreja.

Vinte e quatro horas depois da morte de Domitila, o féretro saiu da igreja do Carmo em direção ao cemitério da Consolação, onde iria fazer companhia à viscondessa de Castro na rua 1, sepultura 3, ao lado da capela que a municipalidade construíra com sua doação. O presidente da província, Saldanha Marinho, acompanhou o enterro, junto com a nata política e social da cidade.

Exatos cinquenta anos depois de o navio que trazia d. Leopoldina ao Brasil jogar âncora na baia da Guanabara, o jornal *Correio Paulistano* de 5/11/1867 noticiava a morte de Domitila:

54. Largo da Sé, São Paulo, em 1862. Em primeiro plano, a igreja de São Pedro; ao fundo, pode ser vista parte do Solar da Marquesa de Santos

No domingo último, à tarde, faleceu a Exma. marquesa de Santos, d. Domitila de Castro Canto e Melo, dama honorária do paço, condecorada com o título de Dama da Ordem de Santa Isabel de Portugal, viúva do brigadeiro Rafael Tobias de Aguiar. Morreu na avançada idade de 70 anos (sic), *guardando até o último dia de sua existência o inteiro uso de suas faculdades mentais.*

Contava nesta capital numerosas amizades entre todas as classes, mesmo entre a pobreza, a quem fazia constante benefícios. A finada deixou testamento; onde determinou que sejam dados como legados quatro contos de réis para as alfaias da capela do cemitério municipal, e bem assim quatrocentos mil réis para as pessoas pobres que não pedem esmolas.

Sua fortuna pessoal havia triplicado com o passar dos anos. O total dos bens inventariados chegou a 1.308:848$600 (um mil, trezentos e oito contos, oitocentos e quarenta e oito mil e seiscentos réis). Esse valor, à época do falecimento de Domitila, seria suficiente para alimentar, com um prato de feijoada, mais de seis milhões de pessoas.[165] Para fazer o mesmo atualmente — com uma feijoada custando em média vinte reais — seriam necessários cento e vinte milhões de reais.

No seu testamento, feito em 1862, ela dividia seus bens, incluindo os escravos, entre os filhos, sobrinhos, afilhados e pessoas pobres. Porém, um enigma persiste até hoje:

> *Declaro que é minha vontade que de minha terça primeiro que tudo separe-se doze contos de réis para serem entregues a meu testamenteiro, a fim de que ele cumpra uma disposição particular conforme lhe recomendo em uma carta fechada de cuja disposição não será obrigado a dar conta, devendo ser acreditado somente pelo seu juramento em juízo das contas e para isso e todos os mais efeitos de direito considerar a referida carta como fazendo parte do testamento, mas em caso algum será junto a ele.*[166]

Doze contos de réis eram uma quantia respeitosa para a época. Se com dois elevaram a capela da Consolação e equiparam-na com os quatro contos a mais que Domitila deixou em testamento, o que ela pretendia fazer com esse dinheiro que não podia se tornar público? Na prestação de contas do inventário, esse valor aparece como destinado a "cárcere e consciência". Libertação de presos, dinheiro destinado às obras de caridade maçônicas ou ainda herança a algum dos filhos que lhe imputavam, sem que ela precisasse reconhecê-lo? Mais um dos mistérios que Domitila levou para o túmulo.

Algumas partes do testamento mostram preocupações curio-

---

[165] O jornal *O Correio Paulistano* anunciava, em setembro de 1867, alguns preços praticados pelo Restaurant Provincial, entre eles o preço de uma feijoada: 210 réis.

[166] Testamento da marquesa de Santos sob guarda do Museu do Tribunal de Justiça de São Paulo.

sas da marquesa em relação aos seus escravos mais íntimos, por exemplo, que o esposo escolhido para uma das escravas não maltratasse a esposa. Lembrança, talvez, de seu casamento com Felício e do que ela padeceu:

Declaro que, se ao tempo de minha morte ainda não tenha dado liberdade e feito casar a minha escrava Carolina, meu testamento dará execução a estas minhas vontades passando-lhe carta de liberdade na véspera de seu casamento, ou depois de casada (...) e rogo aos meus filhos que não consintam que ela se case senão com pessoa de bons costumes, para que não a maltrate e conserve alguma coisa que tiver e lhe darás uma escrava e duzentos mil réis e as roupas para o seu casamento.

Outro trecho curioso diz respeito a uma escrava que, aparentemente, tinha hábitos pouco cristãos:

Declaro que deixo para a escrava Helena, com a condição de morar com sua filha e de não furtar e não beber bebidas espirituosas, e quando não cumpra esta condição ficará obrigada a viver debaixo da sujeição de meus herdeiros.

No inventário podemos ter uma ideia da vida luxuosa de Domitila, além das diversas casas na cidade e das propriedades rurais, através do valor e da descrição das joias que deixou. A avaliação das peças chegou a quase cinquenta contos de réis. Entre as joias estavam: um leque de ouro, um relógio de ouro cravejado de brilhantes, duas tiaras, uma borboleta de diamantes e rubis e uma pena de brilhantes que aparecem no seu famoso retrato. Outra peça que se destacava era um colar com mais de 400 pérolas, medindo 1,10 m. Na relação encontramos referência às suas paixões, onde predominam joias dadas pelo imperador: uma pulseira de contas de ouro com o retrato de d. Pedro I com um fecho de brilhantes, uma medalha com o retrato do monarca com brilhantes, um colar de ametistas e retrato em camafeu com a figura do imperador, um medalhão cercado de brilhantes tendo no centro a efígie de d. Pedro I. Lembrando o último marido, Domitila também possuía uma pulseira de ouro com o retrato do brigadeiro guarnecido de brilhantes. E, para se lembrar de sua última filha com o monarca, um alfinete com a imagem da condessa de Iguaçu.

Para a duquesa de Goiás, que a marquesa nunca mais vira desde que partira do Rio de Janeiro em 1829, ela deixava joias no valor de quatro contos de réis, que foram desviadas pelo genro, o conde de Iguaçu.

55. A marquesa de Santos idosa

Epílogo

O destino da prole

Não gosto dos homens, gosto do que os devora.

André Gide

Assim como o testamento de Tobias de Aguiar deu problema, o de Domitila não foi diferente. Foi aberto no mesmo dia de sua morte, e, segundo a lenda, seu inventário nunca teria sido encerrado. Apesar de os volumes disparatados dele, guardados no Arquivo Geral do Tribunal de Justiça do Estado de São Paulo, no bairro do Ipiranga, não esclarecerem muito sobre o final do processo, uma nota achada no *Correio Paulistano* de 7 de abril de 1888, p. 2, afirma: "(...) foi definitivamente julgada a prestação de contas do testamento da finada marquesa de Santos, falecida a 3 de novembro de 1867. Quase vinte anos durou o cumprimento desse testamento, sendo o seu último testamenteiro o sr. dr. F. M. Inglêz de Souza".

Se os filhos de Tobias receberam antecipadamente algumas contrapartidas da herança da mãe, Felício e a condessa de Iguaçu não se entenderam.

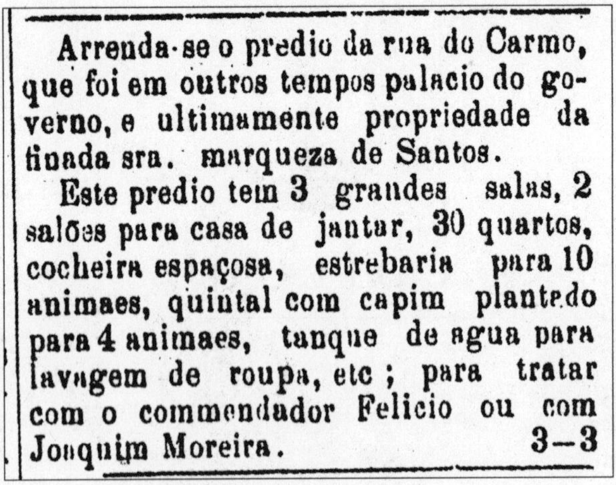

Arrenda-se o predio da rua do Carmo, que foi em outros tempos palacio do governo, e ultimamente propriedade da finada sra. marqueza de Santos.

Este predio tem 3 grandes salas, 2 salões para casa de jantar, 30 quartos, cocheira espaçosa, estrebaria para 10 animaes, quintal com capim plantado para 4 animaes, tanque de agua para lavagem de roupa, etc ; para tratar com o commendador Felicio ou com Joaquim Moreira. 3—3

56. Anúncio publicado no jornal *Diário de São Paulo* em 19/10/1876 para alugar o solar da marquesa de Santos

Felício, o único filho vivo do primeiro casamento de Domitila, foi o seu testamenteiro. O inventário arrastou-se até bem depois da morte dele, em 1879, como demonstra a ação impetrada por Maria Isabel contra a cunhada.

A condessa de Iguaçu, que deveria ter recebido 50 contos de réis por desejo da mãe, só conseguiu ver o dinheiro em 1887, vinte anos após o falecimento da marquesa. Maria Isabel entrou na Justiça contra Ana Alves de Castro, viúva de Felício, cobrando os juros do período que demorou para receber o valor, mas a Justiça indeferiu o pedido.

Não somente Maria Isabel como outros parentes, partes na ação contra o espólio, reclamaram seus direitos. A própria Câmara de São Paulo, em 24 de agosto de 1871,[167] incumbiu um vereador de cobrar do testamenteiro da marquesa a quantia que esta havia legado para as alfaias da capela do cemitério e que ainda não tinha sido dada à municipalidade. Em algum momento, a câmara conseguiu

[167] Prefeitura de São Paulo. Atas da Câmara da Cidade de São Paulo, 1871, p. 105.

receber o valor, como provam o inventário da capela e a prestação de contas desse dinheiro realizada dezesseis anos depois.

O Solar da Marquesa, que hoje faz parte da rede de museus que compõem o Museu da Cidade de São Paulo, nunca pertenceu de fato a Felício, como se costuma afirmar. A prova são as diversas prestações de contas inseridas pelo filho de Domitila no inventário, discriminando os gastos relativos à manutenção e conservação do imóvel. A residência fez parte do espólio ao longo dos anos e acabou posta à venda por leilão público, permitido pela Justiça em 1880. A casa e demais terrenos, incluindo construções que chegavam até a várzea do Carmo, foram adquiridas pela Mitra, que transformou o solar em palácio episcopal, moradia do bispo de São Paulo. No andar de cima, foi construída uma capela particular, onde o bispo chegou a realizar casamentos e batizados de pessoas que gozavam de sua intimidade.

De todos os descendentes de Domitila, a vida mais curiosa certamente é a da duquesa de Goiás. Após retirá-la da mãe, d. Pedro educou-a junto com os irmãos em São Cristóvão, porém tirou-a de lá antes da chegada da nova esposa, Amélia de Leuchtenberg, ao local. A ideia tola e romanceada de que Amélia, ao ser apresentada a Isabel Maria, teria dito que tinha vindo para ser a mãe dos filhos de Leopoldina e que a sra. de Santos que cuidasse dos seus é absurda. Amélia só teve real conhecimento da criança quando já estava em exílio na França.

Augusto de Leuchtenberg, irmão de d. Amélia, veio para o Rio de Janeiro acompanhando a irmã. Em carta para a mãe datada de 19 de outubro de 1829, tranquilizou a duquesa Augusta, informando que a duquesa de Goiás não estava na corte quando a noiva desembarcou. Augusto também contou que havia agradecido pessoalmente ao cunhado pelo ato, pois "a ingênua Amélia teria ficado, com certeza, muito espantada se tivesse encontrada tal criança em sua casa".[168]

---

[168] Adalberto, príncipe da Baviera. *Die Herzen der Leuchtenberg: Chronik einer napoleonisch-bayerisch-europäischen Familie*, p.57.

57. Antigo solar de Domitila transformado em Palácio Episcopal. Procissão de São Francisco, em 1909

A pequena Goiás, com cinco anos de idade, foi enviada para o Palacete da Praia Grande,[169] em Niterói. Depois de diversos arranjos, inclusive a compra de um luxuoso enxoval, Isabel Maria embarcou em 25 de novembro de 1829 para a França, onde seria educada. Segundo carta do secretário de d. Pedro, Francisco Gomes, para o visconde de Pedra Branca, era recomendável dar à duquesa "a melhor [educação] possível para fazer uma freira, com a menor despesa possível, sem contudo faltar à decência devida a uma filha de S.M.I. posto que bastarda".[170]

Um dos motivos que pesaram na escolha de d. Pedro de enviar a filha para ser educada na França pode ter sido a histórica liberalidade desse povo em relação aos bastardos reais.

[169] Atual Palácio São Domingos, adquirido por d. Pedro I como residência de verão.

[170] Arquivo do Museu Imperial. II-POB-23.09.[1829]-IM.c 1-18.

A viagem foi tumultuosa. O navio pegou tempestade, fazia água, e as velas estavam esfarrapadas. Por nove dias vagaram próximo ao porto de Brest[171] sem conseguir ancorar devido aos ventos contrários. A tripulação e os passageiros que levavam a filha do imperador para a Europa tiveram surto de febre, e a duquesinha, estranhando o frio europeu, queixava-se do peito. A situação era exasperadora, quando Paulo Martins de Almeida, o responsável pela criança, resolveu mandar o comandante mudar o percurso e seguir para Plymouth, onde ancoraram em 8 de fevereiro de 1830, setenta e cinco dias após terem partido do Rio.

Maria Isabel foi recebida pelo almirante lorde Northesk e depois partiu para Londres, onde foi acolhida pelo encarregado dos negócios brasileiros, Mello Mattos, e receberia homenagens dos diplomatas portugueses fiéis a sua meia-irmã, d. Maria II. Enquanto isso, o visconde de Itabaiana e o marquês de Resende procuravam um lugar em Paris que pudesse abrigar a filha de Domitila e d. Pedro. Em conferência com o príncipe de Polignac, primeiro-ministro da França, foi indicado o colégio Sacré Coeur como instituição de qualidade, onde eram educadas as meninas da aristocracia francesa.

As regras para a admissão das garotas no colégio foram desprezadas pelos emissários brasileiros e pela superiora da instituição. Tanto a idade mínima para a admissão — sete anos — quanto as exigências do enxoval foram abrandadas para receber tão ilustre aluna. Uma religiosa ficaria constantemente ao seu lado devido à pouca idade, uma das irmãs limparia o quarto dela, e Isabel não comeria no refeitório junto com as demais internas, mas em seus próprios aposentos.

Um cerco fechou-se sobre a menina. Nenhuma pessoa sem autorização do ministro plenipotenciário do Brasil em Paris tinha permissão de visitar Isabel Maria, e todas as cartas que recebesse eram reenviadas fechadas para a embaixada ou para os responsáveis por sua educação. Estas mesmas pessoas eram as únicas com

[171] França, região da Bretanha.

quem a pequena duquesa saía a passeio. Isabel só podia ter contato com quem lhe fosse devidamente apresentado no dia de seu aniversário e com membros da família imperial.

Os aposentos de Isabel foram ricamente decorados. Neles foi posta uma cama de mogno coroada por cortinas cruzadas de veludo verde, coberta por uma colcha de seda azul-clara bordada com flores e o brasão da duquesa. Os demais móveis também eram de mogno, e nas paredes havia gravuras, entre elas uma de d. Pedro e outra da irmã, d. Maria da Glória.

Em 8 de março, Isabel Maria foi instalada no colégio. D. Pedro, mesmo distante, não descuidava da filha. Inúmeras pessoas mandavam-lhe pareceres do desenvolvimento da menina, e os relatórios médicos, apresentados trimestralmente, passaram a ser enviados mensalmente ao Brasil, por ordem do imperador. Até a tia, Ana de Jesus Maria, a marquesa de Loulé, irmã de d. Pedro, paparicava-a. No seu aniversário, em 1830, deu-lhe uma cadeirinha, e anteriormente já havia presenteado a sobrinha com uma boneca. Nesse aniversário, a duquesa ganhou do visconde de Santo Amaro um vaso de Sévres com a imagem de Pedro I.

Segundo os informes das freiras e dos diplomatas a d. Pedro, Isabel era esperta, já estava lendo fluentemente, começava a fazer trabalhos com agulha e retinha com facilidade as histórias que lhe eram contadas, embora não fosse muito afeita aos estudos de piano. Tinha uma boa voz e gostava de canto. De extrema docilidade, como descreveu a irmã Marbeuf em seus relatórios, a encantadora menina, contudo, mudava de humor quando obrigada a estudar.

D. Pedro, numa das cartas que enviou à filha recomendando que se esforçasse nos estudos, deixava claro o seu pensamento acerca do assunto: "(...) trabalha por merecer alguma opinião, e não te fies na tua hierarquia, pois a civilização tem feito ver aos monarcas, e aos grandes, que não basta o nascimento, que é necessária uma boa educação e saber (...)".[172]

---

[172] Arquivo Histórico do Museu Imperial. I-POB-05.05.1830-PI.B.c 1-3.

Com a abdicação de d. Pedro, em 1831, e sua partida para a França, foi inevitável apresentá-la a d. Amélia, que passou a recebê-la em casa, em Paris, nos dias em que era permitido que a duquesa saísse do internato.

Quando a criança que a ex-imperatriz brasileira esperava de d. Pedro estava prestes a nascer, a avó do bebê, a duquesa Augusta, partiu de Munique para cuidar da filha em Paris. Nesse período conheceu Isabel Maria, por quem se encantou. Augusta lançou no seu diário, em dezembro de 1831, a seguinte observação: "Uma criança encantadora, impossível de não amar. Que pena que a rainha não seja como ela".[173] A "rainha", no caso, era uma referência a d. Maria da Glória.

Apesar do desejo de Pedro de que a filha se tornasse freira, isso não ocorreu por interferência direta tanto da mulher quanto da sogra do imperador. Após a morte do monarca, em 1834, elas tomaram a menina sob sua proteção e, em março de 1839, Isabel Maria entrava para o Instituto Real de Moças em Munique, onde, segundo a biógrafa de d. Amélia, Ligia Lemos Torres, "as princesas e as jovens da nobreza permaneciam numa vida semimundana até a apresentação na corte".

Em janeiro de 1841, d. Amélia escrevia ao enteado d. Pedro II, dando notícias da duquesa de Goiás: "Todos estão muito contentes com Isabel Maria no instituto, e minha mãe escreveu que ela cresce e se embeleza todos os dias".

O dote matrimonial da duquesa brasileira também foi considerado por d. Amélia, que, assim como os irmãos da menina, d. Pedro II e d. Maria II, contribuiu para o casamento, inclusive encarregando-se, junto com a duquesa Augusta, do enxoval.

Três meses e alguns dias depois do casamento da marquesa de Santos com Rafael Tobias, em meio à Revolução de 1842, d. Amélia mandou ao imperador notícias da meia-irmã dele. Tinha acertado na Alemanha o casamento de Isabel Maria com Ernesto Fischler, conde de Treuberg e barão de Holzen, rico proprietário de terras,

---

[173] ADALBERTO, príncipe da Baviera. *Die Herzen der Leuchtenberg: Chronik einer napoleonisch-bayerisch-europäischen Familie*, p.75

58. Isabel Maria, duquesa de Goiás

aparentado com a família real da Prússia e treze anos mais velho que a noiva. Em novembro, d. Amélia solicitou que d. Pedro II concedesse ao futuro cunhado a Ordem da Rosa.

O casamento da duquesa de Goiás foi celebrado no Palácio Leuchtenberg, em Munique, a 17 de abril de 1843. Isabel havia perdido o contato com Domitila e não tinha a menor ideia de que, na época de seu casamento, a mãe e o padrasto encontravam-se em uma prisão no Rio de Janeiro.

Isabel teve dois casais de filhos. As meninas, nascidas em 1844 e 1846, receberam os nomes de Maria Amélia e Augusta. Maria Amélia era o nome da filha de d. Pedro I e de d. Amélia, que morreria tuberculosa na ilha da Madeira, em 1853. Já Augusta era uma homenagem à avó postiça.

Afastada muito cedo da mãe, Isabel Maria provavelmente não se recordava mais de Domitila. Teve na família Leuchtenberg, em d. Amélia e na mãe desta, as figuras maternas de que necessitava. A família de Bragança também nunca se afastou dela. A duquesa mantinha correspondência com d. Pedro II, d. Francisca e d. Januária. Pedro e Isabel Maria chegaram a se reencontrar durante uma viagem do imperador à Europa, quando este passou por Munique.

Segundo a história oral transmitida através de diversas gerações dos descendentes da duquesa de Goiás, d. Pedro II teria também visitado a irmã no castelo de Holzen. Isso teria gerado uma cena pitoresca: chegando ao castelo, o monarca avistou um jardineiro que cuidava das macieiras do pomar e apresentou-se, dizendo que queria ver Isabel Maria. O funcionário entrou no castelo anunciando que havia um lunático nos jardins dizendo ser o imperador do Brasil.

Existem indícios de que o conde de Iguaçu, Pedro Caldeira Brant, depois de seu casamento com Maria Isabel, tentou entrar em contato com os cunhados na Alemanha. Uma carta, guardada na Biblioteca Nacional,[174] endereçada ao conde de Treuberg em 1848, mostra que Caldeira Brant buscou se insinuar como membro da família:

Senhor conde,

Eu tenho a honra de lhe participar do meu casamento com a senhorita d. Maria Isabel de Alcântara e Bragança, irmã da madame duquesa de Goiás, vossa nobre esposa.

Espero que estas alianças que contraí com pleno consentimento e aprovação de S. M. o Imperador do Brasil, meu Augusto Amo, recebam a vossa aprovação e que vós queirais doravante me considerar não somente um de vossos parentes, mas também um de vossos amigos.

[174] Carta ao Conde Ernesto Fishler de Treuberg. Coleção Iguaçu, Pedro Caldeira Brant, conde de. Sessão de Manuscritos. Localização I-02,12,056.

A condessa se dirigiu diretamente à Sra. Duquesa para prestar-lhe os esclarecimentos necessários, e como tencionamos fazer uma viagem pela Europa no ano que vem, rogo-vos que nos informeis o local de vossa residência, a fim de que possamos juntar-nos a vós.

Queira o Sr. Conde apresentar meus respeitos à Sra. Duquesa, e aceitar meus protestos de sincera amizade e da mais alta consideração, com a qual sou, etc.

Vosso totalmente devotado parente e amigo
Senhor conde.
Rio de janeiro 16 de outubro de 1848.

Isabel Maria não tomou conhecimento dessa primeira tentativa de aproximação, mas outras foram feitas, e finalmente a duquesa soube que a mãe ainda vivia no Brasil. Como provas, foram enviadas a ela algumas cartas trocadas entre d. Pedro e a marquesa de Santos que tratavam da filha e de seus amores.[175] A relação entre d. Amélia e a duquesa de Goiás sofreu um estremecimento por causa dessa informação que lhe foi cuidadosamente ocultada durante anos.

A duquesa ficou viúva em maio de 1867, seis meses antes de perder a mãe no Brasil. As joias deixadas pela marquesa de Santos em testamento para Isabel Maria foram reclamadas por ela judicialmente em 2 de agosto de 1873. A condessa de Iguaçu declarou em juízo que o marido havia desviado as peças, que passaram às mãos da viscondessa de Sousa Franco.

A nota curiosa desses descendentes germânicos de Domitila é que os homens seguiram — assim como seus tios-avós e seu bisavô, o visconde de Castro — a carreira militar, lutando contra o Brasil nas duas grandes guerras mundiais.

Maria Isabel, a outra filha de Domitila e d. Pedro, que ficou no Brasil, casou-se com Pedro Caldeira Brant, o conde de Iguaçu, em

---

[175] Coleção adquirida pelo embaixador Caio de Melo Franco em Paris, às vésperas da II Guerra, hoje pertencente ao colecionador Pedro Correia do Lago.

1848, e teve cinco filhos: Maria Isabel, Pedro de Alcântara, Maria Teresa, Isabel Maria e Deulinda. Mas o seu casamento não foi muito feliz. Depois de doze anos separada, entrou com pedido oficial de divórcio contra o marido em 26 de abril de 1874. Alegou que ele a havia expulsado da própria casa e tinha sido obrigada a pedir dinheiro para se manter. Pedro Caldeira Brant teria batido na esposa com violência, provocando ferimentos. Além disso, Maria Isabel acusou-o de adultério com empregadas da casa e outras mulheres. O divórcio saiu em 1876.

Até o diário de d. Pedro II[176] menciona as desavenças do casal e a preocupação da marquesa de Santos com eles. Em 1862, d. Pedro recebeu João da Silva Carrão, membro do Partido Liberal e amigo de Domitila. O conselheiro Carrão solicitava, em nome da marquesa, que o conde de Iguaçu, a serviço do imperador no Rio de Janeiro e recebendo deste 500 mil-réis por mês, passasse alguns anos em São Paulo.

Maria Isabel estava morando com Domitila, e a mãe não queria deixá-la sozinha na cidade quando tivesse que ir para as fazendas. A marquesa ainda solicitava que o meio-irmão da filha dividisse a pensão que pagava ao genro em duas partes, dando uma para a condessa, que não recebia nem um centavo do marido. Carrão também comentou sobre o gênio de Maria Isabel, que a mãe mal podia com ela e que o conde podia mais, no que d. Pedro anotou no diário: "Não creio".

O imperador resolveu ser diplomático na resposta a Domitila e anotou no diário: "Eu respondi que não proibia o Iguaçu que ficasse em São Paulo e estava pronto a aconselhá-lo que não deixasse a mulher a não ser em companhia da mãe dela, mas que eu partia do princípio de que o marido é quem deve mandar em casa".

Já muito antes de 1862, os problemas entre Maria Isabel e Pedro Caldeira Brant aborreciam tanto Domitila quanto Rafael Tobias.

---

[176] Anuário do Museu Imperial, vol. 17, p. 133.

O brigadeiro fez constar no seu testamento, em 1858, que já havia pago 40 contos de réis à "dona Maria de Isabel de Alcântara Bourbon, cuja quantia entreguei no ato do seu infeliz casamento com o conde de Iguaçu".

Cartas guardadas na Biblioteca Nacional revelam que Domitila foi uma sogra atenta às ocorrências domésticas do casal. Uma delas, datada de 3 de outubro de 1851, fala especificamente de joias. Seriam as que deveriam ter sido destinadas à duquesa de Goiás? Pode ser que, além das cartas entre d. Pedro e Domitila enviadas para Isabel Maria pelo conde de Iguaçu, as joias também tivessem sido mandadas, ou, ainda, seriam joias da condessa de Iguaçu que o genro usou para pagar dívidas:

> *Estou bem convencida de que o senhor é daqueles homens que não olham para suas dívidas e nem para o futuro. Eu, sendo mulher, lembro-me do futuro, não tenho expressões com que lhe explique os meus sentimentos.* (...)
>
> *À vista disto e do incômodo que tenho sofrido por esse motivo, pois nunca pensei que as joias de minha filha fossem empenhadas para se comprar bagatelas, ou para pagar dívidas d'outrem, acho melhor que V. Mce. as venda e pague o que deve porque assim ao menos não ouvirei falar mais nisso, e não terei os dissabores que aí tive.*
>
> *Sinto falar-lhe deste modo, mas como poderia eu poupar-me a isso, quando o meu coração se acha tão magoado.*
>
> *Espero porém que o Primo caindo em si reconheça que tem obrado de uma maneira que mostra uma cegueira ou não sei que nós não merecemos e que* [não] *lhe entreguei uma filha que muito estimava de tão boa vontade e que ao mesmo tempo que V. Mce. não é capaz de fazer o menor sacrifício para me tranquilizar e tirar-me da inquietação em que vivo* (...)[177]

---

[177] Localização: I-02,25,059. Fundo/Coleção Manuscritos Avulsos. Série Correspondência. Biblioteca Nacional.

Mas o comportamento de Maria Isabel também não era dos melhores, e a mãe bem sabia a filha que tinha:

> *Recebi a vossa carta. Vejo tudo o que nela me dizeis. Já não tenho expressões para vos pedir e vos dizer que não há quem não sofra com seus maridos, as mais virtuosas sofrem, quanto mais aquelas que dão motivos. Tenho também recebido cartas de vosso marido que com razão se queixa dos vossos desvarios. Eu, por desgraça minha, o conheço e mais: vos conheço. Estais sem juízo de todo, e se vos separares de vosso marido separai-vos de vossa mãe, isto vos digo de todo o meu coração.*[178]

Domitila sabia o que era ser uma mulher separada, sentira o preconceito da sociedade na pele e não desejava isso para a filha.

59. Adelina Tobias de Aguiar, filha de João Tobias de Aguiar e neta da marquesa.

[178] Apud. Rangel, Alberto. *D. Pedro I e a marquesa de Santos*, p. 302.

Com o tempo, a beleza de Maria Isabel, que tanto encantou o poeta Álvares de Azevedo, acabou se esvaindo. Rodrigo Otávio[179] lembrava-se da filha da marquesa por volta de 1876: "Conheci pessoalmente a condessa de Iguaçu e, pelos meus dez anos, tive muitas ocasiões de vê-la de perto. Meu pai foi seu advogado. (...) Era uma velha adiposa, feia, com uma belida[180] em um dos olhos, e sem elegância no trajar. Falava muito alto e dirigia-se a todos, referindo-se sempre, de modo brutal, ao imperador e a figurões da Corte".[181]

Ao historiador Melo Morais, a condessa de Iguaçu informou que d. Pedro I havia querido se casar com a marquesa de Santos, mas esta não aceitara o pedido. Ao contrário da duquesa de Goiás, amplamente poupada e protegida pelas Leuchtenbergs, Maria Isabel teve de conviver com o estigma de bastarda desde que nasceu. Domitila talvez tenha tentado, na mentira, salvar um pouco da honra perante a filha adulterina e problemática.

A condessa de Iguaçu faleceu de arteriosclerose em sua casa, na rua dos Protestantes, 31, no bairro de Santa Efigênia, em São Paulo, em 5 de setembro de 1896. Foi sepultada no cemitério da Consolação, em São Paulo, em 7 de setembro de 1896, 74 anos após seu pai proclamar a Independência do Brasil. Seu corpo está no mesmo jazigo que o do irmão Felício, ambos ao lado do túmulo da mãe.

Quanto aos filhos que Domitila teve com Felício, como já dito anteriormente, Francisca Pinto Coelho de Mendonça e Castro, a "Chiquinha", morreu aos dezenove anos, em 16 de agosto de 1833. Deixou uma filha recém-nascida, Escolástica, que foi criada pela avó e casou-se com um estudante de direito. Felício Pinto Coelho de Mendonça e Castro foi casado com Ana Alves de Oliveira. Elegeu-se vereador e deputado. Era comendador da Ordem de Cristo,

---

[179] Rodrigo Otávio Langgaard de Meneses (1866-1944). Jurista brasileiro, foi vice-presidente da Liga das Nações e ministro do Supremo Tribunal Federal.

[180] Mancha na córnea.

[181] OTÁVIO, Rodrigo. *Minhas memórias dos outros.* Primeira Série, p.314.

60. Heitor Tobias de Aguiar e sua primeira esposa Maria Antonieta de Andrade Alcântara. Heitor era filho de João Tobias e neto da marquesa.

moço fidalgo da Casa Imperial e membro do Instituto Histórico e Geográfico Brasileiro. Faleceu em 16 de julho de 1879, aos sessenta e dois anos, deixando oito filhos.

Dos filhos que Domitila teve com o brigadeiro Tobias de Aguiar, somente Brasílico não cursou a Academia de Direito. Os demais se formaram, viraram juízes e políticos. O que mais se destacou foi João Tobias de Aguiar e Castro. Logo após sua formatura, foi nomeado delegado de polícia em Itu, onde fixou residência, e casou-se com uma prima, d. Ana Barros de Aguiar. Seguindo a tradição do pai e da mãe, participou ativamente do Partido Liberal, sendo eleito deputado provincial três vezes. Saiu desse partido para ingressar no nascente movimento republicano. Em 10 de setembro de 1872, foi eleito membro da diretoria do Clube Republicano de Itu. Participou da Convenção Republicana de Itu em 1873, quando o Partido Republicano Paulista foi criado. Foi eleito para o senado paulista em 1893. Faleceu em 1901.

Essa foi a grande última irreverência de Domitila. A nobre mais famosa do Brasil gerou um republicano.

APÊNDICE I

A marquesa de Santos e a cultura brasileira

No México existe a crença de que cada pessoa morre três vezes:
A primeira é no momento em que suas funções vitais cessam.
A segunda é quando o seu corpo é colocado na tumba.
A terceira acontece em algum momento no futuro,
no qual o nome do falecido é pronunciado pela última vez.
Aí então a pessoa realmente morre.
TED KLEIN *PARA* A ROOTS WEB REVIEW

A FIGURA DE DOMITILA entrou oficialmente para a crônica brasileira em 1826, quando d. Pedro reconheceu a filha que teve com ela e o romance saiu do campo privado e passou ao domínio público. É desse ano, segundo Assis Cintra,[182] um livro editado em Paris: *O Grito do Ipiranga e o Brasil Político*. Essa obra anônima teria sido escrita pelos deputados da Constituinte exilados em 1823, capitaneados pelos irmãos Andrada, José Bonifácio, Martim Francisco e Antônio Carlos. Além de trazer a narrativa do Grito, escrita por uma das testemunhas, o padre Belchior, o livro falava sobre a intromissão da marquesa na política nacional e a influência do conselheiro Francisco Gomes, o

[182] CINTRA, Assis. *Um livro anônimo e precioso*. In *Serões Históricos*, p. 235.

Chalaça, nos negócios públicos. D. Pedro teria mandado o intendente da polícia apreender e destruir as obras.

Entre 1826 e 1827, apareceram diversas caricaturas manuscritas fixadas nos muros e paredes da cidade. Numa delas, a imperatriz d. Leopoldina esfaqueava Domitila enquanto d. Pedro pedia misericórdia à esposa; em outra, a amante paulista conduzia o cavalo, que representava o imperador. Também são dessa época os pasquins com poesias satíricas a respeito de d. Pedro e de sua "dama paulista".

Os estrangeiros que por aqui estiveram também deixaram, nas suas memórias e em livros relacionados ao Brasil, registros sobre da marquesa.

Maria Graham, ex-preceptora da rainha d. Maria II, conforme mencionado no primeiro capítulo, informava que d. Pedro, na sua viagem a São Paulo em 1822, havia se hospedado na taberna que pertencia ao pai de Domitila. A narrativa de Graham é falha, mas não deixa de ser um exemplo do que podia ser ouvido nas ruas ou entre comerciantes e diplomatas estrangeiros conhecidos dela.

Contemporâneo dos fatos e íntimo da corte, como Graham, é o conselheiro Antônio Menezes Vasconcelos de Drummond, cujas lembranças, *Anotações de A. M. V. de Drummond à sua biografia*, de 1836, foram publicadas nos Anais da Biblioteca Nacional em 1886. Drummond, amigo dos Andradas, não primou pela imparcialidade, assim como Maria Graham. Deu ouvido a mexericos e criou alguns por conta própria. Afirmou que as fraturas provocadas por uma queda de cavalo sofrida por d. Pedro em 1823 teriam sido, na realidade, um corretivo aplicado por algum marido ciumento. A própria d. Leopoldina teria acudido o esposo e contado sobre o ocorrido em carta ao pai, o imperador da Áustria.

Interessante notar a referência maledicente de Drummond ao dizer que Domitila já era "conhecida de um criado" de d. Pedro. O "criado" não era outro senão o próprio irmão dela, Francisco de Castro, que viajava na comitiva do imperador e apresentou-lhe a família em São Paulo. O escritor Paulo Setúbal usará essa informação de Drummond para colocar o Chalaça como antigo conhecido, e apaixonado por ela, em seu romance *A marquesa de Santos*.

Titília é tratada por Drummond como a paulista, da facção dos bernardistas, que teria conseguido fazer d. Pedro demitir José Bonifácio e ainda recebido propina para tramar o fechamento da Assembleia Constituinte. O velho conselheiro retrata o imperador como um moleque altamente influenciado por sua amante e chora a sorte do velho Andrada.

O historiador Capistrano de Abreu aponta fatos que colocam em dúvida a credibilidade do conselheiro Drummond:

> *Seu depoimento, felizmente impresso, no processo instaurado contra Januário, Alves Branco, José Clemente, Ledo, numa questão de penacho, (...) é contraditório e odiento. Compare-se o que diz sobre Villela Barbosa nas Constituintes de Lisboa com o que Gomes de Carvalho documenta no seu consciencioso livro a respeito dos deputados brasileiros àquelas cortes e, ver-se-á como sua memória era sujeita às traições e desfalecimentos. Leia-se finalmente o seu famoso ofício de Junho de 1852, em que denunciou ao governo brasileiro, que havia anos representava em Portugal, o emprego de animais putrefatos e talvez de carne humana numa fábrica de paios de Aldeia Galega. Depois deste estardalhaço ficou incompatibilizado com a corte de Lisboa (...). Aproveitou os ócios forçados para escrever; é pena não escrevesse mais; lê-lo, traz sempre proveito; mas aqui é o caso de confiar desconfiando sempre.*[183]

Viajantes estrangeiros, não tão íntimos da corte, também relataram o que viram e ouviram no Brasil durante sua estadia. É o caso, por exemplo, do comerciante inglês John Armitage, que morou no Rio de Janeiro de 1828 a 1835. Foi ele quem primeiro relatou o incidente ocorrido com Domitila no Teatrinho Constitucional, em 1824. Armitage retratou Titília como ela entraria definitivamente

[183] ABREU, J. Capistrano. *Ensaios e estudos (crítica e história)*, 2ª série, pp. 171 e 172.

para a história: amante preferida do imperador, que a tratou melhor que à própria mulher.

Outro inglês que narrou algumas curiosidades sobre o Primeiro Reinado foi o reverendo Walsh, que aportou no Brasil dois anos após a morte de d. Leopoldina. Foi ele o primeiro a relatar que Domitila havia tentado invadir o quarto da imperatriz agonizante.

Em 1863, surgiu a obra *Mulheres e costumes do Brasil*, do francês Charles Expilly. Nela o autor também menciona a história da marquesa tentando entrar no quarto da imperatriz e lança um comentário sobre o médico de d. Leopoldina:

> *Essa morte, que provocou acusações terríveis, foi seguida da quase loucura do barão de Inhomirim (Vicente Navarro, de raça judia, primeiro médico do paço). Essa desgraça, cuja causa para muitos brasileiros se envolverá nas dobras de um mistério, pesará todo o sempre, perante a história, sobre a memória de d. Pedro I.*[184]

Diversos autores lançaram seus olhares sobre Inhomirim, tornando-o um dos principais suspeitos pela morte da imperatriz, geralmente em conluio com Domitila, ou, ainda, com facções dentro da corte.

O suíço Johann Jakob von Tschudi, que esteve em São Paulo em 1860, sete anos antes do falecimento de Domitila, faz menção à "famigerada favorita do imperador":

> *Tive ocasião de ver algumas vezes essa Pompadour sul-americana. Os últimos traços de beleza já se tinham extinguido de seu rosto, mas o seu aspecto geral ficara, ao que parecia, inalterado. É conhecido o episódio que teve lugar na hora da morte da tão profundamente magoada arquiduquesa Leopoldina da Áustria, primeira esposa do imperador dom Pedro I, quando dona Domitila tentou penetrar, contra a proibição severa,*

[184] EXPILLY, Charles. *Mulheres e costumes do Brasil*, p.52.

nos aposentos imperiais, com a impertinência tão própria dessas cortesãs. Somente a intervenção enérgica de um dos ministros presentes impediu que ela amargurasse ainda os últimos momentos de vida da nobre princesa. A marquesa de Santos vive retirada em São Paulo, há muitos anos, apagada e sem influência nenhuma. Seu passado pertence à história brasileira, que já proferiu sua sentença, dura, mas justa, sobre essa mulher.[185]

Os murmúrios das ruas e da sociedade coletados por Walsh continuavam fortes quarenta anos depois e se perpetuariam no imaginário do brasileiro. Ainda hoje é possível ouvir alguém contar sobre o imperador que chutou a barriga da mulher, da amante que tentou violar a paz — mais que merecida — da moribunda esposa de d. Pedro I e da imperatriz que, agonizando com o aborto provocado pela brutalidade do marido, morreu chamando pelo seu "adorado Pedro".

Os estrangeiros também deixaram diversas memórias falando da corrupção brasileira e de sua suposta grã-sacerdotisa, Domitila. Devido à escassez de homens aptos para o exército, diversos mercenários, principalmente alemães, foram contratados para compor os quadros de oficiais e soldados do nascente exército nacional. Esses militares guardaram rancor de sua estada, em parte por terem voltado para sua pátria sem a fortuna e a glória que imaginaram angariar no Brasil. Muitos, achando-se superiores por terem tido alguma carreira nas armas em seus países de origem, não serviram por muito tempo. Foram expulsos e viram-se em posição precária. Schlischthorst, por exemplo, só conseguiu voltar para a Europa com dinheiro que a bondosa d. Leopoldina lhe deu após ouvir suas queixas e ganhar dele um poema. Em suas memórias, traça o seguinte retrato de Domitila:

A primeira camareira de sua majestade a imperatriz, a paulista d. Dimitila (sic) *de Castro e Canto, viscondessa de Santos, é a amante declarada do imperador. Distingue-se pelo rosto regular e formoso, e pela*

[185] Tschudi, J. J. Von: *Viagem às províncias do Rio de Janeiro e São Paulo*, p. 206.

desusada alvura da tez. Não lhe falta bastante gordura, o que corresponde ao gosto geral. Já a abandonou a primeira floração da mocidade, mas os olhos nada perderam de seu fulgor e uma porção de cachos escuros emoldura-lhe as lindas feições. É uma mulher verdadeiramente bela, de acordo com a fama de que gozam as paulistas. Seu marido é general e tem um comando nas Províncias do Sul. Seus irmãos ocupam postos bem remunerados, mas não de Corte, sendo todos guarda-roupas, o que parece provar que d. Dimitila absolutamente não é de família nobre, malgrado sua aparência de princesa.[186]

É possível localizar em Schlichthorst diversos equívocos, mesmo no trecho apontado: o ex-marido de Domitila nunca chegou ao generalato, seus irmãos eram todos militares e mesmo a sua beleza era questionável. Mais adiante, vemos informações errôneas sobre a nomeação do primeiro filho deles como duque de São Paulo, o que não ocorreu oficialmente. O autor chama-a frequentemente de "condessa", título que a marquesa nunca recebeu. Entretanto, apesar dos erros, novamente é narrado o que se ouvia no período em que o viajante aqui se encontrava. No caso de Schlichthorst, com um agravante: ele teria presenciado uma das negociatas de Domitila.

Devido à guerra da Cisplatina um navio francês, suspeito de ter furado o bloqueio marítimo imposto pelo Brasil ao governo de Buenos Aires, foi transformado em presa de guerra. Desesperado, seu capitão, a conselho do conde de Gestas, cônsul francês, teria procurado a intercessão da marquesa, que fecharia o negócio por um conto de réis. Ao descrever o suborno, Schlichthorst afirma: "O Brasil é o país mais constitucional do mundo, porém em nenhum outro a justiça de alcova tem maior força".[187]

Grande parte das observações dos mercenários alemães como Schlichthorst, Seidler, Bosche e outros foram capturadas nas ruas.

---

[186] Schlichthorst, C. *O Rio de Janeiro como é (1824-1826)*, p. 58.

[187] Schlichthorst, C. Op. cit., p. 229.

Seidler lista as acusações que caíram sobre d. Pedro e Domitila a respeito da morte de d. Leopoldina, mas frisa que não havia provas, apenas rumores. O livro de Seidler, *Dez anos no Brasil*, surgiu cinco anos após a menção pública das suspeitas no livro do reverendo Walsh, de 1830.

Mas nem todos os estrangeiros que passaram pelo Brasil tinham péssimas coisas a dizer sobre a marquesa. Ao contrário de Tschudi, que a viu pela rua e acreditou que Domitila não tinha mais influência alguma, Isabel Burton não só a viu, como a visitou e deixou dela a seguinte lembrança:

> *Havia uma personagem muito curiosa em São Paulo. Era a marquesa de Santos. Ela foi uma beldade e uma favorita na época do pai do atual imperador e levou uma vida muito brilhante e tempestuosa. Foi, por fim, banida pela imperatriz (dizem) para Santos, com uma pensão vitalícia, e morava numa pequena casa perto da minha. Eu costumava vê-la frequentemente; ela era uma grande dama, muito compreensiva, muito interessante, cheia de histórias sobre o Rio, a corte, a família imperial e os acontecimentos daquela época. Tinha sido obrigada a adotar costumes rurais e, da última vez que a vi, ela me recebeu em traje informal na sua própria cozinha, onde se sentou no chão, fumando, não um cigarro, e sim um cachimbo. Possuía belos olhos negros, cheios de compaixão, inteligência e sabedoria. Ela era objeto de grande interesse para mim naquele lugar fora de mão.*[188]

A empatia de Isabel com a marquesa é facilmente explicável. Criada dentro da alta sociedade londrina, católica, profunda estudiosa de assuntos teológicos, rompeu com os pais ao se casar contra a vontade deles com *sir* Richard Burton, tido como um devasso na puritana sociedade vitoriana. Para acompanhar o marido nas suas aventuras pelo mundo, aprendeu a atirar, esgrimir, nadar com tubarões e tratar de mordidas de cobras. Isabel era forte e teimosa, como Domitila.

---

[188] BURTON, Isabel. *The life of Captain Sir Richard F. Burton.* Vol. 1, p. 432.

Uma das primeiras aparições da marquesa na imprensa ocorreu quando ela doou dinheiro para a causa da Cisplatina, em 1827. Desde então até o seu exílio, os panfletários contrários ao imperador usaram Domitila para atingir o monarca. Posteriormente, com a abdicação de d. Pedro, os jornais da época das Regências trataram-na como uma figura do passado, ligada aos aspectos mais negativos do Primeiro Reinado. Anos depois, passou a frequentar o noticiário de São Paulo. Em sua terra, ficou conhecida na imprensa pelas obras de benemerência e pelos saraus que dava em sua residência, na rua do Carmo.

Livros e matérias sobre a história do Brasil começariam a delinear o seu perfil após sua morte, em 1867. Em 1871, Joaquim Manuel Pereira da Silva lançou sua obra *Segundo período do reinado de d. Pedro I no Brasil*, na qual apresenta Domitila como aquela a quem "a maledicência apelidava de amante dileta de dom Pedro".

Ainda na segunda metade do século XIX, o escritor Joaquim Manuel de Macedo, autor de *A moreninha*, defendeu Domitila em seus escritos. Como Pereira da Silva, traçou uma marquesa vítima das línguas alheias. Chegou a buscar no arrependimento de última hora, no pedido de perdão, a explicação da "tentativa de invasão" de Domitila na alcova da imperatriz agonizante. Aqui a política influenciava também. Manuel de Macedo, endividado, recebia de bom grado encomendas do Estado. Produziu para uma comissão presidida pelo conde d'Eu, genro de d. Pedro II, a obra *Ano biográfico brasileiro*, em 1876. Encomendas como essa provavelmente não surgiriam se ele pintasse o pai do monarca como um pândego.

Melo Morais pai, em diversas obras, principalmente na póstuma *Crônica geral do Brasil* de 1886, deixou registradas as impressões e lembranças de pessoas que viveram na corte, ou na época em que ocorreu o romance entre Pedro e Domitila. Destaca-se o atentado à baronesa de Sorocaba, em que o autor se confunde ao afirmar que a própria marquesa se encontrava junto à irmã durante a tentativa de assassinato. Equívocos à parte, esse assunto, então restrito à correspondência diplomática, passou a ser documentado publicamente, assim como os estratagemas usados pela marquesa para prender o seu ciumento amante.

Na *Crônica geral do Brasil* aparece uma carta de d. Pedro a Domitila. Na mensagem, inserida na introdução escrita por Melo Morais Filho, o imperador informa à marquesa:

> *No dia em que fazia três anos que eu comecei a ter amizade com mecê, assino o tratado do nosso reconhecimento como Império por Portugal.*

O dia em que eles começaram a se relacionar intimamente é dado: 29 de agosto de 1822. Porém, comparando-se a carta original à transcrição, percebe-se que foi suprimida a palavra "amante" na versão impressa. Essa não seria a única vez que o pudor levou à mutilação das cartas. Em 1974, foi lançada a obra *Marginados: anotações às cartas de d. Pedro I a d. Domitila.* Essa primeira tentativa de publicar as missivas coletadas e anotadas por Alberto Rangel, em pleno regime militar, sofreu censura dos editores: partes picantes ficaram de fora. Dez anos depois, a obra foi relançada, com as cartas na íntegra e o nome de *Cartas de Pedro I à marquesa de Santos.*

Não apenas a "defesa dos bons costumes" afetou as pesquisas e obras a respeito de Domitila. Rangel não conseguiu que alguns particulares, como a escritora Lúcia Miguel Pereira, lhe permitissem copiar cartas de d. Pedro a Domitila que se encontravam em seu poder. Archer Milton Huntington, fundador da Hispanic Society e seu presidente até a morte, tampouco o deixou transcrever as noventa e quatro cartas que a instituição guarda até hoje. Tobias Monteiro, em nota na obra *História do Brasil Império: o Primeiro Reinado*, comentou o caso:

> *Em país estrangeiro há, em mãos de uma sociedade de estudos históricos, preciosa coleção de cartas de D. Pedro I a Domitila, que o A. durante cerca de vinte anos debalde procurou fazer copiar, sem vencer*

a obstinação do respectivo presidente, insensível aos mais valiosos pedidos de compatriotas seus.

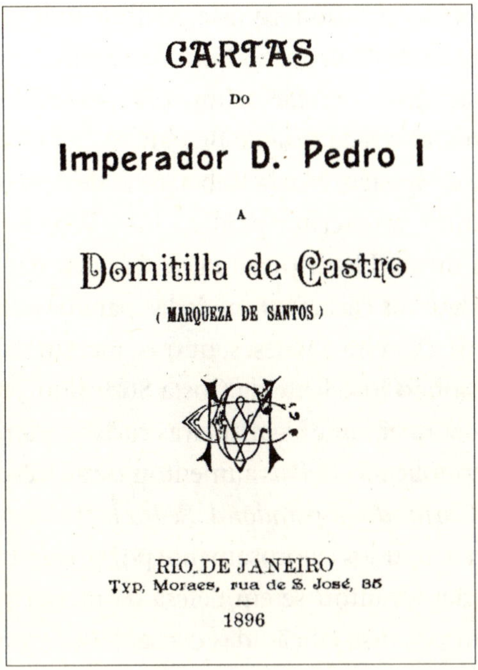

CARTAS

DO

Imperador D. Pedro I

A

Domitilla de Castro

(MARQUEZA DE SANTOS)

RIO DE JANEIRO

Typ. Moraes, rua de S. José, 85

1896

61. Frontispício da obra

Com a Proclamação da República, a vida amorosa e erótica do nosso primeiro imperador virou munição nas mãos dos panfletistas republicanos, que tinham por missão desacreditar junto ao povo o regime deposto. Em 1896, surgiu no Rio de Janeiro um folheto intitulado *Cartas do imperador d. Pedro I a Domitila de Castro (marquesa de Santos)*, no qual o público pôde, avidamente, saborear sessenta e três missivas picantes do imperador à amante. Os responsáveis pela edição, longe de agirem como Melo Morais ou os censores da década de 1970, alertaram os leitores de que trechos poderiam se prestar a "leitura pornográfica". Não fizeram questão nenhuma de trabalhar, como explicam na introdução, a "supressão de palavras porventura pouco harmoniosas para os castos ouvidos"; tudo era descaradamente mostrado, não havia "folhas de parreira". Era claramente um panfleto antimonarquista. Melhor seria quanto pior fossem pintados o "sátiro" d. Pedro I e o decrépito e corrupto regime deposto que, segundo o prefácio, impedia que se falasse sobre a devassidão dos membros da casa de Bragança.

A condessa de Iguaçu, Maria Isabel, filha de d. Pedro e Domitila, foi quem permitiu ao escritor paulista Júlio Ribeiro a cópia dessas sessenta e três cartas. Ela dispersou grande parte da correspondência dos pais. Algumas cartas foram dadas para o seu advogado, Rodrigo Otávio de Oliveira Meneses, outras, incluindo quadros e objetos, para o capitão José Leite da Costa Sobrinho. A condessa faleceu no mesmo ano em que as primeiras cartas foram publicadas.

O jornal republicano *O País* alimentou escandalosa propaganda de venda das *Cartas do imperador d. Pedro I*. Tanto a obra quanto o assunto foram debatidos calorosamente por polemistas. O jornalista Carlos de Laet levantou-se em defesa da monarquia decaída. O tumulto criado por essa edição das cartas foi tão grande que pode ter sido uma das causas, além da financeira, de uma descendente da marquesa vender a um antiquário parisiense noventa e quatro cartas de d. Pedro a Domitila. Essas cartas tiveram um longo percurso: da França foram para a Alemanha, onde foram adquiridas, tempos depois, por Mr. Huntington para a Hispanic Society de Nova Iorque. Essas missivas foram finalmente encontradas por mim em 2010 e publicadas, em 2011.[189]

Aliás, a cautela da família ao tratar da ilustre personagem colocou o então ministro do Supremo Tribunal Federal, Pedro Lessa, casado com uma neta de Domitila, atrás do biógrafo da marquesa,

---

[189] Rezzutti, Paulo. *Titília e Demonão. Cartas inéditas de d. Pedro I à marquesa de Santos*, pp. 17 et seq.

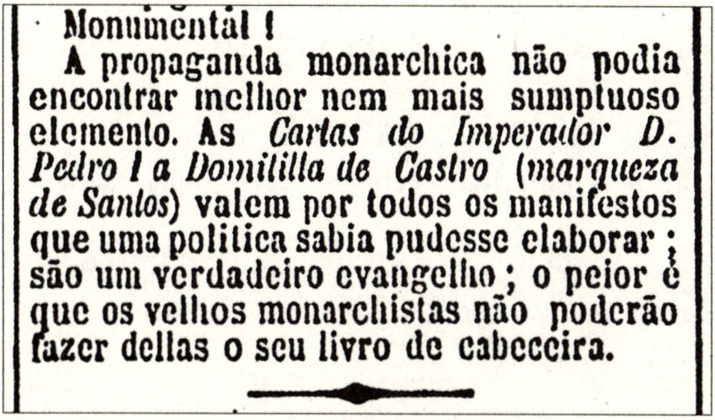

Monumental!

A propaganda monarchica não podia encontrar melhor nem mais sumptuoso elemento. As *Cartas do Imperador D. Pedro I a Domitilla de Castro (marqueza de Santos)* valem por todos os manifestos que uma politica sabia pudesse elaborar; são um verdadeiro evangelho; o peior é que os velhos monarchistas não poderão fazer dellas o seu livro de cabeceira.

62. Trecho final do texto publicado na primeira página do jornal *O País* em 1/11/1896, falando sobre o folheto com as primeiras cartas publicadas entre d. Pedro e Domitila

Alberto Rangel. Não vendo com bons olhos "escabichar-se tal assunto", quis que Rangel submetesse a ele os originais de sua obra *Dom Pedro I e a marquesa de Santos* antes da publicação. O escritor, é claro, negou.

O interesse de Rangel por Domitila teve início em 1883, quando, aos doze anos, passou uma noite de Santo Antônio no velho Solar da Marquesa em São Paulo, já de posse da Mitra. O sarau ocorrido no casarão, em homenagem ao santo do dia, não foi pautado somente pela religiosidade. Os mais velhos puseram-se a recordar as histórias daqueles antigos salões e da anfitriã de outrora, que o garoto ouviu atentamente.

O livro *Dom Pedro I e a marquesa de Santos* (1916) levou quatro anos para ser terminado e não esgotou o assunto. Rangel republicaria a obra com acréscimos em 1928 e, ao longo de sua vida, debruçou-se sobre o tema diversas vezes.

Outro biógrafo da marquesa, Carlos Maul, em *A marquesa de Santos: seu drama e sua época* (1938), praticamente copiou, e mal, todas as informações da obra de Rangel. A rixa entre os dois tornou-se célebre quando Maul escreveu também sobre a vida da condessa de Iguaçu. O livro é uma cópia de uma carta autobiográfica escrita pela condessa, descoberta e transcrita por Rangel em 1916. Irritado com Maul, por este não haver dado a informação bibliográfica da fonte, Rangel alfinetou a biografia, chamando-a de

> *livro limitado e exangue, sem novidade alguma e limitado à exploração de um documento conhecido, que não foi indicado onde ou quando primeiro apareceu.*[190]

A maior qualidade da obra de Maul é a linguagem. Mais popular que a do prolixo Rangel, teve seis edições só no Brasil, ao longo de trinta anos, e foi traduzida para outros idiomas.

Dois fatores colaboraram para popularizar a história do romance de d. Pedro e Domitila na década de 1920: o pioneirismo de Rangel ao biografar um tema polêmico e o centenário da Independência. Este foi comemorado com uma Exposição Universal no Rio de Janeiro de setembro de 1922 a julho de 1923. O evento motivou uma farta publicação de livros, matérias e estudos sobre o Primeiro Reinado e seus personagens. Assis Cintra republicou em 1921, na obra *D. Pedro I e o Grito da Independência*, as sessenta e três cartas de d. Pedro para Domitila, impressas em 1896.

Dois anos após o término da exposição, surgiu o livro que inauguraria a carreira de romancista de Paulo Setúbal: *A marquesa de Santos* (1925). Setúbal foi criticado, na época, por escrever um romance histórico com notas de rodapé. Com elas, tentou justificar o enredo, mostrando de onde havia tirado algumas informações que conduziam a trama. Tarefa inócua, uma vez que não obedeceu a nenhuma cronologia dos acontecimentos. Setúbal seguiu fielmente o conselho de Alexandre Dumas: "Todos os escritores têm, como eu, o direito de violentar a história, sob a condição de que, dessa

---

[190] RANGEL, Alberto. *Cartas de Pedro I à marquesa de Santos*, p. 590.

brutalidade, nasça uma criança robusta". E que robustez! O objetivo do autor foi amplamente cumprido: além de lançar o seu nome nacionalmente romanceando um tema polêmico — vendendo 70 mil exemplares em vinte e cinco anos —, entreteve o leitor, escorado pela maior quantidade possível de informações históricas.

Setúbal escapa da linha predileta de alguns autores. Ao tratar da marquesa, não busca analogias com a figura de Maria Madalena, a prostituta arrependida aos pés do Rabi da Galileia, ícone menos traumático, e facilmente palatável, usado para explicar a transformação de concubina imperial em piedosa mãe de família. Para Setúbal, o cenário é a corte. A cidade de São Paulo é só a terra onde ela se recolhe após sua aventura; o que houve depois, não interessa. Entre intrigas palacianas e a tentativa de assassinar a irmã, Domitila caiu no gosto popular.

A marquesa de Santos e Paulo Setúbal tinham uma relação mais próxima que a de personagem e autor. Ambos, em suas épocas, haviam sido irmãos da Ordem Terceira do Carmo. O subprior, dr. Raul Ortiz Monteiro, havia aconselhado Setúbal a não publicar o livro, pois este só continha a parte "escandalosa" da vida da marquesa. Na obra *Confiteor*, o escritor conta que incinerou os originais de uma obra inédita por escrúpulos religiosos. Só podemos inferir que, se houvesse feito o mesmo com sua primeira obra, provavelmente não teria tido uma carreira de romancista.

O livro *A marquesa de Santos* foi publicado pelo escritor Monteiro Lobato, que era também editor em São Paulo. Lobato visitou a Exposição do Centenário da Independência no Rio de Janeiro e parece ter ouvido, também, o canto dessa "sereia paulista". Em carta datada de maio de 1923 ao seu amigo Godofredo Rangel, confidenciava:

> *Estou com ideia dum romance histórico,* Titila. *Tenho de estudar o Primeiro Império para romancear historicamente a famosa marquesa do Pedro I.* (...) *A Titila* titilava. *Prendeu aquele garanhão durante oito anos.*[191]

---

[191] Lobato, Monteiro. *A barca de Gleyre*, p. 318.

Desse romance projetado, não houve mais notícia até as pesquisas realizadas para esta biografia. O jornal paulista *Folha da Noite*, de 21/11/1923, dá uma pista:

> *Uma peça de Monteiro Lobato. A Oduvaldo Viana, diretor da Companhia Abigail Maia, o ilustre escritor Monteiro Lobato acaba de fazer a entrega dos originais da peça de época* A marquesa de Santos, *que vai ser posta em cena com rigorosa montagem, no início da temporada.*

Infelizmente, essa peça nunca foi levada aos palcos. Não existe nenhuma outra notícia a respeito dela, e até o momento, nos acervos de Lobato e de Viana, nada sobre o assunto surgiu. Teria o criador do *Sítio do Pica-Pau Amarelo* "plantado" a notícia para ver a reação do público?

Em 1938, além do lançamento da biografia da marquesa escrita por Carlos Maul, Domitila apareceria no teatro. Em 4 de março, estreou em São Paulo a peça de Viriato Correa *A marquesa de Santos*. Incluía três composições do maestro Heitor Villa Lobos: "Gavota-Choro", "Valsinha brasileira" e o famoso "Lundu da marquesa de Santos", que, sendo originariamente cantado por d. Pedro, hoje faz parte do repertório de sopranos. Domitila era representada pela atriz Dulcina de Moraes. Apresentada no Rio de Janeiro em 30 de março do mesmo ano, a peça contou com os atores Zilka Salaberry, como a imperatriz d. Leopoldina, Dercy Gonçalves, como uma aia, na versão carioca, e Manoel Pêra, pai da atriz Marília Pêra, como Chalaça.

Montada com subsídio governamental, encaixava-se na política do Estado Novo de exaltação dos heróis nacionais. Domitila foi usada para, literalmente, endeusar d. Pedro I, como bem ilustra uma de suas falas ao relembrar o 7 de Setembro: "[O imperador] não parecia criatura igual às outras criaturas. O sol caía-lhe em cima inteirinho e ele estava todo coberto de sol, todo dourado como figura sobrenatural. Como um deus!". O público pôde, nessa peça, conhecer uma marquesa amorosa, ansiosa por atenção exclusiva, não poder ou negociatas. Titília, pronta a realizar o maior dos sacrifícios, resolve abandonar o imperador para salvar a honra do Brasil no exterior. O amor dela serviu de mote para apresentarem o herói da Independência pronto para o consumo popular, em grandioso cenário e riquíssimo guarda-roupa.

O tom cômico da peça fica por conta da mãe de Domitila, d. Escolástica. Ela é apresentada fazendo mandinga para "amarrar" o amante da filha. Uma das explicações da velha senhora para as coisas não saírem bem era que o galo, que lhe arranjaram para o despacho, não era totalmente preto, tinha duas penas brancas bem escondidas. Provavelmente Viriato Correa deve ter tomado ciência da carta em que José Bonifácio xingava a velha Escolástica de bruxa.

Essa peça foi levada a cena diversas vezes na televisão. A primeira apresentação foi em 12 de fevereiro de 1962, no programa *Teatro Nove*, da TV Excelsior, canal 9 de São Paulo. No elenco, Cleyde Yaconis, Nathalia Thimberg, Mauro Mendonça, Leonardo Vilar, Rosamaria Murtinho, entre outros.

Em dezembro de 1941, chegava ao Brasil o filme argentino *Embrujo*, que aqui estreou como *A marquesa de Santos*. Enrique Susini dirigiu e fez o argumento da película. A família de Paulo Setúbal considerou a obra um plágio do livro e levou o caso à Justiça, que suspendeu a exibição do filme. Solucionada a pendência, este foi liberado para apresentação, em todo o Brasil, no ano seguinte. O célebre cantor cubano Bola de Nieve representou um criado do Chalaça. Em uma das cenas, aparece numa taberna paulista do século XIX, cantando em ritmo afro-cubano. Em Portugal, o filme foi lançado, em 1944, com o pomposo nome de *O grande amor de d. Pedro de Bragança.*

Outro que esteve prestes a colocar Titília no circuito mundial de cinema foi o escritor austríaco Stefan Zweig. Radicado no Brasil, trabalhou de agosto de 1941 a fevereiro de 1942 com Afonso

63. Cartaz do filme *A marquesa de Santos*, de 1941.
Propaganda vinculada nos principais jornais paulistas,
como *O Estado de S. Paulo* e *Folha da Manhã*

Arinos de Mello Franco e Paulo Frischauer no roteiro. Com o suicídio de Zweig, a obra ficou inconclusa.

Em 1948, foi concluída a ópera *A marquesa de Santos*, composta por João Batista Siqueira. A peça em três atos teve libreto escrito por Joaquim Ribeiro.

Mas não foram só a literatura, o cinema e o teatro que exploraram o tema. Os amantes também apareceram no rádio diversas vezes. Um dos primeiros programas sobre eles foi uma dramatização realizada pela Rádio Nacional em 1946. Quatro anos depois, em São Paulo, a 7 de setembro de 1950, foi a vez da Rádio Record. Os paulistas puderam ouvir a radiodramatização, contando a história do relacionamento. O narrador, na introdução, ambientada dentro do Museu Paulista, avisava que Domitila havia sido "o mais arrebatado amor do príncipe d. Pedro, depois imperador do Brasil". Do programa, escrito por Gabus Mendes, participaram Randal Juliano, como d. Pedro I, e Adoniram Barbosa, como o Chalaça.

Nem todas as obras envolvendo Domitila se preocupavam com o decoro para agradar a família brasileira. Ela também apareceu no teatro de revista, com um grau menos elevado de moralidade. A vedete Virgínia Lane, amante de Getúlio Vargas, representou a amante de d. Pedro I na peça *No paço da marquesa*.

Por falar em políticos e amantes, Ademar de Barros, governador de São Paulo em dois mandatos, comparava o relacionamento com sua secretária Ana Capriglione ao de d. Pedro I e Domitila. Ademar comprou, em 1958, uma coleção de trinta e seis cartas encadernadas do imperador para a marquesa e presenteou-a à amante. Essa coleção fora adquirida em Paris, vinda do espólio da duquesa de Goiás, pelo embaixador Caio de Melo Franco, às vésperas da II Guerra Mundial. O historiador Pedro Calmon, em seus escritos, mencionou erroneamente que tais cartas haviam sido vendidas para a Hispanic Society, em Nova Iorque.

A coleção foi comprada da família de Capriglione, nos anos 2000, pelo bibliófilo e editor Pedro Correa do Lago. Segundo ele, as cartas encontravam-se na gaveta de *lingerie* de Ana, que faleceu em 2005, aos noventa e três anos. Correa do Lago vendeu uma das cartas para a coleção Brasiliana do Itaú, e o restante foi adicionado à sua famosa coleção de autógrafos.

Ademar, Domitila e Jânio Quadros foram mencionados juntos na ocasião de um estranho desaparecimento, fartamente noticiado, em 1953. Jânio, ao assumir a prefeitura de São Paulo, cobrou do prefeito anterior, Lineu Prestes, a devolução de um quadro da marquesa de Santos pintado em porcelana. Lineu defendeu-se dizendo ter comprado a peça, de 60 x 65 cm, com verba própria, e que fizera dela presente ao então governador, Ademar de Barros. A polêmica estendeu-se por boa parte do ano. Sabendo hoje sobre a história das cartas, não seria de estranhar se o retrato tivesse ido parar na casa de Ana Capriglione.

No ano seguinte, durante as comemorações do IV Centenário da Cidade de São Paulo, foi posta em cartaz a peça *O imperador galante*, de Raimundo Magalhães Jr., que havia estreado um ano antes no Rio de Janeiro. Escrita na década de 1940, foi levada ao palco com Odilon Azevedo e Dulcina de Moraes, novamente nos papéis principais. O ator Carlos Zara estreou profissionalmente nessa montagem. O tom d'*O imperador galante* não diferia muito do da obra de Viriato Correa. Segundo o crítico Décio de Almeida Prado, ela conseguiu cumprir a missão de "encher o coração do público de ardor patriótico ou sentimental e os seus olhos de assombro e encantamento pela riqueza e pompa do espetáculo, obrigatório em tais evocações do passado".[192]

Mais tarde, em 1961, desembarcavam no Rio de Janeiro os produtores norte-americanos Deed Meyer e Stuart Bishop, que pretendiam levar para a Broadway essa história de amor com o nome *The petticoat prince*. Bishop havia recebido de presente da cantora Barbara Ashley o livro *Amazon throne*, de Bertita Harding, publicado no Brasil sob o título de *O trono do Amazonas: a história dos Braganças no Brasil*, uma grande colagem de fofocas e mexericos históricos. Entretanto, esse folhetim, que por pouco não virou peça da Broadway musicada por Ary Barroso em 1941, despertou o interesse dos produtores. Eles vieram fotografar e tirar as medidas do Palacete do Caminho Novo, antiga residência

---

[192] Apud MAGALDI, Sábato e VARGAS, Maria Thereza. *Cem anos de teatro em São Paulo*, p. 333.

de Domitila no Rio de Janeiro, para convertê-lo em luxuoso cenário, que nunca saiu do papel.

Não foram apenas os norte-americanos que projetaram uma peça sobre Domitila que não estreou. Diversas outras *Marquesas de Santos* tiveram a mesma sina. Luís Edmundo publicou a sua em 1924. Premiada pela Academia Brasileira de Letras, nunca foi montada. A obra de Luiz Carlos Barbosa Lessa teve o mesmo fim. Escrita para as comemorações dos 150 anos da Independência em 1972, também não foi levada à cena. Ainda há o caso ocorrido com *Lírios brancos para a marquesa*, de Beth Araújo. A peça seria toda encenada dentro do antigo palacete de Domitila, no bairro de São Cristóvão, porém, devido ao fechamento do Museu do Primeiro Reinado para restauro, acabou sendo cancelada a um mês da estreia, no início de 2011.

Em 1964, a escola de samba Imperatriz Leopoldinense levava à passarela o samba-enredo "A favorita do Imperador". Interessante que uma escola com o nome da imperatriz traída tenha ganhado o vice-campeonato com um enredo sobre a sua antagonista. Com a conquista, a Imperatriz Leopoldinense foi elevada do 2º para o 1º Grupo do Carnaval carioca. Talvez o final da música tenha uma conotação de vingança ao afirmar que Domitila desfrutou somente de um curto momento de glória.

A bela Titila foi glorificada
Num suntuoso beija-mão
Onde esteve sentada
Ao lado do soberano
Que solenemente quis
Dar-lhe a glória de alguns momentos
Como imperatriz.

Um fato curioso a respeito desse desfile é que, no último instante, com o Carnaval já bem próximo, ainda não haviam encontrado quem fizesse o papel da marquesa na passarela. O colunista e sambista José Carlos Netto[193] conta o caso de um dos convites feitos:

> [O carnavalesco Ary] *Catucha entra e senta no sofá e começa falar dos seus planos e fazer o convite para a dona Carminha representar a marquesa de Santos no desfile da Imperatriz Lepoldinense.*
>
> *— Ela foi uma grande dama do Império e até chamada de Favorita do Imperador Pedro I. Era muito elegante e sempre ajudou os pobres e etc. e tal.*
>
> *Calado. Sem dizer uma só palavra, o senhor Edvaldo* [esposo de d. Carminha e militar da FAB na reserva] *apenas escuta.*
>
> *— Então, dona Carminha, a senhora aceita ser a nossa marquesa de Santos? — perguntou esperançoso o Catucha.*
>
> *Foi o bastante para o senhor Edvaldo bradar:*
>
> *— Essa marquesa de Santos foi, sim, uma rameira, uma mariposa e que viveu pegando todos os homens da corte imperial, inclusive o nosso imperador. Como é que o senhor aparece aqui em casa para convidar minha mulher para representar uma prostituta dessas?*

A defesa da moral e dos bons costumes parece ter afrouxado um pouco na década de 1970, sobretudo durante as comemorações do sesquicentenário da Independência. Em 1972, a fábrica de brinquedos Estrela lançou três bonecas Susi comemorativas: uma vestida de d. Pedro I, outra com vestido de imperatriz e outro de dama da corte. Mal disfarçavam o real intento de mostrar Leopoldina e Domitila. Impossível, ao olhar a foto do catálogo, não se lembrar do austríaco barão de Mareschal relatando a Viena a sensação de que a bigamia havia se tornado oficial no Brasil. O jornal *Folha de S. Paulo* de 10 de dezembro de 1972 noticiava:

---

[193] In Netto, José Carlos: "A marquesa de Santos de Ramos", http://www.sidneyrezende.com/noticia/154957+a+marquesa+de+santos+de+ramos, acessado em 6/12/2011.

Para comemorar o 150º aniversário da Independência do Brasil, a Estrela lançou na praça a boneca Susi caracterizada de marquesa de Santos, d. Pedro I e imperatriz Leopoldina. A marquesa de Santos e d. Pedro I esgotaram-se. Mas a imperatriz Leopoldina ficou encalhada.

Parecia não ser o ano da doce austríaca. Marques Cruz, autor da taça da Copa Independência do Brasil daquele ano, buscou nas pinturas decorativas do palacete da marquesa de Santos, no Rio de Janeiro, inspiração para o projeto do troféu.

No teatro, também em 1972, um d. Pedro I mais humano, e ainda apaixonado pela sua Titília, surgiu na peça *Um grito de liberdade*, de Sérgio Viotti. A montagem tinha Antônio Fagundes como d. Pedro, Ana Maria Dias como a imperatriz Leopoldina e Nize Silva interpretando a marquesa. Estreada em São Paulo, a 24 de outubro de 1972, contava também com os atores Ruthineia de Moraes, Elias Gleizer, Zezé Mota, Tony Ramos e Marcelo Picchi. O tom político da peça dialoga com o Brasil da época da ditadura. Segundo o diretor Osmar Rodrigues Cruz:

Tentamos mostrar um homem comum e falível, suas relações humanas e as implicações políticas resultantes do caráter autoritário e da sede de poder deste imperador que preferia dissolver a Assembleia Constituinte a ter que admitir suas falhas e o cunho ditatorial de seu governo.[194]

Esse também foi o ano do lançamento do célebre filme *Independência ou morte*. A película trazia Tarcísio Meira como Pedro, sua esposa, Glória Menezes, como a marquesa de Santos, Kate Hansen como Leopoldina e Dionísio Azevedo como José Bonifácio. O diretor artístico do filme, Campelo Neto, criou os figurinos e joias de acordo com o acervo de Pedro

---

[194] Apud *Folha da Tarde*, 30 de outubro de 1972.

Otávio Carneiro da Cunha, tetraneto de Domitila. Parte das filmagens foi feita no próprio solar da marquesa, no Rio de Janeiro. O enredo, bastante comportado e fortemente influenciado pelo romance de Paulo Setúbal, limitou-se a recontar sobre o relacionamento tudo que era público e notório. Em uma cena antológica, Domitila flerta com o trono do Brasil num salão deserto. A Rede Globo exibiu esse filme pela primeira vez na TV em 7 de setembro de 1976. Durante o regime militar, a película foi passada, *ad nauseam*, em todas as comemorações da Independência.

No ano seguinte, 1973, o maestro Francisco Mignoni venceu o concurso para peça teatral de um ato só, com sua ópera cômica *Chalaça*. Domitila é um dos personagens. Estreou em São Paulo em novembro de 1976.

Durante a abertura política realizada pelo governo militar, os editoriais de jornais e revistas passaram a evocar constantemente as figuras de Domitila e de d. Pedro I. Baseados nos relatos dos viajantes estrangeiros e no do velho conselheiro Drummond, o casal de amantes retornou à mídia no auge da crise econômica dos anos 1980 como os pais primordiais da corrupção do Estado brasileiro, ícones do tráfico de influência e da decadência do meio político nacional.

Nesse período, em 21 de agosto de 1984, estreava a minissérie *A marquesa de Santos* na recém-inaugurada Rede Manchete. Com propagandas em diversos jornais e revistas, anunciava para o horário das 21h15: "Maitê Proença é Domitila. A marquesa de Santos que a escola não ensinou". As chamadas eram provocativas: "O que vai ser de mim agora? Estou sem honra, sem ninguém no mundo", "Vossa Majestade é como uma fonte. Quanto mais bebo, mais aumenta a minha sede", "O primeiro escândalo que abalou o Brasil como nação independente". A dramatização também foi baseada na obra de Paulo Setúbal, lançada cinquenta e nove anos antes. O roteiro foi escrito por Wilson Aguiar Filho e Carlos

Heitor Cony, os cenários e figurinos ficaram a cargo de Arlindo Rodrigues, e a direção de Ari Coslov.

Maitê Proença, considerada uma das mais belas mulheres daquela época, foi contratada para interpretar Domitila. D. Pedro foi representado por Gracindo Jr. O imperador parecia mais interessado em seus negócios de família que na condução do recém-fundado Império Brasileiro. Sobre a minissérie, escreveu Affonso Romano de Sant'Anna:

> *Quem quiser pode pensar que a minissérie é apenas uma história de amor. Mas quem quiser ver mais fundo vai começar a entender melhor o Brasil. Eu diria, indo já ao centro da questão, que uma narrativa como essa nos ajuda a entender como se constitui o poder e explica até a política de hoje.*[195]

Logo após o lançamento da minissérie, estreou no teatro, em 8 de setembro de 1984, a comédia *Pedro e Domitila*. Escrita por Ênio Gonçalves, tinha a atriz Taya Perez como a marquesa e o próprio ator e dramaturgo fazendo d. Pedro. A direção ficou a cargo de Mario Masetti. Com o tempo, Ênio modificou a peça e acrescentou um casal de escravos amantes, que, além de auxiliarem na narrativa durante as transposições de cena, dão o contraponto entre o casal branco de nível social elevado e o povo.

A obra, entre montagens profissionais e amadoras, já foi levada à cena mais de cinquenta vezes pelo Brasil. A última apresentação profissional, dirigida por Ênio, ocorreu em 2008. O autor, que sempre teve curiosidade pela história dos amantes, pesquisou por mais de dois anos para poder contextualizar a história. Em tom jocoso, a peça, além de contar um pouco da vida do imperador e da marquesa, faz crítica política. O retrato pintado por Ênio foge

---

[195] Sant'anna, Affonso Romano de. "A marquesa de Santos e a nova história", Revista Manchete, nº 1.690, 8 de setembro de 1984, p. 26.

da exaltação da figura de d. Pedro, que, em uma das cenas, aparece vestindo a camisa do time da Portuguesa.

O crítico Edelcio Mostaço comentou sobre a peça:

> *Os conservadores ou os românticos (se alguma diferença existe entre eles) certamente não aprovarão esta investida sobre a história pátria, que possui a grande virtude de contribuir para uma revisão necessária de figuras do passado envoltas em glórias suspeitas. Príapo consumado, pai de vários filhos naturais, político interesseiro, monarca autoritário com laivos caudilhescos são alguns traços de caráter que conviveram ao lado do idealismo romântico e heroico de d. Pedro I. Bem como foi por arte de seus encantos eróticos que aquela paulista sem uma gota de sangue azul ascendeu à condição de marquesa.*[196]

Em 1995 — para não dizermos que a década de 1990 passou sem que alguém chamasse Domitila de santa ou pecadora —, o advogado João Pinheiro Neto, ex-ministro do governo João Goulart, lançou um livro sobre os amantes. *Pedro e Domitila: amor em tempo de paixão* reedita o velho libelo de Vasconcelos Drummond. A marquesa de todos os santos e demônios ressurge expulsando os Andradas da corte e, inovando na lista de acusações ao casal, finalmente acha-se o culpado pela dívida externa brasileira: d. Pedro I.

Em 2000, colocaram Titília para cantar o seu amor na ópera de câmara *Domitila*. Com música e libreto do compositor carioca João Guilherme Ripper, uma soprano, acompanhada por clarineta, violoncelo e piano, canta as cartas recebidas pela marquesa transformadas em letras de música, contando o relacionamento dela com o imperial amante do começo ao fim. Contemplada com o Prêmio Circuito Funarte de Música Clássica em 2010, foi reencenada em Porto Alegre, Joinville, Cuiabá, Campo Grande e

---

[196] MOSTAÇO, Edelcio. "As traquinagens de Pedro e Domitila", in: *Folha de S. Paulo*, 14 de setembro de 1984, Ilustrada, p. 42.

Dourados. No papel de Domitila estava a soprano Maíra Lautert. A direção musical ficou a cargo de Priscila Bomfim, e a direção cênica, de Luiz Kleber Queiroz. Essa ópera foi uma das atrações do *Auto da Independência*, realizado no Parque da Independência em São Paulo, durante as comemorações dos 190 anos do Grito, em 2 de setembro de 2012. A história do relacionamento deles, das cartas trocadas, viu-se misturado anacronicamente com o processo de emancipação política do Brasil.

Um ano após a estreia da ópera *Domitila*, a TV Globo levou ao ar, em janeiro de 2001, a minissérie *Quinto dos Infernos*.

Chanchada e pornochanchada foram as palavras mais repetidas nas críticas, quer positivas ou negativas, desse programa. Ao contrário da obra de Paulo Setúbal, o estupro à história perpetrado por Carlos Lombardi gerou uma caricatura, não um filho robusto. Houve protestos até do outro lado do Atlântico. Portugueses furiosos com o estereótipo traçado deles pela série ameaçaram boicotar as novelas brasileiras. Se uma raça se sentiu ofendida, a história, nem se fala. Colocar Domitila e a imperatriz Amélia lado a lado velando o finado d. Pedro I foi apenas uma das inúmeras cenas que extrapolaram os limites da licença poética. Na série, Domitila é retratada como a mulher ciumenta que quebra vasos na cabeça do imperador mulherengo.

Em março de 2017, a TV Globo estreou a novela *Novo Mundo*, que teve início com o embarque de d. Leopoldina para o Brasil. Nela, Domitila aparece estereotipada como a vilã. Apesar de os autores justificarem todas as liberdades tomadas alegando que se trata de uma ficção histórica, o enredo afastou-se tanto da linha temporal que a novela, na prática, se transformou numa história alternativa sem compromisso algum com os fatos. Mesmo d. Pedro falando em diversas cartas que eles se conheceram em São Paulo em agosto 1822, Domitila aparece no Rio de Janeiro antes da Independência. O incidente com a carruagem de Maria Benedita ocorre quatro anos antes da data real. Em diversos momentos, ela é representada como uma mulher fria e calculista que passa por cima de tudo para atingir seus objetivos, inclusive da moralidade. Como se não fosse escândalo suficiente, para a época, uma mulher ser a amante pública do imperador, colocaram Domitila deitando-se com diversos outros homens em busca de proteção ou como forma de atingir seu objetivo supremo: o então príncipe d. Pedro.

A marquesa também serviu como inspiração para duas obras coletivas nos anos 2000: um livro e um evento de artes plásticas. Clóvis Bulcão organizou o livro *Marquesa de Santos: ficção em 12 contos* (2003). Os autores deixaram a imaginação, e a marquesa, correrem soltos pela linha histórica e temporal. Em 2011, inspirados pelo livro *Titília e o Demonão*, lançado no início do ano, o grupo de artistas plásticos Somaisarte, de Porto Alegre, com o apoio do Café Dometila, organizaram em junho um encontro na praça Doutor Maurício Cardoso. Os artistas, inspirados pelas cartas trocadas pelos amantes, reuniram-se para pintar suas impressões. As obras, em sua maioria, pautaram-se ora pelo tom romântico, ora pelo erotismo das mensagens.

O Café Dometila é um dos diversos estabelecimentos comerciais no Brasil batizados com o nome da amante de d. Pedro. Segundo conta o seu proprietário, Claiton Franzen, a intenção era criar um ambiente "onde as pessoas se sentissem tão acolhidas quanto na casa de sua (seu) amante. Amante no sentido literal, pessoas que amam. Não existe nenhum lugar melhor do que estar na casa de quem se ama. Lá tudo é bom".[197] Entretanto, a ousadia em associar seu estabelecimento ao nome da histórica amante rendeu a Claiton uma coleção de histórias curiosas sobre a resistência de clientes mais conservadores ao nome, estilo e ambientação do seu café.

O evento de moda Fashion Rio Verão 2012, ocorrido em maio de 2011, homenageou a mulher brasileira com a exposição *Universo Tropical*. Entre peças de arte plumária, obras modernistas e os balangandãs de Carmem Miranda, Domitila reinava

---

[197] Entrevista para o autor em 29/11/2011.

soberana. Seu retrato de quando jovem veio do Museu Histórico Nacional, e painéis reproduziam as cartas inéditas transcritas no livro *Titília e o Demonão.*

No ano anterior, a marquesa já havia feito sua incursão pelo ramo da moda nacional. Ao lado de Evita Perón, d. Leopoldina, Anita Garibaldi e outras, Domitila faz parte da coleção de esmaltes Mulheres Guerreiras, lançada pela marca de cosméticos L'Apogée.

É interessante ver como a imagem de Domitila presta-se a diversos usos na cultura, em produtos e no imaginário em geral. A figura dela como mulher batalhadora, sobrevivente, é tão forte quanto aquela carregada do erotismo da amante, como vemos em *A carne e o sangue*, obra da historiadora Mary Del Priore publicada no primeiro semestre de 2012 que trata do triângulo amoroso imperial.

Não raro a marquesa é lembrada pela sua relação com o poder, mais que outras mulheres que chefiaram nosso país anteriormente, como d. Leopoldina e sua neta, a princesa Isabel. Diferentemente, porém, da imperatriz e da princesa, Domitila não nasceu dentro da classe governante, muito menos destinada ao poder: o que teve foi conquistado. O ex-prefeito de São Paulo, Gilberto Kassab, em seu discurso na inauguração da exposição *Marquesa de Santos, uma mulher, um tempo, um lugar*, em 19 de novembro de 2011, abordou justamente esse aspecto de Domitila.

Em 2015, a banda Lítera, de Porto Alegre, inspirada no relacionamento entre d. Pedro e Domitila, lançou o CD *Caso Real.* Entre as músicas, encontra-se *Ouvidor*, criada a partir de trechos das cartas inéditas do imperador para a marquesa que constam da obra *Titília e o Demonão.* A temática explorada no CD são os diversos momentos de um relacionamento amoroso, usando os altos e baixos deste como linha condutora.

Romantizando o caso extraconjugal de Domitila e Pedro, ao transformá-lo em um amor impossível, a Lítera criou três principais ações para divulgar seu trabalho. Uma foi a colagem de diversas cartas de d. Pedro para Domitila, retiradas da obra *Titília e o*

Demonão, pelas ruas de Porto Alegre. Numa outra, um dos componentes da banda anda pelas ruas de cidades do Rio Grande do Sul e de São Paulo portando um cartaz com a pergunta: "Você já viveu um amor impossível?". Muitas pessoas param para contar suas histórias, e algumas acabaram sendo registradas em vídeo e divulgadas pela internet. Outra ação é a de *sticker art*, uma manifestação artística pós-moderna com uso de adesivos, nos quais eles estamparam a mesma frase do cartaz pelas ruas de diversas cidades do Brasil e do mundo.

Um aspecto interessante a destacar é a capa do CD. Nela, d. Pedro e Domitila são representados pela artista Isadora Laís Costa Brandelli como duas jaguatiricas. Domitila, num símbolo do empoderamento feminino, usa uma coroa; d. Pedro, não.

Além das expressões artísticas e culturais alimentadas por uma indústria de entretenimento, que molda a imagem da marquesa conforme o momento político, econômico e cultural, existe também uma segunda vertente, cultivada diretamente pelo povo, por intermédio dos mitos ao redor da marquesa.

APÊNDICE 2

As casas da marquesa

QUALQUER PESSOA COM MAIS de trinta anos que, indo passear na Baixada Santista, tenha descido a serra pela Estrada Velha de Santos, hoje transformada em parque, deve se recordar de algum adulto apontando para um velho casarão na estrada e dizendo: "Veja, essa é a casa da marquesa de Santos".

Os prédios em questão — sim, mais de um — nada têm a ver com a ilustre titular, assim como Santos também não. Domitila nunca morou na cidade.

Em 1922, cinquenta e cinco anos após a morte da marquesa, Washington Luís, então presidente do Estado de São Paulo, inaugurou essa estrada durante os festejos do centenário da Independência do Brasil. Ao longo de seu percurso, foram erguidos monumentos e belvederes que contavam um pouco da história de São Paulo, da qual o "paulista de Macaé" era um entusiasta. Assim, foram construídos o Cruzeiro Quinhentista, o Rancho da Maioridade, o Pouso do Paranapiacaba, entre outros. Projetados pelo arquiteto Victor Dubugras e decorados com azulejos de autoria do artista José Wasth Rodrigues, esses pousos eram localizados próximos à água corrente para refrescar os paulistas e os primeiros automóveis que se aventuravam serra abaixo e acima.

Além dessas "casas da marquesa de Santos", outros casarões, afastados do centro urbano de grandes e pequenas cidades — em muitas das quais d. Pedro e Domitila nunca botaram os pés —, levaram a fama de ser antigos pontos de encontro dos dois.

Em São Paulo, palco do início do relacionamento, somente parte do antigo traçado urbano sobreviveu. Nem as casas dos pais de Domitila nem o palácio do governo, onde d. Pedro se hospedou de agosto a setembro de 1822, foram conservados.

A única casa em que ela efetivamente morou, na cidade de São Paulo, e que ainda está em pé, é o conhecido Solar da Marquesa de Santos. Após o falecimento de seu primogênito e testamenteiro, o casarão foi leiloado e arrematado pela Mitra Diocesana. De casa da ex-amante do imperador a palácio do bispo de São Paulo, a residência terminou nas mãos da Companhia de Gás. Na década de 1970, a empresa foi encampada pela municipalidade, e o prédio hoje faz parte do conjunto de museus que compõem o Museu da Cidade de São Paulo.

64. Antigo Solar da Marquesa de Santos em 1919, transformado em sede da Cia. de Gás de São Paulo

Esse edifício, assim como outros adquiridos por ela ou já pertencentes ao seu segundo marido, Tobias de Aguiar, são posteriores ao término de seu relacionamento com d. Pedro I. Isso inclui o casarão que se avista da ponte Atílio Fontana em direção à rodovia Anhanguera, na Vila Anastácio, que, segundo moradores da região, pertenceria à marquesa de Santos.

O prédio, em estilo colonial espanhol, foi construído na década de 1920 e serviu de clube de campo para os funcionários do frigorífico Armour do Brasil. O local fazia parte da antiga gleba da fazenda do coronel Anastácio, que pertenceu efetivamente a Tobias de Aguiar e Domitila. Porém, a sede da fazenda da época em que o casal a possuíra não existe mais.

Outro local mencionado é o edifício do Museu do Ipiranga. Certa vez, um repórter perguntou se era verdade que d. Pedro I soltava as escravas nuas nos jardins e brincava de pega-pega com elas. O prédio em que hoje se encontra o Museu da Universidade de São Paulo, conhecido popularmente como Museu do Ipiranga, não foi construído como moradia, e sim como um marco arquitetônico da Independência. Sua construção foi iniciada em 1885 e finalizada em 1890, décadas após a morte de d. Pedro e Domitila. A Casa do Grito, localizada no parque da Independência, que se assemelha à retratada no célebre quadro de Pedro Américo, também não foi cenário das noites de amor do casal, conforme fantasiam alguns estudantes em visitas monitoradas ao local.

Se em São Paulo, onde teve início o romance, nada sobrou, o mesmo não se pode dizer do Rio de Janeiro, que preserva até hoje o Palacete do Caminho Novo, no bairro de São Cristóvão. No prédio, localizado às portas da Quinta da Boa Vista, funcionou de 1979 até o início de 2011, quando fechou para restauro, o Museu do Primeiro Reinado. O Brasil era o único país no mundo em que a memória de um período histórico nacional estava confiada à casa da amante do governante da época. Irônico que o local onde a marquesa se entrincheirou em 1829, relutando partir e deixar o campo livre para a próxima esposa de d. Pedro, expunha, até recentemente, o conjunto de louças do enxoval de d. Pedro e Amélia de Leuchtenberg.

Foi descoberto, na década de 1970, durante uma restauração do Palacete do Caminho Novo, um alçapão que conduzia a uma grande área subterrânea, provavelmente vestígio de antiga ligação entre a cozinha externa e a residência. O próprio museu, alimentando a lenda, recriou a ilusão de um caminho secreto, com a ajuda de jogo de espelhos. Segundo a lenda local, d. Pedro utilizava-se de um túnel para sair da Quinta da Boa Vista e visitar sua amante sem ser visto.

A imaginação popular não leva em conta que a movimentação de terra para a escavação de um túnel de um quilômetro, ligando as duas residências, dificilmente conseguiria passar despercebida da corte. O palácio imperial e a casa de Domitila viviam sempre cheios de gente; nenhum cortesão ou agente estrangeiro notaria uma obra de tal porte? Não seria tarefa para realizar em uma noite. Se isso não bastasse, o solo pantanoso da região seria impeditivo à construção de qualquer túnel no local com a tecnologia da época.

Também existiria, segundo os comentários populares, uma passagem secreta usada por d. Pedro para se encontrar com a amante no Museu Histórico Sorocabano. A casa pertenceu à família de Tobias de Aguiar, e a marquesa de Santos passou temporadas lá. Em um quarto, atrás de um armário, uma passagem leva ao forro da casa e também levava ao porão, antes de este ser aterrado. Ao contrário da passagem de São Cristóvão, essa realmente existe, porém as estadas de Domitila nessa casa ocorreram anos depois da morte de d. Pedro I, que nunca esteve em Sorocaba.

Sete anos durou o relacionamento e quase duzentos já se passaram após o final do caso, porém o povo continua fantasiando sobre ele. Coloca os amantes encontrando-se em locais ermos e usando de subterfúgios, como passagens secretas, para não serem pegos. Esse povo *voyeur* com relação à vida sexual da classe governante é o mesmo que afixa no túmulo de Domitila, no cemitério da Consolação, em São Paulo, uma pequena placa de acrílico agradecendo pela graça alcançada.

APÊNDICE 3

Santa Domitila

CONFORME MENCIONADO anteriormente, a imagem de Domitila, ao se metamorfosear de amante do imperador em mãe de família, carrega-se, para alguns autores, como Tavares Pinhão,[198] de simbologia.

Se Maria Madalena se arrependeu, por que não Titília? Sua proverbial bondade para com os escravos, as esmolas que dava e as que deixou legadas em testamento ajudaram a alimentar sua memória na benemerência paulista. A isso acrescentam-se rumores bem típicos da figura de "Madalena arrependida": Titília teria fundado uma organização para tirar prostitutas das ruas e casá-las com homens de bem, e criado um dispensário no palácio do governo, durante a presidência de seu marido, para atender famílias carentes. Após o seu falecimento e a higiene do corpo inerte, foram-lhe postas as vestes da Ordem Terceira do Carmo, da qual havia se tornado irmã leiga.

[198] PINHÃO, Antônio Tavares. *Domitila de Castro: marquesa de Santos.*

Como boa samaritana, teria doado terras para que a municipalidade construísse o cemitério da Consolação. O que não passa de lenda, reforçada por uma placa colocada inapropriadamente em seu túmulo, tamanha a confusão que se faz de sua memória até hoje. Ao se estudar as Atas da Câmara Municipal de São Paulo, observa-se que uma parte das terras onde o cemitério foi construído era de propriedade pública, e o restante pertencia a Marciano Pires de Oliveira, que tinha uma chácara no local. Posteriormente, o território foi ampliado, com o acréscimo de uma parte da chácara do conselheiro Ramalho e da de Joaquim Floriano Wanderley.

O seu singelo túmulo em mármore branco, de formato quadrangular, encimado por um nicho que protege um anjinho, localiza-se na parte mais antiga desse cemitério, perto da capela. Sempre bem cuidado, recebe flores até hoje. Clarival do Prado Valadares, em sua monumental *Arte e sociedade nos cemitérios brasileiros* (1972), notou durante as suas pesquisas o mesmo que ocorre agora, quarenta anos depois:

Muitas são as visitantes, e pouco provável que sejam suas descendentes.[199]

Vão longe os dias das "elegantes senhoras" observadas pelo autor, que iam de motorista ao cemitério levar flores ao túmulo de Domitila. Essas mulheres faziam o zelador trocar um buquê ainda fresco e recém-colocado pelo que estavam ofertando naquele momento. Uma breve oração e partiam. Valadares observou que, naquela época, não havia velas ou outras "implicações popularescas". Nos dias de hoje, as velas são proibidas. Um aviso no túmulo da marquesa deixa isso bem claro. O pesquisador sugere que a afluência ao túmulo de Domitila esteja ligada ao sentimento de identificação das "marquesinhas modernas" com ela.

---

[199] VALADARES, Clarival dos Prados. *Arte e sociedade nos cemitérios brasileiros*, vol I, p. 444.

Mais recentemente, foi coletado o costume de mulheres solteiras darem três voltas ao redor de sua lápide e beijarem o seu retrato, na esperança de arrumarem marido. Existem também rumores de que Domitila seria a santa popular das prostitutas.

Essa relação entre corações partidos e a marquesa já havia sido verificada pela imprensa, em 1977. Durante a obra de reforma do túmulo de Domitila, repararam que o jazigo amanhecia coberto de flores. Segundo funcionários do cemitério, as flores eram presentes de namorados infelizes que iam pedir proteção à padroeira dos apaixonados.[200]

Mas não é somente como protetora dos amantes que a figura de Domitila surge após a sua morte. Um bisneto do "Nhô Xico", Elias Alves de Castro, contou em uma entrevista a seguinte passagem:

> *Já vieram falar-me de seus milagres. Isso mesmo, milagres. Uma senhora, aparentada de um político de muito destaque, já falecido, veio até aqui em casa para comprovar a graça alcançada. Disse-me ela: "Elias, quando tenho qualquer apertura na vida, peço ajuda à marquesa de Santos. E sempre fui atendida".*[201]

Em 1984, o padre Marcílio Simões Romeiro de Melo, da Igreja Católica Apostólica de Jerusalém, foi encarregado pelo bispo dom Dylmar Correa Baldoíno da Costa de formar uma comissão para investigar os possíveis milagres atribuídos ao espírito de Domitila.

As graças coletadas pelo padre Marcílio são variadas, mas nenhuma trata de relacionamentos amorosos. Em sua maioria, os crentes de Domitila buscam empregos e curas de doenças. O padre chegou a rezar missas no início da década de 1980 no túmulo da marquesa

---

[200] "Consolação, o mais caro cemitério, depois de 110 anos". *Folha de S. Paulo*, 14 de agosto de 1977, 2º Caderno, p. 24.

[201] MONTADON, Marco Antônio. "Este ano o velho parente não leva flor à marquesa", in *Folha de S. Paulo*, 2 de novembro de 1974, Caderno Local, p. 6.

no Dia de Finados, nas quais distribuía panfletos mimeografados, explicando a campanha pela redenção da memória de Titília.

O devoto mais famoso de Domitila foi o sanfoneiro e compositor Mário Zan. Se os leitores mais novos nunca ouviram falar nele, provavelmente já dançaram alguma quadrilha de festa junina com uma das trinta canções que ele compôs para o gênero. Em 1954, seu disco com o hino do Quarto Centenário da Cidade de São Paulo atingiu um recorde para a época: mais de um milhão de cópias vendidas em poucos meses.

Zan, nascido na Itália em 1920, residiu durante a adolescência no Ipiranga, próximo ao museu. Ouvindo as histórias que os mais velhos contavam sobre Domitila e d. Pedro, passou a se interessar pela marquesa e pelas ações benemerentes dela em São Paulo. Ao estudar sobre Domitila e descobrir que seu túmulo estava no cemitério da Consolação, Mário resolveu visitá-lo e revoltou-se: até pé de milho brotava nele. Tomou para si o restauro e a manutenção do sepulcro da marquesa, que é mantido até hoje pela família dele com recursos provenientes dos direitos autorais do artista.

Quando a filha de Mário, Mariângela, com três meses de idade, esteve à beira da morte, seus pais foram ao túmulo de Domitila pedir pela saúde do bebê. Ao chegarem em casa, ela havia tomado uma mamadeira inteira, e o organismo voltara a funcionar normalmente.

Mário Zan, sem vínculo com religião nenhuma, considerava Domitila uma protetora do plano espiritual, para si e sua família. Além da recuperação da filha, Zan afirmava ter recebido diversas outras graças, incluindo um terreno no próprio cemitério, onde foi enterrado depois de sua morte, em 2006, aos oitenta e seis anos de idade:

> *Eu queria um terreno para minha família no cemitério da Consolação, nunca conseguia, até que rezei para ela e acabei conseguindo um bem na frente do túmulo dela.*[202]

---

[202] SAMORA, Guilherme. *Os amores da marquesa*, p.13, in *Revista Já*. Ano 8, nº 400, 5 de setembro de 2004.

De prostituta a santa, de corrupta a dama benemerente, de afronta à família e aos bons costumes a ícone *fashion*, Domitila de Castro Canto e Melo, a marquesa de Santos, acolhe todos os adjetivos como acolhia os filhos imputados pelo povo.[203] Ao mesmo tempo é esposa, vítima de violência doméstica, amante, mãe, capitalista, avó e fomentadora de corridas de cavalo.

Seu semissorriso no célebre retrato pode ser comparável ao de Mona Lisa. Que mistério nos esconde? Todos e, ao mesmo tempo, nenhum. Mais cartas de amor poderão ainda surgir, segredos sobre sua vida virão à tona? Talvez, mas, mesmo que não apareça nada de novo em sua biografia, a imaginação do brasileiro continuará a transformar a figura de Domitila, polindo-a, burilando-a e dando quantas formas quiser a essa polêmica personagem.

A marquesa, mesmo morta, ainda desperta paixões. Impossível ouvir o seu nome sem algo negativo ou positivo a dizer sobre ela.

As mulheres que, em São Paulo e no Rio, se recusam a entrar na casa da amante de d. Pedro, parecem estar corretas ao impedir que seus acompanhantes — maridos, namorados, filhos e amigos — façam o passeio. Será coincidência só existirem biógrafos do sexo masculino da grande amante do Brasil? De forma alguma. A sereia paulista continua a encantar os homens e irritar as mulheres que não se emanciparam completamente. As que ainda não pagaram o preço elevado da liberdade de amar, pensar e agir como bem entendem e se deixam guiar pelas convenções sociais vigentes, têm todos os motivos para odiá-la e insultá-la. Não é possível ter empatia com o que não se conhece. Quanto aos homens, esses só desejam, como seres humanos, o que não possuem ou não compreendem, no caso, uma imagem e uma ideia de mulher; se fosse real, de carne e osso, é provável que fugissem dela.

---

[203] Segundo Carlo Maul, durante um sarau em sua casa, Domitila, já idosa, teria exclamado ironicamente: "São Paulo está cheio de mulheres bonitas, solteiras, casadas e viúvas. Todas muito honestas. Mas a roda dos enjeitados não cessa de receber crianças. E a mãe de todas elas é sempre a marquesa de Santos. Aceito com satisfação essa maternidade".

Exemplo de mulher emancipada para uns, ícone da corrupção política brasileira para outros, ela é como Geni, da música "Geni e o Zepelim", de Chico Buarque: apesar de boa com todos, e de salvar a cidade em perigo, sofre perseguição por causa da sexualidade. Mas, como boa paulista, ainda hoje se impõe à cidade que a viu nascer, crescer, amar e morrer. Seu solar, tão resistente quanto a famosa dona, perto de onde nasceu a São Paulo do padre Anchieta e de Tibiriçá, é o único remanescente urbano de residência em taipa de pilão da capital. Lá é possível ver uma das dezenas de guias que acompanham excursões escolares começarem o *tour* com a pergunta: "Estão vendo como está quente lá fora? Viram que aqui dentro é mais fresco? Olhem o tamanho desta parede". Enquanto isso, crianças mais afastadas cochicham: "Essa é a casa da namorada do d. Pedro!"

APÊNDICE 4

Um solar assombrado

EM NOVEMBRO DE 2011, 144 anos após a morte da marquesa de Santos, seu solar na capital paulista foi reaberto após restauro. Além do antigo casarão, fechado havia mais de três anos, os visitantes puderam apreciar uma exposição que mostrava um pouco da história de Domitila. Foram expostos objetos da época da marquesa e, até mesmo, alguns que pertenceram a ela e estavam no solar enquanto ela ali viveu.

Logo, com o grande fluxo de pessoas, alguns fenômenos estranhos começaram a ser relatados. Casa antiga, com mais de 300 anos, não ter barulhos estranhos, rangeres e infiltrações seria de se estranhar, não é mesmo? Mas alguns dos relatos são, no mínimo, curiosos.

Um dos vigilantes noturnos do solar contou que toda manhã dava bom-dia para a marquesa. O dia em que não deu, foi porque cochilou, e aí foi a marquesa, em sonho, quem veio despertá-lo, pois estranhou a falta do bom-dia dele. Outro vigilante relatou ter ouvido um forte estrondo durante uma madrugada, como um tiro de canhão. Mas, correndo o edifício em busca de alguma explicação, não achou qualquer causa que justificasse o som escutado.

No andar de cima da casa, ao subirmos a escadaria de madeira, localizada do lado direito da entrada, deparamo-nos com três grandes salas cujas janelas dão para a rua Roberto Simonsen. Elas ainda se apresentam, espacialmente, como eram no tempo em que o solar foi residência da marquesa.

Na primeira sala, durante a exposição, foram colocados alguns documentos e retratos de Domitila. Na segunda, um grande piano lembrava as festas do solar, com músicas da época tocando ao fundo, bem como mostrava o luxo da casa, com um antigo faqueiro que pertenceu a ela e algumas peças de porcelana, cristais e prataria em geral.

O terceiro aposento, que fica de esquina entre a rua Roberto Simonsen e o beco do Pinto, era anteriormente a chamada "sala de veludo", parte da antiga área social da casa, onde Domitila recebia visitas formais. Na exposição aberta em 2011, o local foi transformado na sala do senhor da casa. Lá, foram colocados alguns móveis e pertences do brigadeiro Rafael Tobias de Aguiar, como uma espada, uma pasta de quando era governador de São Paulo, além de um retrato a óleo de corpo inteiro, baseado em uma ilustração da época. Um dos móveis era um armário de madeira antigo com portas de vidro, que acabou virando um estranho protagonista.

Avisado pelo pessoal da segurança da época, acabei entrando em contato com Daniele Fernanda Maffei. Ela e uma amiga, Sandra Alves de Souza, haviam ido conhecer o Solar da Marquesa em fevereiro de 2013. O que se passou, deixo para a própria Daniele contar: "[...] Como de costume, estávamos tirando algumas fotos (sem *flash*) e uma delas foi intrigante, era a foto de um móvel (armário) localizado em um dos cômodos. Os vidros do armário refletiram alguns móveis que estavam no local + imagem de 2 pessoas conversando. Estranho que não havia ninguém na sala no momento da foto, muito menos vestindo as 'roupas de época' que aparecem. Ficamos curiosas e resolvemos voltar ao Solar, para olhar novamente o ambiente, tirar outras fotos e ter certeza de que nada (quadro etc.) pudesse ter gerado aquela imagem de duas pessoas na foto... E realmente não havia."

Vi a foto que, por ter sido realizada com um celular, é de baixa resolução, mas nitidamente vemos uma mulher usando um vestido de época rosado. Ela encontra-se de costas para o armário, e a pessoa em frente a ela é um homem, vestido de maneira idêntica ao modo como o brigadeiro Tobias de Aguiar foi retratado no quadro que estava nessa sala. Entretanto, ele estava em uma parte que não refletia nesse armário.

Quando o relato e a foto chegaram até mim, fiz uma batelada de perguntas, incluindo a que religião pertenciam. Nada nunca

65. Foto tirada durante visita de Daniele e Sandra ao Solar da Marquesa de Santos em que aparecem duas imagens refletidas no vidro do armário.

demonstrou que elas procuravam algum tipo de divulgação. Apesar de Daniele ter me autorizado a falar sobre o assunto, desde 2013, somente agora, com a reedição desta obra, quatro anos após o ocorrido, o fato está chegando a público.

Outra foto misteriosa foi tirada por um segurança do solar. Ao fotografar a exposição, ele registrou a imagem de um antigo oratório, colocado, para a exposição, em um corredor que ligava a sala onde estava o quadro do brigadeiro Tobias com uma outra, onde estava a antiga cama que pertencera à marquesa. O vidro protetor posto diante desse oratório reflete duas pessoas na foto tirada. Uma delas é o próprio fotógrafo, já a outra... bem, a outra pessoa não estava lá quando ele bateu a foto. Podemos ver nitidamente uma jovem morena, de cabelos presos na nuca, usando um antigo vestido fechado de tom claro.

Durante a exposição, uma figura constante, para alguns visitantes, era o próprio brigadeiro Tobias. Mais de uma vez, visitantes do solar congratularam seguranças e monitores do serviço educativo por terem colocado, na sala do retrato do brigadeiro, um ator vestido como o último marido de Domitila. Para não haver escândalos, os cumprimentos dirigidos ao fantasma eram aceitos, sem que se explicasse aos visitantes que não havia ator nenhum. Um dos casos mais lendários foi o de uma senhora que se dirigiu a um dos seguranças pedindo que ele falasse àquele ator que estava atrás dela, vestido como o senhor do quadro, para parar de segui-la, pois ela não era ladra. O segurança, olhando o ar, fez o que ela pediu, e aparentemente adiantou, pois o fantasma não mais importunou a visitante.

Na sala onde o brigadeiro Tobias foi visto mais de uma vez, é possível notar frequentemente uma mudança de temperatura, pois normalmente é um dos ambientes mais quentes da parte antiga da casa. O fator da insolação, por ser um dos poucos cômodos que têm janelas dando para a Roberto Simonsen e para o beco do Pinto, pegando sol do meio-dia ao entardecer, parece que é científico demais para os que querem crer.

Além das aparições em fotos e pessoalmente e até atirando com canhões invisíveis, dois outros fenômenos sobrenaturais foram registrados. Um deles foi vivenciado por boa parte da equipe do museu, da diretoria até o serviço de limpeza. Uma antiga diretora, logo pela manhã, antes da abertura do museu, passando pela área da exposição, notou uma poça no assoalho, embora não houvesse chovido recentemente. Mandou que se chamasse a limpeza para removê--la antes da chegada do público. Várias pessoas viram a poça, e, enquanto uma funcionária da limpeza desceu para pegar material para limpar aquilo, outra pôs o dedo no líquido. Não era água, mas sim alguma espécie de óleo perfumado. Quando retornaram com o material de limpeza, a poça não só havia desaparecido completamente como o piso de madeira não possuía qualquer marca de umidade.

Um último fato foi vivenciado por mim. Em uma tarde de julho de 2014, estávamos eu e as professoras Ana Laura Gamboggi Taddei, Sandra Tucci e Luciana Birindelli numa reunião no solar, discutindo algumas ideias para uma futura exposição. Após a reunião, contei a elas essas histórias que agora deixo registradas. Uma delas brincou perguntando em voz alta se a marquesa havia gostado das nossas ideias, pedindo que, em caso positivo batesse uma vez. Logo ouvimos o som de uma pancada. Para tirar a dúvida de que não estávamos doidos ou influenciáveis, a pergunta foi feita mais uma vez, e logo ouvimos, novamente, a mesma pancada, vinda de lugar próximo, mas que não conseguimos identificar qual. Até hoje, ao me lembrar disso, questiono-me se algum funcionário gaiato teria sido o autor das pancadas e até hoje se diverte recordando do assunto.

E eu – você deve estar se perguntando – acredito em tudo isso que relatei? Infelizmente, apesar de passar muitas horas, inclusive durante a noite, no solar, nunca fui recebido pessoalmente nem por Domitila, muito menos pelo Tobias. Porém, como o espanhol, eu também *no creo en brujas, pero que las hay, las hay.*[204]

---

[204] Não acredito em bruxas, porém que elas existem, existem.

APÊNDICE 5

Cartas pouco conhecidas de d. Pedro à marquesa de Santos publicadas pela primeira vez em 1896

Meu bem

Forte gosto foi o de ontem à noite, que nós tivemos, ainda me parece que estou na obra. Que prazer!! Que consolação!!!! Que alegria foi a nossa!!!! Vim conversando com a proprietária[205] *quando de lá saí, e ela me disse que mecê lhe disse que tinha a moléstia de Lázaro. Eu disse que tinha muita pena, ela me disse que mecê lhe tinha dito, e que ela também tinha pena, mas que muita gente tinha a tal moléstia.*

Eu respondi ou tenha ou não, cá para mim não me importa, porque não tenho tratos com ela. Eu assento que isso foi para ver o que eu lhe respondia, e nunca me apanha, nem há de apanhar descalço. O melhor é que eu quando sair de dia nunca lhe vá falar, para que ela não desconfie do nosso santo amor, e mesmo quando for para essa banda ir pelo outro caminho, e em casa nunca lhe falar em mecê, e sim em outra qualquer madama para que ela desconfie de outra, e nós vivamos tranquilos a sombra do nosso saboroso amor. Tenho o prazer

[205] Referência à imperatriz d. Leopoldina.

de lhe ofertar essas rosas e essas duas torcazes[206] *que comeremos à noite. Aceite os mais puros e sinceros votos de amor do*

C.

Deste teu amante constante e verdadeiro e que se derrete de gosto quando... com mecê.

O Fogo Foguinho

P.S. Esta letra parece boa; mas mecê dirá à noite.

Curioso bilhete em que Domitila escreve um recado para d. Pedro, e este responde no mesmo papel com um verso picaresco. Para diferenciar, a resposta do imperador está em itálico no texto abaixo.

Meu amor

O José e o Marcolino vieram. Eu te peço por eles que não te peças nada. De noite lhe hei de agradecer tudo.

Esta que com veras
é tua amiga
Tu me mandas
Teu filho
Imperador
e filha
Domitila

Este lindo passarinho,
Canta, brinca, pica e fura.
Mas quando torna a repicar
É mais doce a Pica-dura.

[206] Espécie de pombos.

Minha querida filha
e amiga do coração

Nossas filhas estão boas, e mui boas, estimarei que tu estejas já boa da tua dor, e que a chuva fosse tanta que tu não fosses à Ópera, para não ires namorar, às paredes porque o homem eu estou certo que o não farás. Eu estou muito envergonhado porque me deitei ontem a dormir a sesta tendo já dormido uma hora antes de jantar, eram três horas, e acordando só três vezes dormi até hoje às seis horas da manhã, quinze horas já é dormir!

Não quero deixar de te dar parte que hoje tua coisa[207] *tinha, espremendo, alguma umidade; mas podes estar certa que não é nada senão da mesma debilidade de uretra que já existia e que sempre fazia de manhã deitar como uma lágrima que é o que hoje também deitou, e que limpando na camisa faz uma nódoa como goma de polvilho, e que esfregando depois sai toda, e a camisa fica clara.*

Desgraçado aquele homem que uma vez desconcerta a máquina triforme porque depois para tornar a afinar custa os diabos, e muito mais desgraçado sou por ter feito (antes de dez de setembro que te dei a minha palavra que sustento e hei de sustentar) este desconcerto com ofensa tua de ti, minha filha, a quem eu tanto devia em amizade que só te pagaria atormentando-me para te não desgostar.

Não falo em coisas passadas pois o remédio é a emenda, só faço chorar o tal feito.

Eu dou-te parte agora, para que tu não me digas para quando eu for, escreveu-me e não me mandou dizer nada, então é coisa nova de Santa Cruz, é para evitar isto que eu participo ainda que vista faz fé e tu hás de ver no dia dezoito, quinta-feira, então tu verás que é apuro de falar verdade, e de te não querer encobrir nada, que me obriga

[207] D. Pedro refere-se ao próprio pênis utilizando as expressões "tua coisa" e "máquina triforme".

a fazer-te esta participação. Nem por sombras desconfieis de mim porque, por minha desgraça, bem me basta ter te perdido para sempre com o casamento, ter me atormentado por tudo que tem havido para te perderem. Adeus, minha filha, diverte-te bem na função, e eu cá chorarei a minha infelicidade de não poder assistir a ela, gozar da tua mais amável companhia e pela qual faço votos aos seus.

Sou com todo o prazer e saudades teu filho, amigo, amante fiel, constante, desvelado, agradecido e verdadeiro

O Imperador

14
18 - 27
10
Às sete horas da manhã

Filha

Muitas cartas tenho eu recebido tuas que me têm escandalizado pela tua pouca reflexão ao escrevê-las; mas nenhuma tanto como a de hoje, em que me dizes que nossos amores são reportados por ti como – amores passageiros –. Se teus para comigo são assim, é porque tua amizade para comigo te não borbulha no peito como a minha para contigo; pois, sejam embora teus amores para comigo passageiros, os meus, que são baseados sobre a mais firme amizade (além ainda de todos os reveses), hão de ser sempre puros, e mui constantes. Tu entendes amor *pela* maniversia[208]*, então ainda pior porque, reputando tu como reputas o amor que fazes por um – amor passageiro –, está claro que só a tua carne é quem chama a fazer a coisa, e não o prazer de ser com o teu filho, e que é capaz de dispor-te a fazeres com outro qualquer – amor passageiro – para aliviar, pois não entra*

---

[208] Patifaria, velhacaria.

em tal negócio a amizade, e portanto uma melhor figura qualquer pereque *te incitará a fazeres um desses – amores passageiros –. Deus me livre pensar que tu escreveste isto depois de considerares; eu estou certo que ou tua paixão, ou um não sei quê te compeliu a escreveres assim a*

Teu filho, amigo e amante não passageiro &
Imperador

15
18 - 27
12

Não há juramento quando de uma parte se aperta o juramento a faltar motivado de raivas e desesperação. Eu te amo; mas mais amo a minha reputação agora também estabelecida na Europa inteira pelo procedimento regular e emendado que tenho tido. Só o que posso te dizer é – que minhas circunstâncias políticas atualmente estão ainda mais delicadas do que já foram. Tu não hás de querer a minha ruína, nem a ruína do teu e meu país e assim, visto isto, além das minhas razões, me faz novamente protestar-te o meu amor; mas ao mesmo tempo dizer-te que não posso lá ir, o que é, além de tudo, conveniente para te não mortificar e nem me amofinar. Sempre me acharas em tua defesa, e te terei uma lícita e sincera amizade.

Imperador

27
18 - 27
12

Querida Marquesa

Manda-me dizer como passou e como estão sua mãe e tia. Eu estou bom e todos. Não sei como lhe não caíram os olhos do camarote abaixo quando olho para debaixo da minha tribuna, e saiba que o seu disfarce de olhar para cima, quando eu reparei, não é dos melhores.

Eu lhe agradeço dizer que a Eloise é como os amores da cintura para cima, pois a mim me parece melhor da cintura para baixo e por isso tenho feito quelques démarches pour elle.

Aceite os protestos da maior, mais pura, sincera e desinteressada amizade com que sou, querida marquesa

Seu amo que muito a estima e estimará

Imperador

9

18 - 28

5

ANEXOS

Registro do casamento de Domitila com Felício, seu primeiro marido:

Aos treze de janeiro de mil oitocentos e treze ano, em casa de residência do Sargento-Mor João de Castro do Canto e Melo às nove horas da noite, dispensadas as diligências de costume, em provisão do reverendíssimo dr. juiz dos casamentos Manoel Joaquim Gonçalves de Andrada, em presença do reverendo padre mestre Bernardo da Pureza Claraval de licença das testemunhas o bispo assinado, o tenente coronel Francisco Antônio de Paula Nogueira da Gama, solteiro, e o alferes Boaventura Delfim Pereira, casado, recebendo em matrimônio pelas palavras do presente o Alferes Felício Pinto Coelho de Mendonça, natural da Freguesia de São João Batista do Morro Grande do Bispado de Mariana, filho legítimo do Capitão-Mor Felício Muniz Pinto Coelho da Cunha e de sua mulher Dona Mariana Manuela Furtado Leite de Mendonça, Dona Domitila de Castro do Canto e Melo, natural desta, filha legítima do Sargento-Mor João de Castro do Canto e Melo, e de sua mulher

Dona Escolástica Bonifácia de Toledo; e logo lhes deu as bênçãos na forma do Ritual Romano. Do que foi este assento que assinam: João Nepomuceno, Francisco Antônio de Paula Nogueira da Gama e Boaventura Delfim Pereira.

Fonte: Arquivo Metropolitano Dom Duarte Leopoldo – São Paulo

Testamento da marquesa de Santos

Em nome de Deus amém. Eu a marquesa de Santos, em estado de saúde, em meu perfeito juízo e entendimento, certa de que um dia hei de morrer, por ser coisa natural, resolvi fazer o meu testamento e disposição de minha última vontade pelo modo seguinte: Declaro que sou Católica Apostólica Romana, em cuja fé sempre tenho vivido e pretendo morrer, convencida de que não poderei salvar-me senão pelos merecimentos de Nosso Senhor Jesus Cristo. Declaro que sou natural desta Imperial Cidade de São Paulo, filha legítima do Visconde de Castro e de sua mulher a Viscondessa do mesmo título, ambos já falecidos. Declaro que fui casada em primeiras núpcias com o Alferes Felício Pinto Coelho de Mendonça e divorciando-me dele por sevícias fez-se no Juízo competente a separação dos bens que haviam, ficando cada um com a sua meia ação, e por isso tudo quanto tenho e possuo acha-se livre da comunhão em que estive com o dito meu primeiro marido. Declaro que do meu primeiro consórcio tive os seguintes filhos: o Comendador Felício Pinto Coelho de Mendonça e Castro e a Excelentíssima Dona Francisca Pinto de Castro, que foi casada com o meu irmão, o finado brigadeiro José de Castro do Canto e Melo, e deste seu casamento teve uma filha, que é a Excelentíssima Dona Escolástica Pinto Coelho de Gouvêa. Declaro que fui casada em segundas núpcias com o exmo. brigadeiro Rafael Tobias de Aguiar, não pelo costume e leis do Império, mas por pacto exclusivo da comunhão de bens dotando-me ele com oitenta contos de réis com a condição de que por minha morte sucederem em quarenta contos do dote constituído em partes iguais meus herdeiros do primeiro e do segundo matrimônio e nos outros quarenta contos de réis a exma. Dona Maria Isabel de Alcântara Bourbon Bragança, hoje condessa de Iguaçu, cuja quantia já foi entregue à mesma exma. condessa por meu falecido marido com anuência minha ao tempo do seu casamento com o conde do mesmo nome. Declaro que do meu segundo matrimônio tenho quatro filhos vivos, que são o doutor Rafael Tobias de Aguiar, o doutor João Tobias de Aguiar e Castro, o doutor Antônio Francisco de Aguiar e Castro e Brasílico de Aguiar e Castro. Declaro que os meus filhos do primeiro e do segundo matrimônio, e a referida minha neta, são meus únicos herdeiros, e a todos os quais instituo universalmente nas duas terças partes de meus bens livres e na totalidade do meu dote. Declaro que é a minha vontade que depois de minha morte meu corpo seja dado a sepultura em lugar que for designado pelo meu testamenteiro, e a seu arbítrio deixo também meu funeral, recomendando-lhe somente que o faça decente, mas sem ostentação. Declaro que é minha vontade que no dia do meu falecimento ou quando puder ser se digam cinquenta missas por bem de minha alma e que além destas se digam mais quatro capelas de missas em sufrágio pela minha alma, uma na capela do meu finado pai, uma capela pela alma de minha finada mãe, e outra capela pela alma de meu marido, e vinte missas pelas almas de meus escravos falecidos. Declaro que à minha finada filha Dona Francisca, quando casou com meu irmão, o brigadeiro José de Castro, dei em moeda corrente a quantia de doze contos de réis e mais os escravos Mafalda, de dois anos de idade, e Joana, da mesma idade mais ou menos; tudo em avanço da sua legítima. Declaro que a meu filho comendador Felício, em avanço de sua legítima, dei a fazenda denominada Vacaria, no valor de quatro contos de réis, o escravo Benedito, de idade de sete anos mais ou menos no valor de duzentos mil réis, o escravo Ireno, logo que nasceu, no valor de cem mil réis e mais alguns dinheiros de que ele estará bem certo e há de constar dos assentamentos da minha casa. Declaro que na ocasião de seu casamento dei à minha neta, Dona Escolástica, dez contos de réis por conta de sua legítima.

Declaro que à minha finada filha Dona Francisca, quando se casou, dei em minha terça os escravos João e Patrício. Declaro que a meu filho, o dr. João Tobias de Aguiar, dei em minha terça o escravo Tibúrcio, e é minha vontade que, depois de minha terça a cada um dos meus filhos do segundo matrimônio, quantia igual em dinheiro à da avaliação do referido escravo Tibúrcio. Declaro que a minha falecida sobrinha d. Maria Francisca, quando se casou com meu sobrinho João Carlos de Oliva, dei uma casa sita na travessa Santa Teresa, e os escravos Maria da Glória, Francisco e Benedita, de oito dias de idade, com a condição porém de não poder vender nem alhear a dita casa e escravos e de não poder obrigar a dívidas de qualidade alguma, e por sua morte passar a seus filhos com as mesmas condições: de todas estas doações fiz entrega à donatária, e por este testamento confirmo com as mesmas condições e cláusulas. Declaro que deixo à minha sobrinha e afilhada d. Domitila, filha de João Carlos Oliva, quatro contos de réis. Declaro que a meu irmão, o exmo. Major Francisco de Castro do Canto e Melo, emprestei a quantia de um conto de réis cuja dívida deixo aos filhos e filha do dito meu irmão, que terá a administração, mas não o usufruto deste legado, devendo conservar o principal e interesses, e por morte do dito meu irmão o conto de réis, assim como os rendimentos, serão empregados em apólices ou bens de raiz, que não poderão ser vendidos, nem alienados, nem sujeitos a dividirem a dívida alguma, podendo somente os meus sobrinhos, filhos do dito meu irmão, perceber e dispor dos rendimentos, e por morte deles passarão os ditos bens sem mais condição a seus herdeiros. Declaro que deixo mais aos filhos do dito meu irmão, o exmo. major Francisco de Castro do Canto e Melo, uma apólice de um conto de réis que será conservada, e seus juros reservados enquanto menores ou sujeitos ao poder paterno, e casando-se eles ou entrando na administração de seus bens cada uma receberá a parte que lhe tocar assim do principal como de seus rendimentos. Declaro que deixo à duquesa de Goiás uma medalha de ouro cravejada de grandes brilhantes estimada no valor de oito contos de réis, um par de brincos de brilhantes do mesmo valor e um anel do valor de dois contos de réis. A medalha deverá ser entregue pela condessa de Iguaçu, em cujo poder se acha, e as outras joias, por meu testamenteiro. E quando aconteça que por qualquer causa se não cumpra este legado, sucederá nele a condessa de Iguaçu para que use das mencionadas joias durante a sua vida, e por sua morte passem a seus filhos em condição alguma, ou reserva. Declaro que deixo a João Felício, filho de meu filho, o comendador Felício, o meu escravo Agapito, e para Felício, filho do mesmo meu filho, o escravo Amâncio. Declaro que deixo à minha afilhada d. Ana Cândida, mulher de meu filho dr. Rafael, uma pretinha de nome Firmina. Declaro que deixo para meu sobrinho Carlos duzentos mil réis. Declaro que deixo a meu afilhado, filho do meu sobrinho Pedro, duzentos mil réis. Declaro que a meu filho Brasílico o escravo Rufino. Declaro que deixo para meu filho, o dr. João Tobias, Antônio Francisco e a escrava Eva, com uma filha. Declaro que deixo a d. Dometillia, filha do meu filho, o dr. João Tobias, a mulatinha de nome Maurícia, filha da escrava Eva. Declaro que deixo a escrava Inácia para servir a minha sobrinha d. Maria Carlota durante toda sua vida, e espero a bondade dos meus filhos que consintam que a mesma minha sobrinha more na casa que lhe dei para habitar até sua morte. Declaro que deixo para edificação ou alfaias da capela do cemitério que se está erigindo na freguesia de Santa Efigênia, com a invocação de Nossa Senhora dos Aflitos, quatro contos de réis; e se aconteça que se mude o cemitério para outro lugar antes de ser empregada esta quantia, o meu testamenteiro não deixará de aplicar este legado na capela que for ereta em outro cemitério que se construir, ainda que seja em outra freguesia e com outra invocação. Declaro que deixo quatrocentos mil réis para serem repartidos por famílias pobres e honestas que não vivem de pedir esmolas. Declaro que deixo à liberta Geralda, que foi escrava da minha neta Dona Escolástica, duzentos mil réis. Declaro que deixo livres de toda escravidão os meus escravos Paulo Boleeiro e Elias, ficando ambos, todavia, debaixo da tutela do meu filho, o comendador Felício, e em falta deste meu filho, o doutor Felício. Declaro que deixo livre de toda escravidão minha escrava Manoela. Declaro que se ao tempo de minha morte ainda não tenha dado liberdade e feito casar a minha escrava Carolina, meu testamenteiro dará execução a estas minhas vontades passando-lhe carta de liberdade na véspera de seu ca-

samento, ou depois de casada, a julgar ser isto mais conveniente, e rogo a meus filhos que não consintam que ela se case senão com pessoa de bons costumes, para que não a maltrate e conserve alguma coisa que tiver, e lhe darão uma escrava e duzentos mil réis e as roupas para o seu casamento. Declaro que deixo forra a escrava Helena, com a condição de morar com sua filha e de não furtar e não beber bebidas espirituosas, e quando não cumpra esta condição, ficará obrigada a viver debaixo da sujeição de meus herdeiros. Declaro que é minha vontade que de minha terça, primeiro que tudo separe-se doze contos de réis para serem entregues a meu testamenteiro, a fim de que ele cumpra uma disposição particular conforme lhe recomendo em uma carta fechada de cuja disposição não será obrigado a dar contas, devendo ser acreditado somente pelo seu juramento em juízo das contas e para isso e todos os mais efeitos de direito considerar a referida carta como fazendo parte do testamento, mas em caso algum será junto a ele. Declaro que à exma. condessa de Iguaçu dei um dote de quarenta contos de réis em apólices de um conto cada uma a preço de oitenta e quatro por centro, além de joias de ouro, prata e brilhantes, o que tudo consta de uma nota escrita por seu marido, o conde do mesmo nome, e mais alguns escravos, e várias quantias em dinheiro para se deduzir tudo da minha terça; e todas estas doações confirmo por este testamento. Declaro que, além do que tenho dado em vida à exma. condessa de Iguaçu, deixo à mesma exma. condessa cinquenta contos de réis em apólices pelo que correrem a todo o remanescente de minha terça depois de cumprida todas as minhas disposições, cujo remanescente será também convertido em apólices da dívida pública por meu testamenteiro para serem reunidas aos cinquenta contos de réis acima referidos, formando a soma total um só, e mesmo legado; e todas estas apólices serão entregues à mesma exma. condessa de Iguaçu com a condição de não poder ela, nem seu marido, vendê-las nem obrigá-las, nem pagar dívidas com as mesmas apólices que sejam contraídas antes ou depois que lhe forem entregues, podendo somente perceber os juros delas enquanto viverem para seu tratamento e por sua morte passarão as ditas apólices a seus filhos, que sobreviverem, em usufruto com as mesmas condições e reservas acima especificadas e, se algum falecer, os que sobreviverem perceberão repartidamente todos os juros das mencionadas apólices, sem que os herdeiros do pré-monte, a não serem descendentes, possam ter parte alguma neste legado, e assim se observará sucessivamente até o último filho da exma. condessa de Iguaçu que sobreviver a todos, o qual perceberá a totalidade dos juros, e por sua morte, seus herdeiros e de seus irmãos germanos pré-mortos sucederão neste legado na forma das leis sem mais condições ou reserva alguma. Declaro mais que, se falecer a condessa deixando filhos menores, e ainda sujeitos ao poder paterno, não terá o conde, seu pai – se vivo for – parte alguma nos juros das mencionadas apólices, não só porque segundo o direito se não dá usufruto de usufruto, como porque é minha vontade que assim se observa devendo os juros pertencerem aos filhos sucessores da condessa, serem recolhidos aos cofres durante a menoridade deles para lhes serem entregues quando se casarem ou entrarem na administração de seus bens. Declaro que é meu particular desejo que meus filhos legatários vivam em completa harmonia e concórdia, e que não tenham questão por causa de heranças e legados, porém, se o contrário acontecer, o que não presumo deles, e movam demandas entre si, como herdeiros ou legatários de meus bens, é minha vontade que aquele ou aqueles que aparecerem como motores da discórdia fiquem privados dos legados declarados neste testamento, revertendo aos meus herdeiros que respeitarem e cumprirem esta minha vontade. Declaro que para cumprimento e execução a este meu testamento rogo em primeiro lugar a meu filho o comendador Felício Pinto Coelho de Mendonça e Castro, em segundo lugar a meu filho o doutor Rafael Tobias de Aguiar e em terceiro a meu filho o doutor João Tobias de Aguiar, em quarto a meu filho doutor Antônio Francisco de Aguiar e Castro, em quinto a meu filho Brasílico de Aguiar e Castro, queiram ser meus testamenteiros, e aquele que aceitar terá dois anos para prestação de suas contas e dois contos de réis pelo seu trabalho, podendo aquele prazo ser espaçado quando não baste para cumprir todas as minhas disposições. E por esta forma hei por concluído o meu testamento e disposições de minha última vontade, e rogo às justiças deste império queiram dar-lhe toda força e rigor, para que se cumpra e guarde como nele se contém; e que quando não possa

valer como testamento, valha ao menos como codicilo o que tudo faço de minha livre e espontânea vontade sem constrangimento ou sugestão de pessoa alguma e por verdade roguei ao conselheiro Joaquim Inácio Ramalho que por mim escrevesse e o assinei sem depois de o haver lido e ter achado em tudo conforme ao que ditei e mandei escrever. São Paulo, 23 de fevereiro de mil oitocentos e sessenta e dois. Marquesa de Santos.
Fonte: Museu do Tribunal de Justiça de São Paulo

Extratos do inventário de bens da marquesa de Santos

Joias:
Um relógio de ouro cravejado de brilhantes: um conto, duzentos e vinte e cinco mil réis. Uma borboleta cravejada de brilhantes: dois contos de réis. Uma pulseira de contas de ouro com o retrato de Pedro I com um fecho de brilhantes: um conto, trezentos e noventa mil réis. Uma medalha com o retrato de Pedro I, contendo brilhantes sendo dez grandes: setecentos e vinte mil réis. Um alfinete de esmeraldas grandes rodeado de brilhantes: 570 mil réis. Um alfinete pequeno com brilhantes: setecentos e dez mil réis. Um anel com um solitário: quatro mil réis. Um par de brincos de grandes brilhantes com pingentes: seis contos e quinhentos mil réis. Um broche pequeno com brilhantes e três pingentes: um conto e cem mil réis. Um anel com cinco brilhantes: duzentos e quarenta mil réis. Um par de brincos esmaltados com um solitário: quatrocentos mil réis. Duas prisões, sendo uma com brilhantes maiores: cem mil réis. Dois pares de brincos de ouro com pedras pretas: sete mil e cinquenta réis. Um colar comprido de pérolas: um conto e quatrocentos e vinte e cinco mil réis. Um colar pequeno: trinta e cinco mil réis. Um par de brincos de pérola pequeno: setenta mil réis. Uma pulseira de contas grandes de ouro liso: setenta e um mil e setecentos e cinquenta réis. Uma dita com pedras: oitenta mil réis. Uma dita com contas de coral com fecho de esmalte: doze

mil réis. Duas ditas com pedras verdes: quarenta e dois mil réis. Uma dita com pedra azul e teteias: cinquenta e um mil réis. Um hábito de Cristo de ouro: seis mil réis. Uma pulseira de ouro com fechadura: vinte e quatro mil réis. Um par de botões de punho com pedras esverdeadas: seis mil réis. Uma caixa com um par de pulseiras de filigrana esmaltada de azul: cento e trinta e dois mil réis. Dois botões de colarinho: três mil réis. Um par de brincos de pedras com raios pretos: três mil réis. Uma pulseira de ouro com o retrato do brigadeiro Tobias de Aguiar guarnecida de brilhantes: oitocentos e trinta mil réis. Uma fivela de brilhantes com fita e medalha da Ordem de Santa Isabel: quinhentos e oitenta mil réis. Um cordão de ouro maciço com as iniciais J.B.: cento e quinze mil réis. Um cordão de ouro maciço: duzentos e cinquenta e nove mil réis. Um dito de fita de filigrana: oitenta mil réis. Um dito redondo de filigrana: cento e dezoito mil e quatrocentos réis. Um dito com anéis de filigrana e um par de pulseiras: cento e quarenta e quatro mil réis. Um dito de filigrana com anéis: cento e cinco mil e seiscentos réis. Um dito de continhas de ouro trançadas: noventa e oito mil réis. Um dito de ouro com pequenos anéis: vinte e dois mil réis. Uma fita de ouro e platina: cinquenta e cinco mil réis. Um colar de ouro e pedras brancas: vinte e oito mil réis. Um alfinete com o retrato da condessa de Iguaçu: seis mil réis. Um alfinete de brilhantes com camafeu: trezentos e setenta e cinco mil réis. Um vidro cravejado de ouro para cheiro: nove mil réis. Um adereço de alfinetes e brincos com figuras pretas: quinze mil réis. Uma pulseira de ouro à jour: cinquenta e sete mil e seiscentos réis. Um alfinete de peito com veado de marfim e trancelim de cabelos: seis mil réis. Uma pulseira com fechos grandes de ouro: dez mil réis. Uma bolsa de contas com fechos amarelos: cinco mil réis. Uma dita bordada de contas: 10 mil réis. Galões de prata dourada: quinze mil, seiscentos e oitenta réis. Um colar e brincos: sessenta e três mil réis. Um dito de filigrana com pedras pretas encravadas: oitenta e três mil e duzentos réis. Um enfeite de cabeça com pedras: oitenta mil réis. Um colar de pedras roxas e retrato em camafeu de Pedro I: cento e vinte e seis mil réis. Um colar com pentes e brincos de camafeu, faltando em um destes uma pedra: oitenta mil réis. Um colar, pulseira, brincos e alfinetes, enfeite de cabeça de pedras grandes roxas, desfeito e quebrado: trezentos mil réis. Um leque de ouro. Um par de brincos de brilhantes, um dito de bichas, um alfinete de brilhantes, um dito de bichas, um alfinete com doze brilhantes e uma safira, um fio com trinta e duas pérolas grandes e quatorze pequenas, um dito com centro e oitenta e cinco pérolas regulares, um medalhão cercado por brilhantes tendo no centro a efígie de d. Pedro I, um anel com um enorme brilhante rodeado de outros pequenos e outras joias de pequeno valor, extraviadas pelo conde de Iguaçu: quatro contos de réis. Um bandeau de brilhantes: dois contos e seiscentos réis; Uma pena de pavão em brilhantes, uma flor de brilhantes, bichas de brilhantes e solitário avaliados em quatro contos de réis. Um bandeau de brilhantes avaliado em quatorze contos.

Fonte: Inventário da marquesa de Santos: Arquivo Geral do Tribunal de Justiça de São Paulo

Resultado das partilhas do inventário que sofreram embargo pelos herdeiros

Bens móveis: quatro contos, seiscentos e cinquenta e quatro mil e cento e vinte réis, ainda mais quatro contos, sessenta e sete mil réis, escravos: vinte e sete contos e trezentos e trinta e cinco mil réis, escravos libertos: dois contos e quatrocentos mil réis, escravos doados: três contos e oitocentos mil réis, escravos legados a diversos: oito contos de réis, bens de raiz: noventa e oito contos e cento e sessenta mil réis, bens doados à condessa de Iguaçu: setenta e um contos de réis, objetos de prata: oito contos, quinhentos e sessenta e sete mil e quatrocentos e oitenta réis, objetos de prata doados à condessa de Iguaçu: um conto, setecentos e quarenta e dois mil réis, objetos de ouro e joias: quatorze contos, trezentos e nove mil e setecentos e trinta réis, objeto de ouro e joias a condessa de Iguaçu: trinta e cinco contos e quatrocentos mil réis, objetos à d. Placidina: dois contos e seiscentos mil réis, legados à duquesa de Goiás: dezoito contos e oitocentos

mil réis, dívidas ativas cobráveis: duzentos e cinquenta contos, oitocentos e quarenta e quatro mil e seiscentos e setenta e quatro réis, dívidas ativas incobráveis: cinquenta e sete contos, quinhentos e oitenta e quatro mil e cento e oitenta e um réis, responsabilidade de interessados na herança: cento e oito contos, trezentos e vinte e um mil e oitocentos e vinte réis, quantias provenientes da cobrança de diversos devedores à herança: quinhentos e quarenta e quatro contos, cento e dezessete mil e quatrocentos e setenta e cinco réis, dinheiro em depósito: duzentos réis, dinheiro recebido de um devedor: sete contos, setecentos e quarenta e cinco mil e cento e vinte e um réis, doação à condessa de Iguaçu: quarenta contos de réis (Somam as vinte e uma parcelas retro e supra que formam o monte-mor da herança a quantia de mil, trezentos e oito contos, oitocentos e quarenta e oito mil e seiscentos réis). A deduzir a terça: duzentos e setenta e nove contos, quatrocentos e noventa e três mil e quatrocentos e oitenta e quatro réis, foi assim distribuída: missas: oitocentos e quarenta mil réis, cárceres e consciência: doze contos de réis, conta do testamento: dois contos de réis, liberdade de três escravos: dois contos e quatrocentos mil réis, legado à condessa de Iguaçu: quarenta contos de réis, legados diversos: duzentos e vinte e um contos, setecentos e vinte e três mil e duzentos e setenta réis. Coube de legítima a cada um dos filhos: cento e vinte e cinco contos, quinhentos e trinta e três mil e trezentos e noventa e três réis.
Fonte: Inventário da marquesa de Santos: Arquivo Geral do Tribunal de Justiça de São Paulo

Sentença para que seja feita nova partilha dos bens deixados pela marquesa de Santos

Acordam em Relação, etc.

Que vistos e relatados estes autos, rejeitam as preliminares de se não conhecer das apelações interpostas pela apelante condessa de Iguaçu, *como parte ilegítima e fora do decêndio, comendador Felício, mais herdeiros maiores e menores órfãos, por interpostas perante o escrivão sem despacho do juiz; a primeira pelo privilégio inerente ao seu dote, que em juízo procura defender a apelante condessa, a favor da Ord. L 4º Tit. 96 § 19; e as mais apelações por idêntico motivo, e pelo benefício de restituição concedido aos menores lesos; e por ser a causa indivíduos, tomam das mesmas apelações conhecimento, para anularem, como anularam a partilha de fl. 535 e 639, por fazer cúmulo para ela, e aquinhoados aos herdeiros da segunda causa da inventariada, avultados bens exclusivamente pertencentes aos herdeiros de seu primeiro matrimônio, como evidentemente se verifica. Com efeito, consta com toda a clareza dos autos, que foi em primeiras núpcias casada a inventariada a Exma. Marquesa de Santos com o major Felício Pinto Coelho de Mendonça, de quem se divorciando em 1824, por sentença obtida no juízo eclesiástico, acordaram posteriormente entre si (escritura a fl. 391) ficar cada um com os seus bens existentes em seu poder, sem prejuízo de seus filhos, aos quais ficava salvo o direito de fazer a partição deles; mais tarde, em 1833, faleceu o major Felício, deixando muitos escravos, casa e mais bens constantes da arrecadação que se fez e se mostra a fl. 395, de que tudo tomou posse a inventariada, que já então possuindo uma boa fortuna, não partilhou com seus dois únicos filhos daquele casal; até que em 1842 contraiu segundas núpcias com o brigadeiro Tobias, com o contrato exclusivo da comunhão de bens, e morrendo em 7 de outubro de 1857 seu segundo marido, para inventariar e dar partilha aos filhos, que do mesmo tivera, tornou-se indispensável discriminarem-se os bens próprios de cada um antes do casamento, e verificou-se pelos documentos, assentos e livros da casa, cuidadosamente examinados por hábil guarda-livros nomeado a contento dos interessados, que já em 1833 era a inventariada, por falecimento de seu marido, senhora da fortuna de 329:861$859, constante de 240 apólices, produto da venda de seu palácio no Rio de Janeiro, escravos, prédios nesta cidade, dinheiro e dívidas ativas, que tudo se acha descrito sob o juramento do inventariante de fl. 383 v. naquela fl. 384: todos esses bens, e parte de seu rendimento, que pela metade pertenciam aos dois filhos de seu primeiro matrimônio* *exclusivamente, compuseram o monte partível da inventariada, e foram também divididos e aquinhoados pelos herdeiros do segundo matrimônio, que nem um direito tem à meação deles; ficando assim privados os herdeiros do primeiro matrimônio de sua herança paterna; o que torna a partilha evidentemente nula e lesiva; lesão visivelmente enorme, que afeta aos herdeiros do primeiro matrimônio da inventariada, entre os quais figuram seus bisnetos menores órfãos, e que incontestavelmente, em mais da sexta parte, predica a herdeira do remanescente da terça, a apelante condessa de Iguaçu, a quem se computou em duplicata em seu quinhão a fl. 613 v., o dote no valor de 40:000$, feito pela inventariada; carregando-se lhe ao mesmo tempo, o valor das três casas sitas à rua do Carvalho de Sá, na corte, compradas com o produto daquele, e outro dote de igual valor, feito pelo brigadeiro Tobias, que não fazendo parte da herança da inventariada, a quem se constituíra com a condição expressa, conforme se evidencia do testamento de fl. 5, de passar por sua morte à condessa de Iguaçu, a esta não se devia ter carregado à parte das casas havidas com o produto desse dote, do qual seria apenas considerada a inventariada usufrutuária, aí logo não renunciasse esse direito em sua vida, como bem se manifesta do referido testamento e escritura de fl. 710, em favor da apelante condessa de Iguaçu, que ilegítima e inoportunamente recebeu em seu quinhão o medalhão no valor de 4:000$ que toca à duquesa de Goiás, pelo testamento de fl. 5; procedendo-se com a mesma irregularidade; lançando-se em quinhão, e como pertencente à herdeira a apelante d. Escolástica, a parte de seu filho pré-defunto de seu primeiro matrimônio com o dr. Teixeira de Gouvêa que deve voltar a seus irmãos germanos, na conformidade da Ord. do L 4º Til. 91 § 2º, e de que é sua mãe apenas usufrutuária, por já ter passado a segundas núpcias com o desembargador Gouvêa.*

Mandam, em consequência, que se processe a nova partilha, dividindo-se o acervo dos bens deixados em 1833, por falecimento do primeiro marido da inventariada, e constantes das declarações do inventariante de fls. 383 e 384 em duas partes iguais, uma que será dividida na forma de direito, pelos herdeiros do mesmo casal, e a outra pertencente à inventariada, com todos os bens por ela adquiridos posteriormente, se partilhará, tendo-se em vista o testamento de fl. 5, por seus filhos e representantes, tanto do primeiro como do segundo matrimônio; figurando seus bisnetos filhos da herdeira d. Escolástica em primeiras núpcias com o dr. Teixeira de Gouvea, em uma e outra divisão, como representes de seu finado pai; acautelando-se lhes o prejuízo, que fica notado, e os da herdeira do remanescente da terça, a apelante condessa de Iguaçu, a quem se não computara em pagamento o medalhão, o valor das casas da rua do Carvalho de Sá e dote de seu finado padrasto o brigadeiro Tobias; contemplando-se na legítima ou porção hereditária da herdeira d. Escolástica todas as doações feitas a sua finada mãe e a constante da escritura de fl. 224, na parte que se considera inoficiosa e nula por falta de insinuação, como é de direito, e bem ensinam, entre outros praxistas, Pereira de Carvalho em seu processo orfanológico nota 115, e o autor do Digesto P. vol. 3º, art. 1.653. Pagas as custas pelos apelados, em que se condenam. São Paulo, 8 de junho de 1877. A. L. da Gama, presidente. Mendonça Uchoa, A. Brito e J. A. P. Fleury

Despacho publicado no jornal *O Estado de São Paulo* de 20 de junho de 1877.

CRONOLOGIA

1795
4 de outubro: nasce Rafael Tobias de Aguiar em Sorocaba.

1797
22 de janeiro: nascimento de d. Leopoldina.
27 de dezembro: nascimento de Domitila de Castro.

1798
7 de março: batizado de Domitila.
12 de outubro: nascimento de d. Pedro.

1808
7 de março: chegada da família real portuguesa ao Brasil.

1813
13 de janeiro: casamento de Domitila com o mineiro Felício Pinto Coelho de Mendonça.

1817
6 de novembro: casamento de d. Pedro e d. Leopoldina no Rio de Janeiro.

1819
6 de março: Domitila é esfaqueada por Felício em São Paulo; tem início a disputa pela guarda dos filhos.

1821
22 de abril: d. Pedro é nomeado príncipe regente.
25 de abril: regresso da família real a Portugal.

1822
25 de agosto: chegada de d. Pedro a São Paulo.
29 de agosto: primeira relação entre d. Pedro e Domitila de Castro.
7 de setembro: proclamação da Independência.
1º de dezembro: coroação de d. Pedro como imperador do Brasil.

1823
Primeiro semestre: chegada de Domitila ao Rio de Janeiro.
30 de junho: d. Pedro sofre um acidente de cavalo.
4 de novembro: nascimento de Rodrigo Delfim Pereira, filho de d. Pedro com Maria Benedita, irmã de Domitila.

1824
4 de março: início do processo de divórcio de Domitila.
21 de maio: sentença de divórcio do primeiro marido.
23 de maio: nascimento de Isabel (futura duquesa de Goiás).
31 de maio: batizado de Isabel na igreja do Engenho Velho.
22 de setembro: d. Pedro ordena o fechamento do teatro, depois de Domitila ser barrada na entrada.

1825
Páscoa: Domitila é destratada na Capela Imperial.
4 de abril: é nomeada dama camarista da imperatriz d. Leopoldina.
12 de outubro: recebe o título de viscondessa de Santos.
2 de dezembro: nascimento de d. Pedro II.
7 de dezembro: nascimento de Pedro, segundo filho de Domitila com o imperador.
10 de dezembro: o Brasil declara guerra à Argentina.

1826
2 de fevereiro: viagem dos imperadores à Bahia; Domitila acompanha como dama da imperatriz.
10 de março: falecimento de d. João VI.
13 de março: falecimento do filho Pedro no Rio de Janeiro.
1º de abril: retorno da Bahia.

2 de maio: d. Pedro renuncia à coroa portuguesa em favor de sua filha d. Maria da Glória.
20 de maio: d. Pedro reconhece oficialmente como filha Isabel, que passa a se chamar Isabel Maria.
24 de maio: Isabel Maria recebe o título de duquesa de Goiás, com tratamento de Alteza.
12 de outubro: Domitila tem o seu título elevado a marquesa de Santos.
2 de novembro: falecimento do pai de Domitila, o visconde de Castro, aos 85 anos.
23 de novembro: embarque de d. Pedro para o Rio Grande do Sul.
11 de dezembro: falecimento de d. Leopoldina, aos 29 anos.

1827
15 de janeiro: d. Pedro retorna ao Rio de Janeiro.
4 de abril: Domitila é nomeada dama da Real Ordem de Santa Isabel de Portugal.
Maio: início das tratativas para um novo casamento de d. Pedro.
13 de agosto: nascimento de Maria Isabel, terceira filha do casal.
20 de agosto: partida do marquês de Barbacena para a Europa.
23 de agosto: atentado contra a baronesa de Sorocaba.
25 de agosto: d. Pedro retira as filhas de Domitila e as leva para serem criadas no paço.
26 de agosto: ordem para Domitila embarcar para a Europa.

1828
Maio: retorno do marquês de Barbacena.
27 de junho: partida de Domitila para São Paulo.
Julho: nova partida do marquês de Barbacena para a Europa.
25 de outubro: falecimento de Maria Isabel.
Agosto: cessação de hostilidades entre Brasil e Argentina.
15 de agosto: Domitila chega a São Paulo.
Dezembro: discussão entre Domitila e d. Pedro sobre a volta dela à corte.

1829
29 de abril: retorno de Domitila ao Rio de Janeiro.
24 de maio: comemoração do aniversário da duquesa de Goiás.
2 de agosto: casamento de d. Pedro com d. Amélia por procuração.
27 de agosto: partida definitiva de Domitila para São Paulo.
16 de outubro: desembarque de d. Amélia de Leuchtenberg no Rio de Janeiro.

17 de outubro: casamento de d. Pedro e d. Amélia.
25 de novembro: embarque da duquesa de Goiás para a Europa.

1830
28 de fevereiro: nascimento de Maria Isabel, futura condessa de Iguaçu, quarta filha de d. Pedro e Domitila.

1831
7 de abril: abdicação de d. Pedro I.
24 de maio: batizado de Isabel Maria.
17 de novembro: Rafael Tobias de Aguiar assume como 6º presidente da Província de São Paulo.

1832
15 de fevereiro: nascimento da primeira neta de Domitila, Escolástica Pinto Coelho de Mendonça e Castro, filha de Francisca e José de Castro.

1833
16 de agosto: falecimento de Francisca Pinto Coelho de Mendonça e Castro, filha de Domitila com Felício.
5 de novembro: falecimento de Felício Pinto Coelho de Mendonça, primeiro marido de Domitila.

1834
Domitila adquire a residência da rua do Carmo, atual sede do Museu da Cidade de São Paulo.
21 de maio: nasce Rafael Tobias de Aguiar, primeiro filho de Domitila e de Rafael Tobias de Aguiar.
24 de setembro: morre em Portugal d. Pedro I.

1835
17 de junho: nasce João Tobias de Aguiar e Castro.
11 de novembro: Rafael Tobias de Aguiar deixa o cargo de presidente da província.

1837
Nasce Gertrudes, a única filha de Domitila e de Rafael Tobias de Aguiar.

1838
26 de junho: nasce Antônio Francisco de Aguiar e Castro.

1840
6 de agosto: Rafael Tobias de Aguiar assume como 11º presidente da Província de São Paulo.
4 de outubro: nasce Brasílico de Aguiar e Castro.

1841
20 de abril: morre Gertrudes, filha de Domitila e Rafael Tobias de Aguiar.
15 de julho: Rafael Tobias de Aguiar deixa a presidência da província.

1842
Nasce Heitor, filho de Domitila e Tobias.
17 de maio: nomeação de Rafael Tobias de Aguiar como presidente da Província de São Paulo pela Câmara de Sorocaba.
Dezembro: prisão de Rafael Tobias de Aguiar em Passo Fundo, Rio Grande do Sul.

1843
Janeiro: Rafael Tobias de Aguiar é preso na fortaleza da Laje, no Rio de Janeiro.
15 de fevereiro: Rafael Tobias de Aguiar é transferido para a fortaleza da Villegagnon, onde Domitila passa a morar com ele.
17 de abril: casamento de Isabel Maria na Alemanha.

1844
14 de março: anistia política aos envolvidos na Revolução Liberal, libertação de Rafael Tobias de Aguiar.

1846
Falece Heitor, filho de Domitila e de Rafael Tobias de Aguiar.

1857
7 de outubro: morre o brigadeiro Rafael Tobias de Aguiar.
23 de novembro: formatura de Rafael Tobias de Aguiar e Castro na Academia de Direito de São Paulo.

1858
Formatura de João Tobias de Aguiar e Castro na Academia de Direito de São Paulo.

1859
31 de maio: falece a mãe de Domitila, d. Escolástica, aos 94 anos.

1861
Forma-se Antônio Francisco de Aguiar e Castro na Academia de Direito de São Paulo.

1865
25 de fevereiro: Domitila, no Ipiranga, faz oferta pessoal de dinheiro aos combatentes a caminho da Guerra do Paraguai.

1867
3 de novembro: falece Domitila às vésperas de completar 70 anos.

1879
16 de julho: falece Felício Pinto Coelho de Mendonça e Castro, último filho vivo do primeiro casamento de Domitila.

1881
18 de fevereiro: falece Pedro Caldeira Brand, conde de Iguaçu.

1891
Falecem Rafael Tobias de Aguiar e Castro e Brasílico de Aguiar e Castro.

1896
13 de setembro: falece Maria Isabel, condessa de Iguaçu.

1898
Falece no castelo de Murnau, na Baviera, Isabel Maria, a duquesa de Goiás.

1901
Falece João Tobias de Aguiar e Castro.

1905
Falece Antônio Francisco de Aguiar e Castro, último filho vivo de Domitila.

AGRADECIMENTOS

À Adriana Moura. Ao escritor Paulo Schmidt, que ia escrever esta biografia comigo e a quem o leitor deve, como herança, o título e parte da estrutura da obra.

À querida amiga, profa. Cláudia Witte, pela leitura atenta e pelos inúmeros conselhos. Mas, sobretudo, pela ajuda com informações a respeito das biografias da imperatriz d. Amélia e da duquesa de Goiás.

À Marfísia Lancelotti, que acompanha a evolução desta obra desde 2010 até os dias atuais. Obrigado pela leitura atenta dos originais e pela ajuda com a bibliografia.

Aos diversos descendentes da marquesa de Santos, entre eles as sras. Sophia Loyda de Vasconcellos Sobral, Ligia Sobral Marcondes e Ignez Polidoro e o sr. Pierre Moreau, sempre prestativos.

À historiadora Suzana Barretto Ribeiro e ao seu esposo Joaquim Caetano de Lima Filho, pelo acesso aos escritos genealógicos de Theodora de Camargo Ayres.

À arqueóloga Valdirene Ambiel, pelas aventuras na Cripta Imperial; ao dr. Luís Roberto Fontes e a Valter Diogo Muniz, autores das fotos da exumação de d. Leopoldina presentes nesta obra.

À profa. dra. Mary Del Priore, que, ao compartilhar as pesquisas realizadas no Rio de Janeiro para a elaboração de seu livro *A carne e o sangue*, encurtou em alguns meses o trabalho de levantamento de dados para esta biografia, que corria o risco de não ficar tão completa.

A Sidiney Peterson, pela ajuda na coleta a respeito da mítica da marquesa no imaginário popular.

A Arzelinda Maria Lopes, pelas pesquisas às Atas da Câmara de São Paulo.

A d. José Palmeiro Mendes, OSB, abade emérito do Mosteiro de São Bento, no Rio de Janeiro, pela ajuda com a genealogia das filhas de Domitila.

A Raul Breno Marquardt, do Atelier Heráldico, pela confecção dos brasões e do monograma da marquesa de Santos.

E a diversas outras pessoas que não posso deixar de mencionar:

Viviane Tessitore (*in memoriam*), João Moreira Garcez (*in memoriam*), Angela Maria Chiesi Moliterno de Oliveira, Beth Araújo, Mariângela Zan, Ênio Gonçalves (*in memoriam*), Claiton Franzen, proprietário do Café Dometila; aos artistas plásticos Paulo Thumé, Carlota Keffel Garcia e Simone Guardiola, que autorizaram a publicação de suas telas nesta obra; arq. Victor Hugo Mori, pela permissão em publicar a fotomontagem do Solar da Marquesa de Santos.

Priscila Scattone, gerente de produtos da Brinquedos Estrela; e Bruno Mollica Passos, do setor de Marketing da Brinquedos Estrela; Maria Cristina Maia de Castro, do Museu do Tribunal de Justiça de São Paulo; Katia Maria Bruno Ferreira, bibliotecária do Museu Paulista da USP, que deveria servir de exemplo a diversos colegas bibliotecários como técnicos da disseminação das informações e não do entesouramento destas e dos livros e suportes que as contêm. Vera Lúcia Lima, do Museu Histórico Nacional; Francival de Almeida Gomes, o Popó, administrador do Cemitério da Consolação e profundo conhecedor da história do local. Sr. Nani Claro, do Museu do Turfe do Jockey Club de São Paulo; à equipe do Museu do Primeiro Reinado, em específico a Luiza Marcier e Michelle Kauffmann Benarush; a equipe do Museu Imperial, em específico a Ana Luisa Alonso de Camargo, do setor de Museologia; e Neibe Machado Costa e Thais Martins, do Arquivo Histórico; a Sérgio Roberto dos Santos, da gerência do acervo da SBAT; e a Joelma Neris e Caroline Cantanhede, do CEDOC da Funarte.

BIBLIOGRAFIA

Fontes primárias manuscritas

Arquivo Público do Estado de São Paulo

Maços de População, 1798. Companhia de Ordenanças. Lata 32, maço 20, folha 62.

Contrato de obras: Ordem 5219-1847/82 lata 2; Ordem 5220 -1883, lata 3; Ordem 5221 — 1884/86, lata 4.

Arquivo Municipal de São Paulo

Fundo Visconde de Castro. Documentos e cartas oficiais com nomeações, promoções de patentes e concessões de condecorações ao 1º e ao 2º visconde de Castro.

Tribunal de Justiça de São Paulo

Museu do Tribunal: *Testamento da marquesa de Santos.*

Arquivo Geral: *Inventário da marquesa de Santos, Inventário do brigadeiro Rafael Tobias de Aguiar, Embargo feito pelo testamenteiro do brigadeiro Rafael Tobias de Aguiar, Processo da Condessa de Iguaçu contra o espólio da marquesa de Santos.*

Coleções particulares

Alphabeto das Pessoas que tem vencimento pela Caza Imperial — 1829/1830. Caderno manuscrito. 87p. Relação de todas as pessoas que recebiam salários, aposentadorias e dotações pelo Tesouro da Casa Imperial.

Arquivo Histórico do Museu Imperial

Arquivos da Casa Imperial do Brasil (POB)

Biblioteca Nacional

Fundo/Coleção Manuscritos Avulsos.
Fundo/Coleção: Tobias Monteiro
Fundo/Coleção Rio de Janeiro
Fundo/Coleção Ernesto Senna

Fontes primárias impressas

Coleções, jornais, relatórios

S/autor. Relatório: Pesquisa Histórica Referente à Casa nº 3 da antiga rua do Carmo. São Paulo: Departamento de Patrimônio Histórico, s.d.

Anais da Constituinte, tomo 2, p. 113.

Atas da Câmara da Cidade de São Paulo, 1859. pp. 191-198.

Atas da Câmara da Cidade de São Paulo, 1887. pp. 319-320.

Coleção das decisões do governo do Império do Brasil de 1827, p. 8.

Correio Paulistano, 7/1/1856. p.3.

______., 16/9/1864, p. 3.

______., 26/2/1865, p. 1.

______., 2/8/1865, p. 3.

______., 5/11/1867, p. 3.

______., 7/4/1888, p. 2.

______., 23/12/1934, p. 2.

Correspondência da Legação Norte-Americana no Rio de Janeiro (1828-1829). In *Message from the President of the United States, to the two houses of congress, at the commencement of the first session of the twenty-fifth congress.* September 5, 1837, pg. 2 et seq. Washington: Blair and Rives, 1837.

Diário de São Paulo, 1º de novembro de 1866.

Diário Fluminense, 10/6/1826, n.128, vol.7º, p. 510.

______., 26/6/1826, n.139, vol.7º, p. 559.

______., 13/10/1826, n.87, vol.8º, p. 349.

______., 14/10/1826, n.88, vol.8º, p. 353.

______., 16/10/1826, n.89, vol.8º, p. 357.

______., 4/12/1826, n.130, vol.8º, p. 521.
______., 7/12/1826, n.133, vol.8º, pp. 533-534.
______., 9/12/1826, n.134, vol.8º, pp. 537-538.
______., 16/12/1826, n.140, vol.8º, pp. 561-563.
______., 16/1/1827, n.12, vol.9º.
______., 24/1/1827, n.18, vol.9º.
______., 27/1/1827, n.21, vol.9º.
Diário do Rio de Janeiro, 7/12/1826, n.6, p. 1.
______., 14/12/1826, n.11, pp. 1-2.
______., 18/12/1826, n.14, p. 1.
______., 19/12/1826, n.15, pp. 1-2.
______., 20/12/1826, n.16, p. 1.
______., 27/1/1827, n.21, p. 1.
Gazeta do Brasil, 20/10/1827, n.42. Supplemento à Gazeta n.42.
Novo Farol Paulistano, 11/4/1832, p. 276.
O Estado de S. Paulo, 20/6/1877 p.
O Spectador Brasileiro, 14/6/1826, n. XXXIV, pp. 3-4.
______., 6/11/1826, n.CXXXI, pp.1-2.
______., 29/11/1826, n.CXLI, p.1.
______., 6/12/1826, n.CXLIV, pp.1-2.
______., 15/12/1826, n.CXLVII, pp.1-2.

Tepedino, dr. A. "O amor: o conceito médico". *Folha da Manhã*, 5/12/1927, p. 12.

"Uma peça de Monteiro Lobato", in *Folha da Noite*, 21/11/1923, p. 5.

Gurgel, L. Amaral. "A marquesa de Santos", in *Folha da Manhã*, 1/8/1931, p. 7.

"A mudança do Tribunal de Justiça do Estado. Objetos artísticos e antiguidades da marquesa de Santos", 30/12/1932, p. 5.

Primeiras. "A marquesa de Santos no Sant'Anna", in *Folha da Manhã*, 5/3/1938, p.5.

Borba, Quincas. "A marquesa de Santos no Teatro", in *Folha da Manhã*, 13/3/1938, p. III.

"Em benefício das crianças pobres a *avant-première* da marquesa de Santos", in *Folha da Manhã*, 11/12/1941, p. 18.

"Novamente em foco a questão do quadro da marquesa de Santos", in *Folha da Manhã*, 23/9/1953, Primeira Página.

"O Imperador Galante", in *Folha da Noite*, 15/3/1954, 2º caderno, p. 3.

"Marquesa de Santos será revivida numa peça musical a ser encenada na Broadway", in *Folha da Tarde*, 20/10/1961, 2º Caderno,

4ª página.
"Teatro Nove", in *Folha de S. Paulo*. 12/2/1962, 2º caderno, p. 4.
"Fundado no Rio Museu do I Reinado", in *Folha de S. Paulo*, 9/12/1965, 1º Caderno, p. 11.
"Peça de Barbosa Lessa", in *Folha da Tarde*, 4/10/1971, p. 14.
"Ouro, brilhante e pérolas na Copa 72", in *Folha de S. Paulo*, 10/12/1971, 1ª caderno.
"Da TV para o cinema", in *Folha da Tarde*, 28/2/1972, p. 18.
"Um grito de Liberdade", in *Folha de S. Paulo*, 24/8/1972, p. 47.
"Um d. Pedro mais humano na peça que é um ensaio", in *Folha da Tarde*, 30/10/1972, p. 31.
"Em que se fala de uma princesa", in *Folha de S. Paulo*, 10/12/1972, 3º Caderno, p. 35.
Montadon, Marco Antônio. "Este ano o velho parente não leva flor à marquesa", in *Folha de S. Paulo*, 2/11/1974, Caderno Local, p. 6.
"Consolação, o mais caro cemitério, depois de 110 anos", in *Folha de S. Paulo*. 14/8/1977, 2º caderno, p. 24.
Mostaço, Edelcio. "As traquinagens de Pedro e Domitila", in *Folha de S. Paulo*, 14/9/1984, Ilustrada, p. 42.
Samora, Guilherme. "Os amores da marquesa", in *Revista Já*. Ano 8, nº 400, 5 de setembro de 2004.

Livros e artigos

Andrada e Silva, José Bonifácio de; Andrada, Antônio Carlos Ribeiro de; Andrada, Martim Francisco Ribeiro de. *Cartas andradinas. Correspondência particular de José Bonifácio, Martim Francisco e Antônio Carlos dirigida a Antônio de Meneses Vasconcelos de Drummond*. Rio de Janeiro: Leuziner & Filhos, 1890.
Armitage, João. *História do Brasil desde o período da chegada da família de Bragança em 1808 até a abdicação de d. Pedro 1º em 1831, compilada à vista dos documentos públicos e outras fontes originais, formando uma continuação da história do Brasil de Southey*. Belo Horizonte: Itatiaia; São Paulo: Edusp, 1981.
Azevedo, Vicente de (org.). *Cartas de Álvares de Azevedo*. São Paulo: Academia Paulista de Letras, 1978.
Barros, Maria Paes de. *No tempo de dantes*. São Paulo: Paz e Terra, 1998.
Beyer, Gustavo. *Ligeiras notas de viagem do Rio de Janeiro à capitania de São Paulo, no Brasil, no verão de 1813...* In *Revista do Instituto Histórico e Geográfico de São Paulo*. São Paulo: IHGSP,

1907. Vol. 12.

Bösche, Eduardo Teodoro. *Quadros alternados de viagens terrestres e marítimas, aventuras, acontecimentos políticos, descrições de usos e costumes e povos durante uma viagem ao Brasil.* In *Revista Trimensal do Instituto Histórico e Geográfico Brasileiro.* Rio de Janeiro: Imprensa Nacional, 1918. Tomo LXXXIII.

Brotero, Frederico de Barros: *A vida do dr. João Dabney de Avelar Brotero.* São Paulo: Gráfica Paulista, 1945.

Bueno, Francisco de Assis Vieira. *A cidade de São Paulo: recordações evocadas de memória.* São Paulo: Academia Paulista de Letras, 1976.

Burton, Isabel. *The life of Captain Sir Richard F. Burton.* Londres: Chapman & Hall, 1893. 2 v.

Caldeira, Jorge (org.). *Brasil, a história contada por quem viu.* São Paulo: Mameluco, 2008.

Caxias, Barão de. *Cartas sobre a Revolução de 1842.* Separata do Tomo V dos Anais do Museu Paulista. São Paulo: Imprensa Oficial de São Paulo, 1931.

Debret, Jean-Baptiste. *Viagem pitoresca e histórica ao Brasil.* São Paulo: Martins, 1954.

Drummond, A. M. V. *Anotações de A. M. V. de Drummond à sua biografia.* In Anais da Biblioteca Nacional do Rio de Janeiro. Rio de Janeiro: Leuzinger e Filhos, 1885-1886. Vol. XIII. 3ª Parte.

Expilly, Charles. *Mulheres e costumes do Brasil.* São Paulo: Nacional, 1935.

Freitas, Affonso A. *Tradições e reminiscências paulistanas.* São Paulo: Governo do Estado, 1975.

Garcia, Rodolfo. "O Rio de Janeiro em 1823, conforme a descrição de Otto von Kotzebue, official da marinha russa", in *Revista do Instituto Histórico e Geográfico Brasileiro.* Rio de Janeiro, RIHGB, 1916. Vol. 80.

Graham, Maria Dundas. *Diário de uma viagem ao Brasil e de uma estada nesse país durante parte dos anos 1821, 1822, 1823.* São Paulo: Nacional, 1956.

Graham, Maria Dundas. *Escorço biográfico de dom Pedro I.* In Anais da Biblioteca Nacional do Rio de Janeiro. Rio de Janeiro: Ministério da Educação, 1938. Vol. LX.

Hammond, Graham Eden. *Os diários do almirante Graham Eden Hammond.* Rio de Janeiro: J.B, 1984.

Kann, Bettina; Lima, Patrícia Souza. *Cartas de uma imperatriz.* São Paulo: Estação Liberdade, 2006.

LESUR, C. L. *Annuaire historique universel pour 1829*. Paris: Chez Alexis Pillot, novembre, 1830.

LOBATO, Monteiro. *A barca de Gleyre*. São Paulo, Brasiliense, 1972. 14ª ed.

LUCCOCK, John. *Notas sobre o Rio de Janeiro*. São Paulo: Nacional, 1969.

MARESCHAL, Barão de. "A correspondência do barão Wenzel de Mareschal", in *Revista do Instituto Histórico e Geográfico Brasileiro*. Rio de Janeiro, IHGB, 77 (129): 165-244, 1914; 80 (134): 5-148, 1916.

MARESCHAL, Barão de. "Correspondência do barão de Mareschal", in *Revista do Instituto Histórico e Geográfico Brasileiro*. Rio de Janeiro, IHGB, 313-315; 319-321, 323-324, 328-330, 332-337, 340-349, dez.1976/dez 1985.

MARQUES E IRMÃO. *Almanak administrativo, mercantil e industrial da Província de São Paulo de 1858*. 2º ano. São Paulo: Typ. O Imparcial, 1857.

MARROCOS, Luís Joaquim dos Santos. *O bibliotecário do rei*. Rio de Janeiro: Biblioteca Nacional, 2007.

MAWE, John. *Viagens ao interior do Brasil*. Belo Horizonte: Itatiaia; São Paulo: Edusp, 1978.

MELO, Marcilio Simões Romeiro de. *Marquesa de Santos: santa ou megera*. Mogi das Cruzes: Teco Reproduções Gráficas, 1985.

MORAES, Maria da Glória Quartim de. *Reminiscências de uma velha (memória)*. São Paulo: s.ed., 1981.

MULLER, Daniel Pedro. *Ensaio d'um quadro estatístico da Província de São Paulo*. São Paulo: Governo do Estado, 1978.

NOGUEIRA, José Luis de Almeida: *A Academia de São Paulo: tradições e reminiscências*. São Paulo: Saraiva, 1977. 5 vols.

OBERACKER JR., Carlos H. *Comentários às cartas da Imperatriz Leopoldina a João Maninho Flach*. In *Revista do Instituto Histórico e Geográfico de São Paulo*. São Paulo: IHGSP, 1997. Vol. 93.

OBERACKER JR., Carlos H. O. *O duque de Santa Cruz: Augusto duque de Leuchtenberg e o Brasil*. In *Jahrbuch für Geschichte von Staat, Wirtschaft u. Gesellschaft Lateinamerikas*, Bd. 26. Köln/Wien: Böhlau Verlag, 1989.

OCTÁVIO, Rodrigo. *Minhas memórias dos outros*. 1ª Série. Rio de Janeiro: José Olympio, 1934.

OLIVEIRA, Albino José Barbosa de. *Memórias de um magistrado do império*. São Paulo: Ed. Nacional. 1943.

PINHEIRO, José Feliciano Fernandes. *Memórias do visconde de S. Leopoldo José Feliciano Fernandes Pinheiro, copiladas e postas em ordem pelo conselheiro Francisco Ignácio Marcondes Homem de Mello*. 2ª

Parte. In *Revista do IHGB*. Rio de Janeiro: IHGB, Tomo 38, parte segunda, 1875.

Rangel, Alberto (notas); Araújo, Emanuel (coord.) *Cartas de Pedro I à marquesa de Santos*. Rio de Janeiro: Nova Fronteira, 1984.

Rangel, Alberto. *Dom Pedro Primeiro e a marquesa de Santos*. Tours: Arrault e Companhia, 1928. 2ªed.

_____. *Textos e Pretextos*. Tours: Arrault e Companhia, 1926.

Rezzutti, Paulo. *Titília e o Demonão. Cartas inéditas de d. Pedro I à marquesa de Santos*. São Paulo: Geração Editorial, 2011.

S/autor. *Almanak do Rio de Janeiro para o anno de 1827*. In *Revista do Instituto Histórico e Geográfico Brasileiro*. Rio de Janeiro: Departamento de Imprensa Nacional, julho-setembro de 1973, vol. 300.

Saint-Hilaire, Auguste. *Viagem à província de São Paulo e resumo das viagens ao Brasil, província Cisplatina e missões do Paraguai*. São Paulo: Martins, 1945.

Santos, Luís Gonçalves dos. *Memórias para servir à história do Reino do Brasil*. Belo Horizonte: Itatiaia; São Paulo: Edusp, 1981. 2 v.

Schlichthorst, C. O. *Rio de Janeiro como é (1824-1826)*. Brasília: Senado Federal, 2000.

Seidler, Carl. *Dez anos no Brasil*. São Paulo: Martins Fontes, 1941.

S/autor. *Cartas do imperador d. Pedro I a Domitila de Castro*. Rio de Janeiro: Typ. Moraes, 1896.

Sisson, S. A. *Galeria dos brasileiros ilustres*. Brasília: Senado Federal, 1999. 2 v.

Taunay, Afonso de E. *Terra Bandeirante*. São Paulo: Typ. E Diário Oficial, 1931.

Torres, Lygia Lemos. *A imperatriz dona Amélia*. São Paulo: Typ. Elvino Pocai, 1947.

Tschudi, J. J. Von: *Viagem às províncias do Rio de Janeiro e São Paulo*. São Paulo: Martins, 1952.

Valera, Juan. *Correspondencia*. Madrid: Castalia, 2002. Vol. 1.

Fontes secundárias

Manuscrito

Biblioteca Nacional, Rio de Janeiro.
Fundo/Coleção: Tobias Monteiro.

Livros

Abreu, J. Capistrano. *Ensaios e estudos (crítica e história).* 2ª série. S. local: Livraria Briguiet / Edição da Sociedade Capistrano de Abreu, 1932.

Adalberto, Príncipe da Baviera. *Die Herzen der Leuchtenberg: Chronik einer napoleonisch-bayerisch-europäischen Familie.* Müchen: Prestel, 1963.

Almeida, Aluísio de. *Vida quotidiana da Capitania de São Paulo* (1722-1822). São Paulo: Pannartz, 1975.

Amaral, Antonio Barreto do. *Dicionário de História de São Paulo.* São Paulo: Governo do Estado, 1980.

Bandecchi, Brasil. *A Bucha, a maçonaria e o espírito liberal.* São Paulo: Ed. Parma, 1982.

Barbuy, Heloisa Maria Silveira. *A marquesa de Santos: uma mulher, um tempo, um lugar.* São Paulo: s.e., 2011.

Bittencourt, Adalzira. *A mulher paulista na história.* Rio de Janeiro: Livros de Portugal, 1954.

Brito, José Gabriel de Lemos. *Pontos de partida para a história econômica do Brasil.* São Paulo: Editora Nacional, 1980. 3ª ed.

Bruno, Hernani da Silva. *História e tradições da Cidade de São Paulo.* Vol. 1. Arraial de Sertanistas (1554-1828). Rio de Janeiro: José Olympio Editora, 1954.

Bruno, Hernani da Silva. *História e tradições da Cidade de São Paulo.* Vol. 2. Burgo de Estudantes (1828-1872). Rio de Janeiro: José Olympio Editora, 1954.

Calógera, João Pandiá. *A política exterior do Império.* Rio de Janeiro: Imprensa Nacional; IHGB, 1927. 3 v.

_____. *O marquês de Barbacena.* Brasília: Universidade de Brasília, 1982.

Campos, Alzira Lobo de Arruda. *Casamento e família em São Paulo Colonial.* São Paulo: Paz e Terra, 2003.

_____. *População e sociedade em São Paulo no século XIX.* In Porta, Paula. História da cidade de São Paulo. Vol. 2. A cidade no império: 1823-1889. São Paulo: Paz e Terra, 2004.

Cintra, Assis. *Serões Históricos.* São Paulo: Renascença, 1945.

Correa, Viriato. *A marquesa de Santos.* Comédia em 3 atos e 7 quadros. Três números de música do maestro Villa Lobos. S.l.: Getúlio M. Costa Editor. s.d.

Corrêa do Lago, Pedro. *Brasiliana Itaú: uma grande coleção dedicada ao Brasil.* São Paulo: Capivara, 2009.

CUNHA, Rui Vieira da. *Figuras e fatos da nobreza brasileira*. Rio de Janeiro, Arquivo Nacional, 1975.

D. Pedro I e dona Leopoldina perante a História: vultos e fatos da Independência. São Paulo: Instituto Histórico e Geográfico de São Paulo, 1972.

DIAS, Demosthenes de Oliveira. *O solar da marquesa de Santos*. Rio de Janeiro: Carlos Ribeiro, 1972.

DIAS, Maria Odila Leite da Silva. *Quotidiano e poder em São Paulo no século XIX*. São Paulo, Brasiliense, 1984.

EDMUNDO, Luis. *A marquesa de Santos*. s.l.: s.e., s.d.

EGAS, Eugênio. *Galeria dos presidentes de São Paulo*. São Paulo: O Estado de S. Paulo, 1926, vol. 1.

FARIA, Ana Leal de e Amorim, Maria Adelina (coord). *O Reino sem corte: a vida em Portugal com a corte no Brasil 1807-1821*. Lisboa: Tribuna da História, 2010.

FAZENDA, José Vieira. *Antiqualhas e memórias do Rio de Janeiro*. Rio de Janeiro: Revista do Instituto Histórico e Geográfico Brasileiro, 1921-27. 5 v.

GASPAR, Byron. *Fontes e Chafarizes de São Paulo*. São Paulo: Secretaria de Cultura, 1970.

GOMES, Laurentino. *1822: como um homem sábio, uma princesa triste, um escocês louco por dinheiro ajudaram d. Pedro a criar o Brasil, um país que tinha tudo para dar errado*. Rio de Janeiro: Nova Fronteira, 2010.

GUIMARÃES, Argeu. *Em torno de um casamento de d. Pedro II*. Rio de Janeiro: Zelio Valverde, 1942.

GUIMARÃES, A. C. Daraújo. *A corte no Brasil, figuras e aspectos*. Porto Alegre: Ed. do Globo, 1936.

HADDAD, Jamil Almansur. *Álvares de Azevedo, a maçonaria e a dança*. São Paulo, Conselho Estadual de Cultura, s.d.

HOLANDA, Sérgio Buarque de (coord.). *História geral da Civilização Brasileira*. São Paulo: Difusão Europeia do Livro, 1967. 2ª ed., 11 v.

HOMEM, Maria Cecília Naclélio. *O palacete paulistano*. São Paulo: Martins Fontes, 1996.

IRMÃO, José Aleixo. *Rafael Tobias de Aguiar. O homem, o político*. Sorocaba: Fundação Ubaldino do Amaral, 1992.

JORGE, Fernando. *Vida, obra e época de Paulo Setúbal*. São Paulo: Geração Editorial, 2008. 2º ed.

LEITE, Aureliano. *Vida e obra do brigadeiro Rafael Tobias de Aguiar*. São Paulo: Força Pública do Estado de São Paulo, 1965.

LEMOS, Carlos A. *Organização Urbana e Arquitetura em São Paulo dos tempos coloniais.* In _____. _____. _____. _____. _____. _____.

LEMOS, Juvêncio Saldanha. *Os mercenários do imperador.* Rio de Janeiro: Biblioteca do Exército, 1996.

LESSA, Barbosa. *Marquesa de Santos.* Peça em 3 atos.

LIGHT, Kenneth e outros. *A transferência da capital e corte para o Brasil.* Lisboa: Tribuna de História. 2007.

MACHADO, Maria Helena P.T. *Sendo cativo nas ruas: a escravidão urbana na cidade de São Paulo.* In Porta, Paula. *História da Cidade de São Paulo. Vol. 1. A cidade colonial 1554-1822.* São Paulo: Paz e Terra, 2004.

MARCÍLIO, Maria Luiza. *A cidade de São Paulo: povoamento e população 1750-1850.* São Paulo: Pioneira/EDUSP, 1974.

_____. *A população paulistana ao longo dos 450 anos da cidade.* In *História da Cidade de São Paulo, vol. 1. A cidade colonial 1554-1822.* São Paulo: Paz e Terra, 2004.

_____. *Notas sobre a cultura material e o cotidiano em São Paulo dos tempos coloniais.* In _____. _____. _____. _____. _____. _____.

MAGALDI, Sábato e Vargas, Maria Thereza. *Cem anos de teatro em São Paulo.* São Paulo: Editora do SENAC, 2001. 2ª ed.

MARCOVITCH, Jaques. *Os Prados.* In Marcovitch, Jacques: *Pioneiros & Empreendedores: A saga do desenvolvimento no Brasil.* São Paulo: Edusp, 2006. Vol. 1. 2ª ed. rev.

MARINHO, José Antonio. *História do Movimento Político de 1842.* Belo Horizonte: Itatiaia; São Paulo: Edusp, 1977.

MARQUES, Manoel Eufrásio de Azevedo. *Província de São Paulo.* Belo Horizonte: Itatiaia; São Paulo: Edusp, 1980. 2 v.

MARTINS, Antonio Egydio. *São Paulo antigo 1554-1910.* São Paulo: Paz e Terra, 2003.

MARTINS, José de Souza e Camargo, Luís Soares de. *História e arte no Cemitério da Consolação.* São Paulo: Secretaria de Cultura/Secretaria de Serviços. s.d.

MAUL, Carlos. *A marquesa de Santos: seu drama, sua época.* Rio de Janeiro: Editora Zelio Valverde, s.d. 2ª ed. rev.

_____. *Vida da Condessa de Iguassu*: filha de d. Pedro I e da marquesa de Santos. Rio de Janeiro: Editora Zelio Valverde, 1942.

MELO MORAIS, A. J. de. *A independência e o Império do Brasil.* Brasília: Senado Federal, Conselho Editorial, 2004.

_____. *Crônica Geral do Brasil.* Rio de Janeiro: Garnier, 1886. 2 v.

_____. *História do Brasil Reino e do Brasil Império.* Belo Horizonte: Itatiaia; São Paulo: Edusp, 1982. 2 v.

MENEZES, Raimundo. *São Paulo dos nossos avós.* São Paulo: Saraiva, 1969.

MONTEIRO, Tobias. *História do Império: O Primeiro Reinado.* Belo Horizonte: Itatiaia, 1982. 2 Vols.

MONTEIRO, Raul Leme. *Carmo: patrimônio da História, arte e fé.* São Paulo: s.ed., 1978.

MORSE, Richard M. *De comunidade a me*trópole. Biografia de São Paulo. São Paulo: Comissão do IV Centenário, 1954.

NORTON, Luiz. *A corte de Portugal no Brasil.* São Paulo: Ed. Nacional, 1938.

OBERACKER JR., Carlos H. *A imperatriz Leopoldina.* Sua vida e sua época. Rio de Janeiro: Imprensa Nacional, 1973.

PESSOA, Ana, BANDEIRA, Júlio e LAGO, Pedro Correa do. *Pallière e o Brasil: obra completa.* Rio de Janeiro: Capivara, 2011.

PORTO, Antonio Rodrigues. *A história da cidade de São Paulo através de suas ruas.* São Paulo: Carthago, 1996.

PINHÃO, Tavares. *Domitila de Castro, marquesa de Santos.* São Paulo: Editora Anchieta, 1942.

PINHO, Wanderley. *Salões e damas do Segundo Reinado.* São Paulo: Martins, s.d. 2ª ed.

PRADO, J. F. de Almeida. *Tomas Ender. Pintor austríaco na corte de d. João VI no Rio de Janeiro. Um episódio da formação da classe dirigente brasileira. 1817-1818.* São Paulo: Nacional, 1955.

RAMIREZ, Ezekiel Stanley. *As relações entre a Áustria e o Brasil 1815-1889.* São Paulo: Nacional, 1968.

TIBEIRO, João A. Pereira. *O romance histórico na literatura brasileira.* São Paulo: Secretaria de Cultura, 1976.

SANTANA, Nuto. *As paulistas em fins do século XVIII.* In Santana, Nuto. *São Paulo histórico (Aspectos, lendas e costumes).* São Paulo: Departamento de Cultura. Vol. I.

_____. *A moral dos tempos coloniais.* In _____. _____. _____. _____. Vol. I.

_____. *A marquesa de Santos.* In _____. _____. _____. _____. Vol. II.

_____. *A Chácara da Figueira.* In _____. _____. _____. _____. Vol. III.

_____. *Os terrenos da marquesa.* In _____. _____. _____. _____. Vol. III.

_____. *Uma rua nos terrenos da marquesa.* In _____. _____. _____. _____. Vol. III.

_____. *As casas da marquesa de Santos.* In _____. _____. _____. _____.

Vol. IV.

_____. *Decadência da Capitania.* In _____. _____. _____. _____. Vol. VI.

_____. *Documentário Histórico — Vol. 1. D. Pedro I e d. Amélia.* São Paulo: Departamento de Cultura, 1956.

Schmidt, Maria Junqueira. *A segunda imperatriz do Brasil.* São Paulo: Melhoramentos, 1927.

Setúbal, Paulo. *A marquesa de Santos.* São Paulo: Geração Editorial, 2009.

Silva, Fernando Nascimento. *Rio de Janeiro em seus quatrocentos anos: formação e desenvolvimento da cidade.* Rio de Janeiro: Record, 1965.

Silva, Maria Beatriz Nizza da. *Cultura e Sociedade no Rio de Janeiro (1808-1821).* São Paulo, Ed. Nacional, 1978.

Silva, Paulo Napoleão N. B. Nogueira. *Pedro I, o português brasileiro.* Rio de Janeiro, Gryphus, 2003. 2ª ed.

Smith de Vasconcellos, barão. *Archivo Nobiliarchico Brasileiro.* Lausanne: La Concorde, 1918.

Sousa, Octávio Tarquínio de. *A vida de d. Pedro I.* Rio de Janeiro: José Olympio. 1952. 3 v.

_____. Octávio Tarquínio de. *História dos fundadores do Império do Brasil: fatos e personagens em torno de um regime.* Belo Horizonte: Itatiaia; São Paulo: Edusp, 1988.

Tavares, Silva. *A vida amorosa de d. Pedro IV.* Lisboa: Livraria Clássica Editora, 1934.

Toledo, Benedito Lima. *São Paulo, 3 cidades em um século.* São Paulo: Livraria Duas Cidades, 1983. 2ª ed. aum.

Valladares, Clarival do Prado. *Arte e sociedade nos cemitérios brasileiros.* Rio de Janeiro: Edição MEC-Conselho Federal de Cultura, 1972.

Vianna, Hélio. *D. Pedro I e d. Pedro II, acréscimos às suas biografias.* São Paulo: Nacional, 1966.

Artigos

Almeida, Aluísio. "Rafael Tobias de Aguiar — 1794-1857", in *Revista do Arquivo Municipal de São Paulo.* São Paulo. n. LXXXVI. 1942.

Azevedo, Vicente de Paulo Vicente de. "Domitila de Castro, Marquesa de Santos", in *Revista do Instituto Histórico e Geográfico Brasileiro.* Rio de Janeiro: IHGB nº 299, abr/jun de 1973.

Bandecchi, Brasil. "A Sociedade dos Patriarcas Invisíveis e a Revolução Liberal de 1842", in *Revista do Instituto Histórico e Geográfico de São Paulo.* São Paulo: IHGSP, 1982. Vol. 77.

Breda Filho, Odorino. "A enfermidade da imperatriz Leopoldina", in *Revista do Instituto Histórico e Geográfico de São Paulo.* São Paulo: IHGSP, 1974. Vol. 71.

Dória, Luiz Gastão d'Escragnolle. "A imperatriz Leopoldina", in *Revista do Instituto Histórico e Geográfico de São Paulo.* São Paulo: IHGSP, 1911. Vol. 16.

Fleuiss, Max. "Sessão especial... Centenário do falecimento da imperatriz dona Maria Leopoldina...", in *Revista do Instituto Histórico e Geográfico Brasileiro.* Rio de Janeiro: IHGB, 1926. Vol. 153.

Lemos, Carlos A. C. "A casa da marquesa de Santos", in *Revista do Instituto de Estudos Brasileiros,* n. 4. São Paulo: IEB, 1968.

Raffard, Henri. "Apontamentos acerca de pessoas e coisas do Brasil", in *Revista Trimensal do Instituto Histórico e Geográfico Brasileiro.* Rio de Janeiro: Imprensa Nacional, 1899. Tomo LXI, parte II.

Rezende, Carlos Penteado de. "Casamento de Emílio do Lago", in *Revista do Arquivo Municipal.* São Paulo: Secretaria de Cultura, 1970, vol. 33.

Rheingantz, Carlos Grandmasson. "Ascendência-descendência de d. Arcângela, irmã do padre Correia", in Anuário do Museu Imperial. Petrópolis: Ministério da Cultura, 1957, vol. 18.

Sant'anna, Affonso Romano de. "A marquesa de Santos e a nova história", *Manchete,* nº 1690, 8 de setembro de 1984, p. 26.

Taunay, Afonso de. "O Ypiranga em 1822", in *Guia da Sessão História do Museu Paulista.* São Paulo: Imprensa Oficial, 1937, pp 7-10.

Witte, Cláudia Thomé. "Amélia e dom Pedro I, um casamento imperial há 180 anos", in *Revista Ponto de Vista.* Juiz de Fora, abril de 2010.

Multimídia

Horta, Maria Lourdes Pereira (dir). *Pedro I: um brasileiro.* Ministério da Cultura-IPHAN-Museu Imperial. CD.

Oliveira Jr., Dimas (dir.); Harazim, Luis Felipe (dir.). *A marquesa de Santos, uma história real.* São Paulo: WeDo Comunicação, 2001. DVD.

Teses

Ambiel, Valdirene do Carmo. "Estudos de arqueologia forense aplicados aos remanescentes humanos dos primeiros imperadores do Brasil depositados no Monumento à Independência". MAE/USP, 2012.

Silva, Fábio Carlos da. "Barões de ouro e aventureiros britânicos no

Brasil. A Companhia Inglesa de Macaúbas e Cocais 1828-1912". FFLCH/USP, 1997.

Tonin, Fabiana Bigaton. "Águas Revessas: Confluências da memória, literatura e história nas memórias inéditas de Alberto Rangel". Campinas: IEL/Unicamp, 2009.

Exposições

"A marquesa de Santos e a defesa de São Paulo no Brasil independente". Tribunal de Justiça de São Paulo e Casa do Saber. São Paulo, Palácio do Tribunal de Justiça, setembro de 2009 (exposição histórica).

"Marquesa de Santos: uma mulher, um tempo, um lugar". Heloísa Barbuy (cur.), São Paulo, Museu da Cidade, novembro de 2011 (exposição histórica).

ÍNDICE DAS ILUSTRAÇÕES

1. S.a. *Dezenho por idea da cidade de São Paulo*, s.l., [17- -]. Planta colorida, nanquim sobre papel, 74,8 x 58cm. Biblioteca Nacional, Rio de Janeiro.
2. Costa, Rufino José Felizardo da. *Planta da Cidade de S. Paulo.* 1810. Fac-simile publicado pela Comissão do IV centenário da Cidade de São Paulo, 1954.
3. S.a. *Modello do modo de trajar dos tropeiros da Capitania de São Paulo*, s.d. Aquarela sobre papel, 14 x 8 cm. Coleção João Moreira Garcez, São Paulo.
4. S.a. *Modello do modo de trajar das senhoras da Cidade de São Paulo*, s.d. Aquarela sobre papel, 14 x 8 cm. Coleção João Moreira Garcez, São Paulo.
5. Chaillot. *Paulistes.* 1846. Gravura, 21 x 12,8 cm. Constante do livro *Brésil; Colombie et Guyanes*, de Ferdinand Denis. Coleção João Moreira Garcez, São Paulo.
6. Detalhe da folha 62, do maço de população de 1798. Fotografia digital. Coleção do autor.
7. Rugendas, Johann Moritz. *Lavage du minerai d'or: de la montagne Itacolume.* 1835. Litogravura, 25 x 19 cm. Coleção do autor.

8. LOEILLOT, W. *Stadthaus in Ouro Preto.* 1853. Litografia, 24 x 17,5 cm. (detalhe). Coleção particular, São Paulo.
9. GREVEDON, Pierre Louis Henri. *D. Pedro I.* 1830. Litografia, 41 x 30 cm. Coleção Cláudia Witte, São Paulo.
10. RICHARD, after a sketch by Mrs. Eliot, of S. Paulo. *View of the city of S. Paulo,* s.d. Litografia, 22,5 x 14,5 cm. In Kidder, D. P. and Fletcher, D. J. C.: *Brazil and the Brazilians, portrayed in historical and descriptive sketches.* Boston, Little, Brown, and Company, 1879. 9ª ed. Coleção do autor.
11. ALEXANDRINO, Pedro. *Antiga Chácara dos Ingleses.* s.d. Reproduzido na Revista do Instituto Histórico e Geográfico Brasileiro n. 23, 1925. p. 138.
12. S.a. *Hino Nacional Brasileiro,* 1822. Coleção do autor.
13. DEBRET, Jean-Baptiste: *Vue de la place du palais, à Rio de Janeiro* (detalhe), s.d. Litografia. In Debret, Jean-Baptiste. *Voyage pittoresque et historique au Brésil.* Paris, Firmin Didot frères, 1834/1839. Coleção do autor.
14. BALBI, Adrien. *Planta do Rio de Janeiro.* Litografia, 27,02 x 23,00 cm. Paris, Chez Juls Renoaurd et Cia, 1838. Coleção do autor.
15. S.a. *View of Rio de Janeiro from the island of Cobras,* s.d. Litografia, 22,5 x 14,5 cm. In Kidder, D. P. and Fletcher, D. J. C.: *Brazil and the Brazilians, portrayed in historical and descriptive sketches.* Boston, Little, Brown, and Company, 1879. 9ª ed. Coleção do autor.
16. PIRES, Francisco Manuel. *D. Maria I. Rainha de Portugal,* Circa 1700. Gravura, 25 x 17 cm. Coleção particular, Portugal.
17. SILVA, Joaquim Carneiro da. *Alegoria a Jorge III e d. João VI,* 1810. Gravura 29 x 41 cm. Coleção particular, Portugal.
18. VASCONCELOS, J. Manuel Leitão de. *Carlota Ioakina Brasiliae Princeps,* 1810. 33 x 23 cm. Coleção particular, Portugal.
19. QUINTO, Antonio José. *D. João VI, Rey de Portugal, Brazil e Algarves,* 1817. Gravura, 30 x 20 cm. Coleção particular, Rio de Janeiro.
20. CASTRO, Manuel António de. *D. Carolina Josefa Leopoldina, Princeza Real do Reino Unido, de Portugal, Brazil, e Algarves,* 1819. Gravura 27,8 x 22,2 cm. Coleção particular, São Paulo.
21. GIANNI. *Alegoria ao juramento da Constituição,* 1825. Litografia. Publicado no livro *Textos e Pretextos,* de Alberto Rangel. Coleção do autor.
22. SISSON, Sébastien Auguste. *José Bonifácio de Andrada e Silva,* s.d. Litografia, 63,30 x 45 cm. Coleção do autor.

23. SISSON, Sébastien Auguste. *Antônio Carlos Ribeiro de Andrada Machado e Silva*, s.d. Litografia, 63,30 x 45 cm. Coleção do autor.
24. S.a. *The largo do Paço, and rua Primeiro de Março, or Direita*, s.d. Litografia. In Kidder, D. P. and Fletcher, D. J. C.: *Brazil and the Brazilians, portrayed in historical and descriptive sketches.* Boston, Little, Brown, and Company, 1879. 9ª ed. Coleção do autor.
25. DEBRET, Jean Baptiste. *Costumes des dames du palais*, 1839. Litografia. 28,1 x 22,2cm. Coleção particular, São Paulo.
26. S.a. *Imperial palace of Boa Vista, At. S. Christovao.*, s.d. Litografia, 22,5 x 14,5 cm. In Kidder, D. P. and Fletcher, D. J. C.: *Brazil and the Brazilians, portrayed in historical and descriptive sketches.* Boston, Little, Brown, and Company, 1879. 9ª ed. Coleção do autor.
27. *Decreto ministerial*, 1826. Fotografia digital, detalhe. Coleção Cláudia Witte.
28. DEBRET, Jean-Baptiste. *Monument et convoi funèbres de l'Impératrice Léopoldine: à Rio de Janeiro*, 1839. Litografia. 23,3 x 31,7cm. Coleção particular, São Paulo.
29. OUSELEY, William Gore. *Church of Nossa Señora da Gloria & aqueduct.* Litografia, 50,8 x 41 cm. Views in South America. Coleção João Moreira Garcez.
30. RUGENDAS, Johann Moritz. *Lundu*, 1835. Litografia, 19 x 14 cm. Coleção do autor.
31. RUGENDAS, Johann Moritz. *Costumes de San Paulo*, 1835. Litografia, 19 x 25 cm. Coleção do autor.
32. SISSON, Sébastien Auguste. *Felisberto Caldeira Brant Pontes de Oliveira Horta, marques de Barbacena*, s.d. Litografia, 63,30 x 45 cm. Coleção do autor.
33. BRUNELLIÈRE, Prosper Aimée Marie. *Marquês de Barbacena pedindo a mão de S. A. R. Amelie Auguste Eugenie Napoleone em nome de S. M. dom Pedro Imperador do Brasil.* Litografia. Coleção Guilherme de Almeida.
34. SISSON, Sébastien Auguste. *D. Romualdo, Bispo Primaz do Brasil*, s.d. Litografia, 63,30 x 45 cm. Coleção do autor.
35. AZEVEDO, Militão Augusto de. *Largo do Capim, vista da Igreja de São Francisco*, 1862. Fotografia sobre papel alumbrado. In *Álbum Comparativo da Cidade de São Paulo, 1862 — 1887.* Coleção Douglas Nascimento.
36. Jornal *O Novo Farol Paulistano* de 3 de setembro de 1831. Coleção do autor.

37. Debret, Jean Baptiste. *Scène de Carnaval*, 1839. Litografia. 29 x 22 cm. Coleção particular, São Paulo.
38. S.a. *Líbero Badaró*, s.d. Gravura. Publicada em Amaral, Tancredo do. *A história de São Paulo ensinada pelos seus vultos mais notáveis*. Rio de Janeiro, São Paulo: Alves & Cia. Editores, 1895. Coleção do autor.
39. Sisson, Sébastien Auguste. *Rafael Tobias de Aguiar*, s.d. Litografia, 63,30 x 45 cm. Coleção do autor.
40. Deveria, Achille. *D. Pedro, duque de Bragança*, 1832. Litografia, 36 x 27 cm.
41. Fertig, Ignaz. *S.M.I. D. Amélie, Impératrice Douairiere du Brésil, Duchesse de Bragance et S.A.I. Madame la Princesse Dona Marie Amélie* [1839]. Litografia, 46 x 36 cm. Coleção Cláudia Witte.
42. Sisson, Sébastien Auguste. *Luís Alves de Lima e Silva*, s.d. Litografia, 63,30 x 45 cm. Coleção do autor.
43. Gatti, Gian Battista e Dura, G. *D. Pedro secondo / imperatore del Brasile* [1842]. Litografia. Coleção particular, Rio de Janeiro.
44. S.a. *Fortress and island of Villegaignon*, s.d. Litografia, 10 x 7 cm. In Kidder, D. P. and Fletcher, D. J. C.: *Brazil and the Brazilians, portrayed in historical and descriptive sketches*. Boston, Little, Brown, and Company, 1879. 9ª ed. Coleção do autor.
45. Propaganda impressa no *Correio Paulista*. Fotografia digital. Coleção do autor.
46. Azevedo, Militão Augusto de. *Vista da Ordem Terceira de São Francisco*, 1862. Fotografia sobre papel alumbrado. In *Álbum Comparativo da Cidade de São Paulo, 1862 — 1887*. Coleção Douglas Nascimento.
47. S.a. *Retrato do Poeta Álvares de Azevedo*. Circa 1848. In Azevedo, Vicente de. *Cartas de Álvares de Azevedo*. Academia Paulista de Letras, 1976. p. 225.
48. S.a. *D. Maria Isabel, condessa de Iguaçu*, fotografia, s.d. In Rangel, Alberto. *Dom Pedro Primeiro e a marquesa de Santos*. Tours: Arrault e Companhia, 1928. Coleção do autor.
49. Fotografia de João Tobias de Aguiar e Castro, s.d. Acervo particular da sra. Sophia Loyda de Vasconcellos Sobral.
50. S. a. *Cemitério da Consolação*, 1897. Fotografia sobre papel alumbrado 15,5 x 22,5cm. In *Álbum Comparativo da Cidade de São Paulo até o ano 1916 (1862-1900-1916)*.
51. Agostini, Angelo. *O Cambrião*, nº 3, de 1866 (detalhe). Fotografia digital. Arquivo do autor.

52. Anúncio de escravo desaparecido. Fotografia digital. Arquivo do autor.
53. Fotografia de Domitila Tobias de Aguiar, s.d. Acervo particular da sra. Sophia Loyda de Vasconcellos Sobral.
54. AZEVEDO, Militão Augusto de. *Largo da Sé*, 1862. Fotografia sobre papel alumbrado. In *Álbum Comparativo da Cidade de São Paulo, 1862 — 1887.* Coleção Douglas Nascimento.
55. *A marquesa de Santos idosa.* Biblioteca Nacional, RJ.
56. Anúncio de locação do antigo solar da marquesa de Santos. Fotografia digital. Arquivo do autor.
57. BECHERINI, Aurélio. *Palácio Episcopal*, 1909. Fotografia sobre papel alumbrado, 12 x 17 cm. In *Álbum Comparativo da Cidade de São Paulo (1887-1919).*
58. S.a. *D. Isabel Maria, duquesa de Goiás*, fotografia, s.d. In Rangel, Alberto. *Dom Pedro Primeiro e a marquesa de Santos.* Tours: Arrault e Companhia, 1928. Coleção do autor.
59. Fotografia de Adelina Tobias de Aguiar, s.d. Acervo particular da sra. Sophia Loyda de Vasconcellos Sobral.
60. Heitor Tobias de Aguiar e sua primeira esposa Maria Antonieta de Andrade Alcântara, s.d. Acervo particular da sra. Ignez Aguiar Polidoro.
61. Frontispício da obra *Cartas do imperador d. Pedro I a Domitilla de Castro (Marqueza de Santos).* 1896. Fotografia digital. Arquivo do autor.
62. Trecho final de artigo do jornal *O País.* Fotografia digital. Arquivo do autor.
63. Cartaz do filme *A marquesa de Santos*, 1941. Fotografia digital. Arquivo do autor.
64. S.a. *Escritório da Cia. de Gás*, 1919. Fotografia, 17 x 23 cm. In *Álbum Comparativo da Cidade de São Paulo (1887-1919).*
65. Foto digital de Daniele Fernanda Maffei.

ÍNDICE ONOMÁSTICO

LEIA TAMBÉM, DO MESMO AUTOR

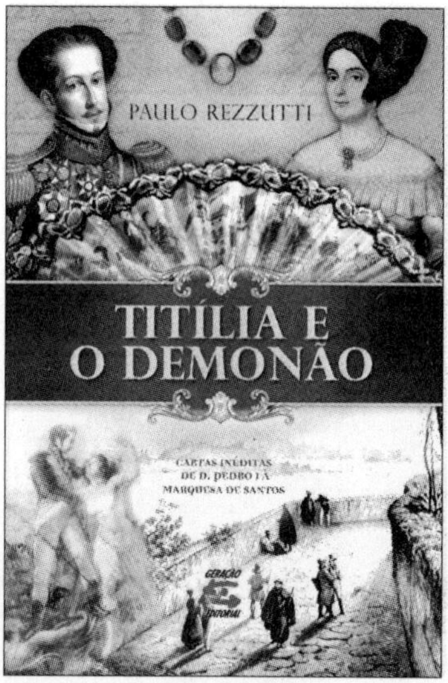

A O LONGO DE QUASE DOIS SÉCULOS, ficaram escondidas dos olhos do mundo 94 cartas íntimas do imperador dom Pedro I para a célebre marquesa de Santos, com quem manteve um turbulento caso de amor que constituiu o mais ruidoso escândalo da sua época e o maior romance da nossa história. Agora, transcritos e comentados com erudição ímpar, esses documentos profundamente humanos e de incomparável valor histórico nos mostram um jovem monarca impetuoso e apaixonado, dono de aguçado senso de humor, que escreve coisas libidinosas à amante, tenta acalmar as crises de ciúme dela ao mesmo tempo em que esbraveja, movido pelo mesmo estado emocional, mas também revelam um homem atencioso para com a mulher amada, os desabafos dele, sua preocupação com os problemas brasileiros, seu interesse e carinho pelos filhos, permitindo-nos conhecer de fato a personalidade do líder que promoveu a nossa Independência, ao mesmo tempo em que descortinam, por meio de detalhes prosaicos, um rico painel da vida cotidiana e dos costumes do Brasil durante o Primeiro Reinado.

LEIA TAMBÉM

As maluquices do Imperador, do escritor brasileiro Paulo Setúbal, é construído por meio de uma narrativa envolvente que conta as peripécias de d. Pedro I e da família imperial que se instalou no Brasil, em 1808. Setúbal acompanha as aventuras do jovem príncipe, do adolescente impetuoso, do imperador afoito e do pai resoluto que vai a Portugal guerrear contra o próprio irmão, d. Miguel, para garantir o trono de rainha para a filha, Maria, de apenas 15 anos.

O humor de Paulo Setúbal tem a ver com os episódios engraçados que aconteciam na corte, realmente muito conturbada. Europeus que buscavam adaptação no Brasil envolviam-se a valer em episódios *calientes* e confusos.

A marquesa de Santos, de Paulo Setúbal, conta em detalhes a trajetória de uma das mulheres mais intrigantes e célebres da História do Brasil. A aristocrata paulista Domitila de Castro Canto e Melo, a marquesa de Santos, foi a amante e grande paixão de d. Pedro I, o primeiro Imperador do País. E mais: como escreve o autor do livro: “a única mulher, na História das Américas, que encheu um Império com o ruído do seu nome e o escândalo do seu amor”.

O papel de coadjuvante, geralmente destinado às mulheres dos estadistas, Domitila de Castro deixou para a Imperatriz Leopoldina, única pessoa de toda a Corte a não saber do relacionamento entre o Imperador e a bela paulista. Com incrível capacidade de fazer o Monarca ceder a todos os seus caprichos, a Marquesa tomou para si a condição de protagonista, exercendo forte influência na política do Primeiro Reinado.

INFORMAÇÕES SOBRE A

GERAÇÃO EDITORIAL

Para saber mais sobre os títulos e autores da **GERAÇÃO EDITORIAL**, visite o *site* www.geracaoeditorial.com.br e curta as nossas redes sociais.

Além de informações sobre os próximos lançamentos, você terá acesso a conteúdos exclusivos e poderá participar de promoções e sorteios.

geracaoeditorial.com.br

/geracaoeditorial

@geracaobooks

@geracaoeditorial

Se quiser receber informações por *e-mail*, basta se cadastrar diretamente no nosso *site* ou enviar uma mensagem para imprensa@geracaoeditorial.com.br

GERAÇÃO EDITORIAL

Rua João Pereira, 81 – Lapa
CEP: 05074-070 – São Paulo – SP
Telefax: (+ 55 11) 3256-4444
E-mail: geracaoeditorial@geracaoeditorial.com.br